U0905153

“十三五”国家重点出版物出版规划项目

中国工程院重大咨询项目　国家食物安全可持续发展战略研究丛书

第　六　卷

食物生产方式向机械化和信息化转变战略研究

中国工程院“粮食与食物生产方式转变战略研究”课题组Ⅰ

罗锡文　主编

区颖刚　臧　英　马　旭　廖庆喜　张永亮　副主编

科　学　出　版　社

北　京

内 容 简 介

本书是中国工程院“国家食物安全可持续发展战略研究”重大咨询项目的课题之一，重点研究用机械化和信息化技术实现食物生产方式的转变。具体内容分为粮食作物、园艺与经济作物、畜禽与水产品生产方式转变战略研究三部分。关键是要解决两个问题：食物的生产方式为什么要向机械化和信息化转变以及转变的可能性；食物的生产方式如何向机械化和信息化转变，即如何由低水平的生产方式向高水平的生产方式转变。简言之，也就是要回答“新时代靠什么种地，如何种好地”这两个问题。报告提出了一些建设性的政策建议。

本书可供各级政府、农业主管部门参考。也可作为高等院校、科研单位从事农业和农业机械化战略研究和机械化生产技术研究的科技工作者、教师和研究生的参考用书。

图书在版编目(CIP)数据

食物生产方式向机械化和信息化转变战略研究 / 罗锡文主编. —北京：科学出版社，2018.1

（国家食物安全可持续发展战略研究丛书：第六卷）

“十三五”国家重点出版物出版规划项目 中国工程院重大咨询项目

ISBN 978-7-03-054901-3

Ⅰ. ①食… Ⅱ. ①罗… Ⅲ. ①食品加工–食品工业–生产方式–研究–中国 Ⅳ. ①F426.82

中国版本图书馆 CIP 数据核字(2017)第 259554 号

责任编辑：马 俊 朱 瑾 赵小琳 / 责任校对：贾伟娟
责任印制：肖 兴 / 封面设计：刘新新

科学出版社 出版
北京东黄城根北街 16 号
邮政编码：100717
http://www.sciencep.com
中国科学院印刷厂 印刷
科学出版社发行 各地新华书店经销
*
2018 年 1 月第 一 版 开本：787×1092 1/16
2018 年 1 月第一次印刷 印张：13 1/4
字数：306 000

定价：99.00 元

（如有印装质量问题，我社负责调换）

“国家食物安全可持续发展战略研究”项目组

顾　问

宋　健　周　济　沈国舫

组　长

旭日干

副组长

李家洋　刘　旭　盖钧镒　尹伟伦

成　员

邓秀新　傅廷栋　李　宁　孙宝国　李文华　罗锡文

范云六　戴景瑞　汪懋华　石玉林　王　浩　孟　伟

方智远　孙九林　唐启升　刘秀梵　陈君石　赵双联

张晓山　李　周　白玉良　贾敬敦　高中琪　王东阳

项目办公室

高中琪　王东阳　程广燕　郭燕枝　潘　刚　张文韬

王　波　刘晓龙　王　庆　郑召霞　鞠光伟　宝明涛

“粮食与食物生产方式转变战略研究”课题组

顾　问

汪懋华　　中国农业大学
蒋亦元　　东北农业大学
陈温福　　沈阳农业大学
程顺和　　江苏省农科院里下河地区农科所
盖钧镒　　南京农业大学国家大豆改良中心
谢从华　　华中农业大学
邓秀新　　华中农业大学
方智远　　中国农业科学院蔬菜花卉研究所
傅廷栋　　华中农业大学
喻树迅　　中国农科院棉花所
林浩然　　中山大学
陈焕春　　华中农业大学
陈如凯　　福建农业大学
赵春江　　国家农业信息化工程技术研究中心
朱　明　　农业部规划设计研究院
陈　志　　中国机械工业集团有限公司
方宪法　　中国农业机械化科学研究院
杨敏丽　　中国农业大学

组　长

罗锡文　　华南农业大学

综合组成员

臧　英　　华南农业大学

区颖刚　　华南农业大学
杨　洲　　华南农业大学
周志艳　　华南农业大学
曾　山　　华南农业大学
王在满　　华南农业大学
胡　炼　　华南农业大学

专题 1：粮食生产方式向机械化和信息化转变战略研究

马　旭　　华南农业大学工程学院
张东兴　　中国农业大学工学院
杨炳南　　中国农业机械化科学研究院
陈海涛　　东北农业大学工程学院
李汝莘　　山东农业大学
李泽华　　华南农业大学数学与信息学院
杨　丽　　中国农业大学工学院
李树君　　中国农业机械化科学研究院
乔金友　　东北农业大学工程学院
耿爱军　　山东农业大学
齐　龙　　华南农业大学工程学院
崔　涛　　中国农业大学工学院
唐金秋　　中国农业机械化科学研究院
张　颖　　东北农业大学工程学院
张　姬　　山东农业大学
杨德秋　　中机美诺科技股份有限公司
贾晶霞　　中机美诺科技股份有限公司
赵凤敏　　中国农业机械化科学研究院

专题 2：园艺与经济作物生产方式向机械化和信息化转变战略研究

廖庆喜　　华中农业大学
洪添胜　　华南农业大学

区颖刚　　华南农业大学
辜　松　　华南农业大学
周亚力　　新疆农垦科学院农机所
龙超海　　中国农科院麻类研究所
臧　英　　华南农业大学
舒彩霞　　华中农业大学
黄　凰　　华中农业大学
吴明亮　　湖南农业大学
陆华忠　　华中农业大学
杨　洲　　华南农业大学
陈厚彬　　华中农业大学
雷建军　　华南农业大学
刘庆庭　　华中农业大学
杨丹彤　　华南农业大学
张　华　　华中农业大学

专题3：畜牧与水产生产方式向机械化和信息化转变战略研究

张永亮　　华南农业大学
习欠云　　华南农业大学
敖长金　　内蒙古农业大学
李加琪　　华南农业大学动物科学学院
张细权　　华南农业大学动物科学学院
聂庆华　　华南农业大学
敖日格乐　内蒙古农业大学
张润厚　　内蒙古农业大学
徐　明　　内蒙古农业大学
艾庆辉　　中国海洋大学
刘文生　　华南农业大学动物科学学院
江青艳　　华南农业大学
张守全　　华南农业大学
廖新俤　　华南农业大学

Foreword

丛书序

“手中有粮，心中不慌”。粮食作为特殊商品，其安全事关国运民生，维系经济发展和社会稳定，是国家安全的重要基础。对于我们这样一个人口大国，解决好十几亿人口的吃饭问题，始终是治国理政的头等大事。习近平总书记反复强调：“保障粮食安全对中国来说是永恒的课题，任何时候都不能放松。历史经验告诉我们，一旦发生大饥荒，有钱也没用。解决13亿人吃饭问题，要坚持立足国内。”一国的粮食安全离不开正确的国家粮食安全战略，而正确的粮食安全战略源于对国情的深刻把握和世界发展大势的深刻洞悉。面对经济发展新常态，保障国家粮食安全面临着新挑战。

2013年4月，中国工程院启动了“国家食物安全可持续发展战略研究”重大咨询项目。项目由第九届全国政协副主席、中国工程院原院长宋健院士，中国工程院院长周济院士，中国工程院原副院长沈国舫院士担任顾问，由时任中国工程院副院长旭日干院士担任组长，李家洋、刘旭、盖钧镒、尹伟伦院士担任副组长。项目设置了粮食作物、园艺作物、经济作物、养殖业、农产品加工与食品安全、农业资源与环境、科技支撑、粮食与食物生产方式转变8个课题。

项目在各课题研究成果基础上，系统分析了我国食物生产发展的成就及其基础支撑，深入研究了我国食物安全可持续发展面临的国内外情势，形成了我国食物安全可持续发展的五大基本判断：一是必须全程贯穿大食物观、全产业链和新绿色化三大发展要求，依托粮食主

区和种粮大县，充分发挥自然禀赋优势和市场决定性作用，进一步促进资源、环境和现代生产要素的优化配置，加快推进形成人口分布、食物生产布局与资源环境承载能力相适应的耕地空间开发格局；二是必须依靠科技进步，扩大生产经营规模，强化社会化服务，延长产业链条，让种粮者获得更多增值收益；三是必须推进高标准农田建设，以重大工程为抓手，确保食物综合生产能力稳步提升所需的投入要素和资源供给；四是必须采取进村入户的技术扩散应用方式，节水节肥节地、降本增效，控制生产及各环节的不当损耗，持续提高资源利用率和土地产出率，强化农业环境治理；五是必须坚定不移地实施“以我为主、立足国内、确保产能、适度进口、科技支撑”的国家粮食安全新战略，集中科技投入，打造高产稳产粮食生产区，确保口粮绝对安全、粮食基本自给；丘陵山地以收益为导向，调整粮经比例、种养结构，实现农村一、二、三产业融合发展。通过实行分类贸易调节手段，有效利用国外资源和国际市场调剂国内优质食物的供给。

基于以上基本判断，项目组提出了我国食物安全可持续发展战略的构想，即通过充分发挥光、温、水、土资源匹配的禀赋优势，科技置换要素投入的替代优势，农机、农艺专业协作的规模优势，食物后续加工升值的产业优势，资源综合利用和保育的循环优势，国内外两种资源、两个市场的调节优势等路径，推进食物安全可持续发展及农业生产方式转变。提出了八大发展思路，即实施粮食园艺产业布局区域再平衡、经济作物优势区稳健发展、农牧结合科技示范推广、农产品加工业技术提升、农业科技创新分层推进、机械化农业推进发展、农田生态系统恢复与重建、依据消费用途实施差别化贸易等。提出了十大工程建议，即高标准农田建设、中低产田改造、水利设施建设、旱作节水与水肥一体化科技、玉米优先增产、现代农产品加工提质、现代农资建设、农村水域污染治理、农业机械化拓展、农业信息化提升等。提出了 7 项措施建议：一是严守耕地和农业用水红线，编制粮食生产中长期规划；二是完善支持政策，强化对食物生产的支持和保护；三是创新经营方式，培育新型农业经营主体；四是加快农业科技创新，加大适用技术推广力度；五是加大对农业的财政投入和金融支持，提高资金使用效率；六是转变政府职能，明确公共服务的绩效和

职责；七是完善法律法规标准，推进现代农业发展进程。

《国家食物安全可持续发展战略研究》是众多院士和多部门多学科专家教授、企业工程技术人员及政府管理者辛勤劳动和共同努力的结果，在此向他们表示衷心的感谢，特别感谢项目顾问组的指导。

希望本丛书的出版，对深刻认识新常态下我国食物安全形势的新特征，加强粮食生产能力建设，夯实永续保障粮食安全基础，保障农产品质量和食品安全，促进我国食物安全可持续发展战略转型，在农业发展方式转变等方面起到战略性的、积极的推动作用。

“国家食物安全可持续发展战略研究”项目组

2016年6月12日

Preface

前 言

食物安全是关系国计民生的重大课题，党中央、国务院历来高度重视。2014 年中央一号文件《关于全面深化农村改革加快推进农业现代化的若干意见》提出要“抓紧构建新形势下的国家粮食安全战略”，将粮食安全作为重中之重，上升到基本国策的地位。中国工程院 2013 年 1 月启动的“国家食物安全可持续发展战略研究”院重大咨询项目，为今后 10 年、20 年国家食物安全可持续发展战略提供咨询意见和建议，具有非常重要的战略意义和现实意义。

本研究是“国家食物安全可持续发展战略研究”项目中食物生产方式转变课题的课题之一，重点研究食物生产方式向机械化和信息化转变的发展战略，包括：①从分散生产方式向规模化、集约化生产方式转变；②从以人畜力为主的生产方式向机械化生产方式转变；③从资源低效利用的粗放型机械化生产方式向资源高效利用和环境友好型机械化、信息化生产方式转变；④从以产中为主的生产方式向产前、产中、产后的产业链融合型生产方式转变。

一个国家、一个地区的农业机械化和信息化能不能顺利发展，首先是有没有“需要”和“可能”，然后是“如何实现”的问题。

“需要”是指食物生产经营者有没有用机械和信息技术代替人畜力进行农业生产的要求。从宏观层面看，是国家是否需要农业机械化来推动国民经济的发展？这是国家和农村经济发展的综合反应，本质上是一个国家的农业发展方向的问题。需要研究与测算机械化和信息化对国民经济的贡献，从促进国民经济发展的角度，科学地制定相关法规和政策。从微观层面看，是食物生产经营者使用机械和信息技术有

没有明显的经济效益或者说是经济驱动力。如果人畜力充裕，使用机器又没有明显的经济效益，那么对机械化就没有需求。对机械化的需求只有在工业化、城镇化快速发展，农村劳动力大量转移，农业生产出现劳动力短缺，农民生活达到一定富裕水平时才会表现强烈并得到快速发展。如果农业产业化水平不高、农产品商品化率低，且又没有使用信息化技术装备的能力，对信息技术的需求也不会旺盛。

“可能”是指是否具备用机械化和信息化技术代替人畜力进行生产的客观条件。从生产经营者看，主要是有没有适度的经营规模、科学的管理方式和市场化的经营理念、先进适用的机械和信息技术，以及购买技术装备的资金。从国家层面看，主要是能否提供生产经营者需要的技术、装备、油料、电力和相关的服务等。

“如何实现”，即采取什么路径、方法和手段等来实现机械化和信息化发展的战略目标和重点内容。

综上所述，研究食物生产方式向机械化和信息化方向转变，关键是要解决两个问题：一是食物生产方式为什么要向机械化和信息化转变及转变的可行性；二是食物生产方式如何向机械化和信息化转变，即如何由传统的生产方式向现代集约型的生产方式转变，如何由粗放型的集约生产方式向可持续的集约生产方式转变。

本课题的研究成果包括 1 个课题综合报告和 3 个专题研究报告。其中，专题研究报告的内容为：①粮食生产方式向机械化和信息化转变战略研究（包括水稻、小麦、玉米、马铃薯、大豆等）；②园艺与经济作物生产方式向机械化和信息化转变战略研究（包括水果、蔬菜、甘蔗、油菜、棉花、麻类等）；③畜牧与水产生产方式向机械化和信息化转变战略研究（包括猪、牛、羊、鸡、水产等）。

课题综合报告的研究主要包括以下几方面。

（1）我国食物生产方式向机械化、信息化转变的必要性。

（2）我国食物生产方式转变的发展历程和现状，包括成绩、经验、存在的问题、面对的挑战和实现转变的可能性等。

（3）食物生产方式未来 10 年、20 年，甚至更远的发展趋势和需求。

（4）典型国家和地区在食物生产方式发展方面的经验，为我国食物生产方式发展提供的借鉴。

（5）食物生产方式转变的战略构想，包括未来 10 年、20 年的发展目标和战略重点、战略任务、战略决策和措施。

（6）重大保障措施和政策建议，包括重大科技专项和重大工程建议，为政府制定食物安全相关决策提供科学依据。

Contents

目　录

专题研究

课题综合报告

一、食物生产方式向机械化和信息化转变是国家食物安全可持续发展的必然选择

近年来，由于工业化和城镇化快速发展引起农业劳动力短缺，“谁来种田？怎样种田？”成了我国农业发展确保食物安全战略必须解决的基本问题。解决这两个问题的重要途径之一是加速发展农业机械化和信息化。

（一）生产方式转变的内涵

生产方式有广义和狭义之分。广义上，生产方式是指社会生活所必需的物质资料的获得方式。生产方式的物质内容是生产力，其社会形式是生产关系，生产方式是两者在物质资料生产过程中的统一。具体的生产力是指生产主体利用劳动工具对劳动对象进行加工的能力；生产关系是指在生产劳动中形成的人与人之间的相互关系，这些关系有着各种各样的内容，包括政治关系、经济关系、文化关系等。生产力与生产关系相互联系、相互作用，生产力决定生产关系，生产关系又反过来制约生产力的发展。可见，生产方式是人类社会发展的决定力量。

食物生产方式的内涵包括了食物生产手段（技术与装备）、生产经营规模与组织方式等方面。本专题主要研究食物生产方式中，如何通过机械化和信息化的生产手段，使食物生产由传统小规模生产方式向现代大规模生产方式、由较低生产效率向较高生产效率方式发展。

（二）机械化和信息化是提高劳动生产率的必然选择

1. 提高农业劳动生产率，破解农业劳动力短缺的矛盾

机械化和信息化能大幅度提高农业劳动生产率，使一个农民生产的农产品可以养活更多的人。反过来，减少了农业劳动用工，就能进一步促进农村劳动力向第二、第三产业转移，促进国家工业化和城镇化建设。

21 世纪初，党的十六大报告将 2020 年基本实现工业化作为 21 世纪前 20 年经济建设的主要任务之一。随着国家工业化、城镇化和现代化建设的快速推进，农村劳动力大量向第二、第三产业转移。2005 年，我国外出转移到第二、第三产业的农民工有 1.26 亿人，农民工在第二产业从业人员中占 57.6%，在第三产业中占 52%（沈国舫和汪懋华，2008）。2010 年，从农村到第二、第三产业务工的劳动力达到 2.4223 亿人，其中外出农民工为 1.5335 亿；2011 年，分别达到 2.5278 亿和 1.5863 亿。2012 年农民工总量为 2.6261 亿人，

比上年增加983万人，增长3.9%，其中外出农民工1.6336亿人，增长3%（国家统计局，2013）；2013年全国农民工达到2.7亿人，如图1所示。

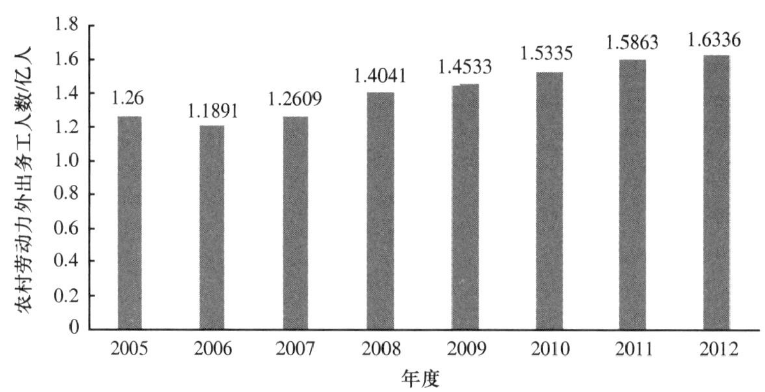

图1　农村劳动力外出务工人数变化趋势图

资料来源：历年《中国农业年鉴》

大量农民外出打工，使农业劳动力出现了季节性和结构性短缺。一些地方农村劳动力外出务工比例高达70%～80%，在种植和收获等季节，劳动力严重短缺；劳动力结构不合理，在家务农的劳动力平均年龄超过55岁，且很多是中老年妇女。到2020年，我国城镇化率将达到60%，比2013年提高6.3个百分点，农村青壮年劳动力将加快转移，结构性矛盾将更加突出。长期以来，我国农业生产，特别是大田粮食作物、园艺与经济作物的生产，多为劳动密集型生产，劳动生产效率低。但由于农业劳动力价格便宜，农产品价格不高，整个农业生产在低成本格局下维持平稳运作。当前农村劳动力大量转移造成的劳动力短缺，引起劳动力价格快速上涨，大大增加了农业生产成本并拉大了国内外农产品的价差，影响产业稳定发展。因此，粮食、园艺与经济作物生产方式必须向机械化和信息化转变，增加劳均耕地面积，大幅度提高劳动生产率，降低综合生产成本，才能确保农业生产发展和国家食物安全。

以水稻种植为例，采用水稻机械化种植，一是提高效率，步进式和乘坐式插秧机作业效率分别是人工栽插的11.5倍和30倍。机直播人均生产率比手插高30倍；二是省工节约成本，水稻机械化育插秧比常规人工栽插每公顷综合节约成本450元以上，水稻机械直播比人工栽插每公顷综合节约成本750元以上；三是增产增收，常规稻机插秧比人工栽插平均增产5%以上，机直播比人工撒播平均增产6%以上。

表1为水稻施肥、施药和收获作业人工与机械的对比，机械化信息化作业的工作效率比人工高几十倍。智能施肥机作业速度是人工施肥的50倍，每公顷作业时间仅为人工施肥的2%，每公顷作业成本是人工施肥的72%；智能施药机作业速度是人工施药的75倍，每公顷作业时间仅为人工施药的1.6%，每公顷作业成本是人工施药的63%；智能收割机作业速度是人工的30倍，每公顷作业时间仅为人工收割的3.4%，每公顷作业成本是人工收割的78%。

表 1　水稻施肥、施药和收获作业人工与机械的对比

项目对比	工序数	作业成本/（元/hm^2）	作业效率/（hm^2/h）	1hm^2 作业时间/h	平均故障间隔时间/h
人工收割	7～8	600	0.02	50	—
普通收割机	4～5	459	0.5	2	40
智能化收割机	2～3	469	0.6	1.7	100
人工施肥	6～7	90	0.05	20	—
普通施肥机	4～5	68	2	0.5	40
精准变量施肥机	2～3	64.4	2.5	0.4	70
人工施药	7～8	120	0.08	12.5	—
普通施药机	4～5	80.2	4	0.25	35
智能化施药机	2～3	76	6	0.2	60

资料来源：罗锡文提供，2013-12-05

注：作业成本＝单位面积的费用（折旧费+修理提存费+油耗+人员工资+管理费）

—：人工收割、人工施肥和施药无故障时间这一数据

以油菜生产为例，据《全国农产品成本收益资料汇编 2014》显示，据测算，2013年油菜生产每公顷耗工 150～180 个，劳动力成本 4800～5250 元，占生产成本 60%以上，加上种子、化肥、农药等物化成本，种植油菜比较效益低。加拿大、澳大利亚、德国等发达国家，油菜生产均已实现全程机械化作业，每公顷用工 9 个左右，劳动力成本低，生产效益高。以加拿大为例，油菜生产成本只有 0.90 元/kg，生产成本远远低于我国。又如，我国甘蔗生产中人工费用占 40%～50%，而发达国家由于农业机械化的高度发展，人工费用比例不到 10%。

目前我国的水果生产仍以人力为主，平原地区果园的机械化水平虽然高于丘陵山地果园，但仍需要大量的人工投入，整体生产效益仍不高，抵御自然灾害和国际竞争的能力很低。能到果园干活的强壮劳动力越来越少，目前在果园作业的劳动者以四五十岁以上的妇女、老人为主。以柑橘为例，柑橘园 90%在山地，传统的机械难以在山地果园中行走与作业，挖穴施肥、喷药、果枝修剪、果实套袋、采果和运果等作业用工量大，劳动强度高，目前采果运果几乎都是上了年纪的妇女。劳动力价格越来越高，山地果园采运水果每人每天工资为 120～200 元。劳动力短缺和价格的不断上涨严重制约了水果产业的可持续发展。

研究表明，20 世纪 90 年代以来，我国农业机械化水平每提高 1 个百分点，第一产业从业人员占全社会从业人员的比例大约下降 1 个百分点（沈国舫和汪懋华，2008）。中国农业大学中国农业机械化发展研究中心的研究也表明，2003～2012 年，农作物耕种收综合机械化水平每提高 1 个百分点，可减少 389 万农业劳动力的劳动投入量，为农业劳动力从土地中解放出来提供了重要支撑。因此，在农村劳动力加速转移的情况下，用机器代替劳动力是必然的战略选择。

2. 提高从事农业生产的农民收入，激发农民种粮的积极性

在降低或至少不提高生产成本的前提下提高农民收入，提高农业劳动生产率是重要途径。2006 年我国的农作物耕种收综合机械化水平为 38%，当年的农业劳动生产率为 7597 元/（人·年），约折合 975 美元（当年人民币与美元汇率约为 7.9）每人每年。2010 年，我国的农作物耕种收综合机械化水平提高到 52.3%，当年的农业劳动生产率为 10 784 元/（人·年），约折合 1585.9 美元（当年人民币与美元兑换率约为 6.8）每人每年，虽然这个数与发达国家相比还有很大差距，但已超过当年世界平均 1591 美元的水平（中国农业大学中国农业机械化研究中心杨敏丽教授根据世界银行数据整理）。据测算，随着劳动力转移，到 2020 年，劳均负担耕地面积将达到 1.6hm^2 左右，农作物耕种收机械化综合水平将达到 70%。按照上述机械化水平与劳动生产率的关系，到 2020 年，我国的农业劳动生产率将达到城乡社会经济统筹发展要求的 16 000 元/（人·年）左右，使从事农业生产的农民的收入达到小康水平是完全可能的（沈国舫和汪懋华，2008）。

据中国统计年鉴，北京、上海两地的农民人均负担粮食播种面积相对较大，农民人均纯收入都高于全国其他地区的水平。2012 年，北京、上海农民人均负担粮食播种面积分别为 4.18hm^2 和 6.16hm^2，远高于全国 0.34hm^2 的平均水平。北京农村居民家庭人均纯收入为 16 475.74 元，上海为 17 803.68 元，都远高于全国 7916.58 元的平均水平（《中国统计年鉴 2013》），其中一个最重要的原因是这两地的农业机械化水平高。

推进园艺与经济作物向机械化和信息化转变，也是增加农民收入的重要举措。以油菜为例，表 2 为中国和欧美发达国家油菜生产投入产出效益的比较，普遍采用机械化和信息化生产手段的欧美国家的油菜生产收益远远高于机械化水平低下、少有应用信息化技术的中国的油菜生产效益，同样证明了机械化和信息化是农民增收的重要途径。

表 2　2007 年中国与欧美主要油菜生产国投入产出效率比较

项目	国家		
	中国	加拿大	美国
种植规模/（hm^2/户）	<0.5	>100	>100
栽培模式	人工育苗移栽	机械化育苗移栽	机械化育苗移栽
种子/（元/hm^2）	108.00	328.30	112.40
肥料/（元/hm^2）	1750.50	544.30	625.60
农药/（元/hm^2）	173.50	393.80	617.10
机械作业/元/hm^2）	675.00	762.50	495.10
劳动力/（元/hm^2）	2498.50	244.80	750.00
其他/（元/hm^2）	158.00	433.40	402.20
总成本/（元/hm^2）	5363.50	2707.10	3002.40

续表

项目	国家		
	中国	加拿大	美国
单产/（kg/hm^2）	1990.65	1400.00	1725.00
价格/（元/kg）	2.75	2.50	2.60
毛收益/（元/hm^2）	5474.29	3500.00	4485.00
净收益/（元/hm^2）	110.79	792.90	1482.60

资料来源：张春雷等（2010）

再看棉花生产情况，新疆是我国重要的优质棉基地，据国家统计局数据，2012 年新疆棉花种植面积为 $1720.83\times10^3hm^2$，占全国棉花种植面积的 36.71%。目前新疆生产建设兵团普遍使用的采棉机价格为每台 200 万元，加上喷施脱落叶剂机械和 15 吨级清花设备和配套部分的基建设施，每公顷投入机采棉成本约 2400 元/hm^2；人工收获成本约为 10 500 元/hm^2，采用机械化和信息化可降低采摘成本 8100 元/hm^2，降幅近 80%。

表 3 所示为 2001～2011 年的 11 年间，全兵团累计机械采收面积 88.62 万 hm^2，增收节支累计实现经济效益 74.17 亿元。

表 3　2001～2011 年兵团机械化采棉生产的节本效益

年份	2001	2001	2002	2003	2004	2005	2006	2007	2008	2009	2010	2011	合计
采收面积/万 hm^2	0.20	1.88	2.54	1.72	2.81	5.00	5.40	6.87	7.80	11.60	17.13	25.67	88.62
节本效益/亿元	0.17	1.57	2.13	1.44	2.35	4.19	4.52	5.75	6.53	9.71	14.34	21.48	74.17
单位面积效益/（1000 元/hm^2）	8.50	8.35	8.39	8.37	8.36	8.38	8.37	8.37	8.37	8.37	8.37	8.37	8.37

数据来源：课题组在新疆生产建设兵团农业局调研结果

在我国蔬菜生产中，机器自动嫁接苗与人工嫁接相比，机器自动嫁接的速度是人工嫁接的 4 倍，成本为人工嫁接的一半。按每株嫁接苗愈合后以 1.0 元/株出售，每株净利润 0.5 元。一台机器人年生产嫁接苗以 36 万株计，每年盈利将达到 18 万元（赵春江，2014）。

（三）机械化和信息化是提高土地产出率的重要途径

农业机械化的作用不仅体现在农业劳动生产率的提高，而且体现在土地产出率的提高。中国的人均耕地面积远低于世界平均水平，要保障粮食安全，将饭碗牢牢端在自己手上，提高土地产出率是我国粮食生产面临的突出问题。

据联合国粮食及农业组织（FAO）数据（表 4），我国粮食作物的单产水平在世界上的排名都相对较低，还有很大的发展空间。单产最高的国家，水稻比我们高出 3500.40kg/hm^2，是我们的 1.52 倍，小麦比我们高出 4050.03kg/hm^2，是我们的 1.80 倍；玉米比我们高出 18 840.98kg/hm^2，是我们的 4.13 倍；大豆比我们高出 2401.00kg/hm^2，是我们的 2.36 倍；马铃薯比我们高出 29 576.40kg/hm^2，是我们的 2.73 倍；甘蔗比我们高 6312.88kg/hm^2，是我们的 1.89 倍。

表 4　2013 年我国主要农作物单产水平及其在世界上的地位

2013 年水稻单产			2013 年小麦单产		
国家	水稻单产/（kg/hm²）	世界排名	国家	小麦单产/（kg/hm²）	世界排名
澳大利亚	10 217.67	1	新西兰	9 105.33	1
埃及	9 529.76	2	爱尔兰	8 993.40	2
美国	8 623.74	3	比利时	8 934.92	3
土耳其	8 138.17	4	荷兰	8 719.06	4
乌拉圭	7 855.49	5	德国	7 997.92	5
希腊	7 773.97	6	英国	7 381.42	8
秘鲁	7 711.17	7	丹麦	7 284.41	9
韩国	6 763.78	12	法国	7 254.16	10
日本	6 727.96	13	埃及	6 668.18	11
中国	6 717.27	15	中国	5 055.30	24
2013 年玉米单产			2013 年大豆单产		
国家	玉米单产/（kg/hm²）	世界排名	国家	大豆单产/（kg/hm²）	世界排名
圣文森和格林纳丁斯	24 857.14	1	土耳其	4 160.89	1
以色列	22 555.94	2	菲律宾	3 523.40	2
约旦	20 103.11	3	意大利	3 386.97	3
科威特	20 000.00	4	巴拉圭	2 950.00	4
塔吉克斯坦	15 076.92	5	巴西	2 928.49	5
美国	9 969.54	16	美国	2 914.47	6
澳大利亚	8 117.88	27	埃及	2 875.00	7
埃及	7 733.33	28	澳大利亚	1 969.71	43
日本	2 727.27	116	日本	1 552.02	68
中国	6 016.16	54	中国	1 759.89	55
2013 年马铃薯单产			2013 年甘蔗单产		
国家/地区	马铃薯单产/（kg/hm²）	世界排名	国家	甘蔗单产/（kg/hm²）	世界排名
新西兰	46 666.67	1	秘鲁	13 371.70	1
美国	46 611.51	2	埃塞俄比亚	11 956.52	2
比利时	46 148.54	3	塞内加尔	11 410.26	3
荷兰	43 652.12	4	埃及	11 362.03	4
法国	43 403.86	5	马拉维	10 740.74	5
萨尔瓦多	42 604.73	6	赞比亚	10 256.41	6
英国	40 143.89	7	澳大利亚	8 240.46	21
澳大利亚	38 543.41	10	美国	7 571.04	30
日本	31 325.30	17	日本	5 438.36	71
中国	17 090.27	97	中国	7 058.82	43

数据来源：FAO 数据库

我国主要农作物单产上与先进国家的差距，既与品种、土肥条件和环境有关，更为重要的是与生产方式有关。农业机械化可以提高土地产出率，其原因：一是采用农业机械可以提高农田基本建设质量。高水平的现代农业生产都是建立在高水平的农田基本建设基础之上。目前我国仍有2/3中低产田，通过改造中低产田和标准化规模整治，提高土地产出率的潜力很大。这些都只有依靠农业机械才能实现。例如，改造盐碱地，必须靠大型机械开深沟排水；进行土地深耕、深松，提高耕作层深度，提高产量，也必须靠大马力拖拉机带深松深耕机具作业来实现。二是采用农业机械进行保护性耕作和秸秆还田，可以提高土壤有机质和含水量；通过激光平地，提高土壤平整度。三是采用农业机械可以提高农作物种植质量。通过精量播种，实现播量、播距、播深精量控制；通过精准移栽，实现种苗行距、株距、株数精量控制；通过水、肥、药精准施用，实现节水灌溉和化肥农药减施，减少生产成本，保护生态环境。四是采用农业机械可以减少收获损失。通过精确对行、精确控制割台高度、喂入量、脱粒方式与滚筒转速，提高收获质量，减少收获损失。五是采用农业机械可以减少产后损失，提高产品质量。通过机械干燥，提高农产品品质，减少霉变损失；通过精准分级，提高农产品产值；通过冷链物流，减少运输过程中的损失；通过深加工，增加农产品的附加值。

通过机械化改变生产方式，提高粮食单产在我国已有成功的先例。例如，北京地区1949年粮食单产才1.5t/hm^2，20世纪60年代解决了灌溉问题，单产成倍增加；20世纪70年代后期通过机械化，改为两年三熟，单产增加至6.75t/hm^2，80年代解决了三秋机械化，实现了一年两熟，单产增加到15t/hm^2，是1949年的10倍，没有机械化生产这是无法想象的（宋秉彝，1989）。

（四）机械化和信息化是提高资源利用率的重要举措

机械化作业的高效性、精确性和可控性，可使农业生产中节水、节油、节肥、节种、节药和农业资源综合利用等先进技术措施得以大面积推广实施。信息化技术则能大幅度提高智能化和自动化水平，提高资源利用效率。总体上，现阶段我国食物生产的集约化程度还很低，资源利用效率不高，还需进一步提升农业生产可持续发展能力。

在农业用水方面，我国农业生产中主要采用土渠、水泥渠输水和大水漫灌等灌溉方式，灌溉用水的有效利用率只有30%～40%，每年灌溉中浪费的水相当于全国总用水量的40%；而采用水肥一体化滴灌技术，水流顺滴孔直达作物根部，使土壤始终保持最佳含水状态。采用地膜覆盖可使水分蒸发大大减少。通过自动化技术，实现水肥同施，能节水60%以上，节约种子、肥料40%，降低人工费用70%，作物增产30%以上，人均田管面积可从1hm^{2}提高至8hm^2。因此，大力发展节水灌溉机械化和信息化技术是保护我国农业水资源的迫切需求。

在化肥施用方面，可用单位面积化肥消费量（kg/hm^2）来反映化肥利用率。据世界银行的数据，2012年世界各国单位面积化肥消费量如图2所示。

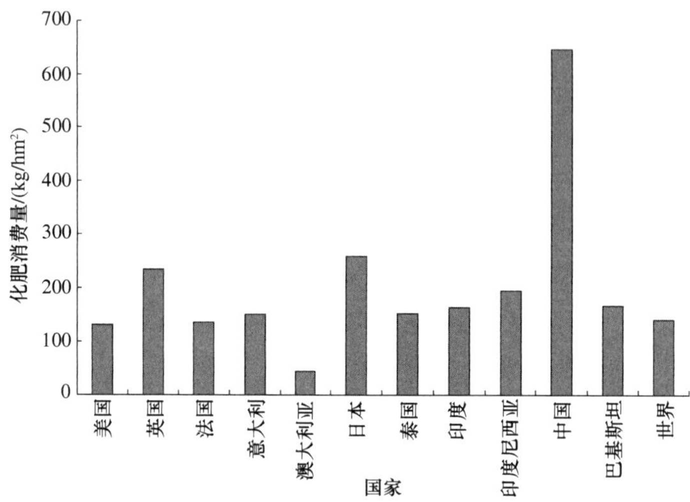

图 2　2012 年世界各国单位面积化肥消费量

数据来源：世界银行世界发展指标（WDI）

由图 2 可见，我国是全世界单位面积化肥投入量最高的国家，是世界平均水平的 3～4 倍，单位肥料产出远低于欧美国家。根据国家农业信息化工程技术研究中心的试验结果，采用精准施肥技术，可以节约肥料 15%～40%，单位肥料产出提高 30%～60%（赵春江，2009）；基于机械化和信息化技术的肥水一体化滴灌，可以使化肥的利用率从人工撒施的 30%左右提高到 60%以上，同时可节水 1/3～1/2。改变传统田间管理作业方式，大力发展机械化深施肥技术和精准施肥技术，是保护农业生态环境、提高农业产品品质和国际竞争力的有效手段，而这一切改变都有赖于机械化和信息化的发展。

在植保施药方面，目前我国植保机械仍以手动和小型机（电）动喷雾机为主，约占国内植保机械保有量的 90%。采用这些低档次的农药喷施机械，喷出去的农药只有 25%～50%能沉积在作物叶片上，不足 1%的药剂能沉积在靶标害虫上，不足 0.03%的药剂能起到杀虫作用，其余 50%～75%的农药则以挥发、飘移等形式散失，造成极大的资源浪费和环境污染。现代化的植保机械采用农药精准喷施技术，可大大提高药液的附着性，减少药物用量，大大减少对环境的污染。果园智能型对靶喷雾机改变了一般喷雾机对整个果园喷雾的方式，可根据探测到的目标对靶喷施，在空隙处自动停止作业，可以节约 40%～60%的费用，并减少对空气和环境的污染。

20 世纪中叶以后，我国农业科技取得了一系列重大突破，带动了农业生产长足发展。这些新技术在农业上的广泛应用离不开机械。例如，技术先进的播种机，可以按农业技术要求，以一定深度和数量准确地播种和施肥，实现开沟、播种、施肥、覆土和镇压等工序一次完成，不但比一般播种机省种 30%～50%，而且可提高出苗率，节省 60%的化肥；控制灌溉技术可节约 30%左右的水资源，提高约 9%的水稻产量；先进的联合收割机上装有自动监视和调节系统，作业中机器能根据地形和作物情况自动调节前进速度和割茬高度等，保证了收割质量和速度，可减少收割损失 5%。若能进一步将新的机械化技术与先进的农艺技术融合并全面推广应用，我国农业资源利用率将大幅度提高。

机械化和信息化还是提高保护性耕作效果的有效措施之一。农作物秸秆采用机械化粉碎还田保护性耕作技术，在降低地表径流和减少土壤流失、保护生态环境同时，还可增加土壤肥力；在山地果园采用轨道运输设施，可以减少因修路造成的土地浪费和水土流失；采用复式作业机具，能一次完成多项作业，减少了拖拉机入地次数和对土壤的压实，既减少了作业油耗，又提高了作物产量。

随着计算机和互联网的迅速普及和发展，精准农业技术将现代信息技术与农业技术、工程技术集成应用于农业生产，根据田间每一操作单元的农业资源信息，精细准确地调整土壤和作物各项管理措施，最大限度地优化使用各项农业投入，以获取单位面积上的最高产量和最大经济效益，同时保护农业生态环境，促进农业可持续发展。由于农业资源具有分散性、多变性、不确定性等特点，超过 85%的农业资源信息与空间位置有关，将 3S 技术、数据库技术、管理信息系统（MIS）技术、网络技术、决策支持系统技术等综合应用于农业资源管理，对农业资源进行动态监测，通过集成各类专业模型及专家系统，可以实现水资源合理利用、种植结构调整、耕地施肥策略等各类决策分析，能有效促进资源优化配置和提高资源利用率。在农业生产管理由粗放型向精细化转变过程中，数字化、信息化是重要特征和实现手段。

因此，从提高资源利用率的角度看，发展机械化和信息化是转变我国食物生产方式，促进食物生产可持续发展的必然之路。

（五）机械化和信息化是保证食物安全的重要科技支撑

一般而言，一个国家的食物安全包括生产安全、流通安全和消费安全，在国际视野中表现为一定的国际竞争力。生产安全包括数量安全、质量安全和结构安全，是食物安全的根基。一个国家只有生产出一定数量的符合质量要求和品种要求的食物，必要时能进口到所需要的食物，才能最终实现该国的食物消费安全。一个国家的食物安全，一般需要依靠食物生产能力、国内食物流通能力、国际食物进口能力、弱势群体求助能力等方面来保障。其中食物生产能力是核心内容，而生产能力由生产方式决定。因此，生产方式是保障食物安全的核心。

1. 数量安全

数量安全就是要求能在有限的耕地、能源和其他资源的条件下，提高土地产出率和资源利用率，以确保在可持续的前提下生产出自己所需要的足够数量的食物。如前所述，农业机械化和信息化大大提高了土地产出率和资源利用率，能在我国土地资源紧缺的情况下，在数量上保证我国食物安全。

全国人大常委会副委员长张宝文在《中华人民共和国农业机械化促进法》（简称《农业机械化促进法》）实施十周年座谈会上的讲话指出：《农业机械化促进法》颁布以来的十年，我国农业机械化发展速度明显加快、发展质量不断提升、地位作用持续增强。农业机械化的跨越式发展，有效地缓解了青壮年劳动力短缺的突出矛盾，有力地保障了农

业稳定发展，挖掘了粮食增产潜力，引领了耕作制度改良，推动了农业技术集成、节本增效和规模经营，加速了农业现代化进程，为实现粮食产量“十连增”、农民收入增收“十连快”作出了重要贡献。

然而，我们还应看到，我国粮食生产和农产品供给仍然面临很多问题。未来一段时期，我国每年新增人口仍在 700 万左右，需求增长；每年新增城镇人口 1000 多万，消费升级，而我国人均耕地和淡水资源仅为世界平均水平的 40%和 25%，由于工业化和城镇化占地，每年要占用耕地 40 万～46.67 万 hm^2，退耕还林还草、保护和恢复生态环境也挤压了农业用地用水。农产品需求刚性增长与资源硬约束趋紧的矛盾，将使我国粮食等农产品供求长期处于紧平衡状态。目前，在我国粮食增长的诸多因素中，播种面积增长是重要原因，2004～2013 年粮食播种面积净增 0.1 亿多公顷，这在我国农业土地面积极其有限的情况下是无法持续的，而且这意味着对油料、棉花等其他经济作物的播种面积的挤占。要做到“谷物基本自给”，保持谷物自给率在 95%以上；做到“口粮绝对安全”，稻谷、小麦的自给率基本达到 100%，稳定播种面积是基础。从目前的粮食单产水平和未来科技进步的潜力看，在守住 1.2 亿 hm^2 耕地红线的前提下，必须守住粮食播种面积 1.07 亿 hm^2 和谷物播种面积 0.93 亿 hm^2 的底线。这样，留给经济作物和其他作物的面积就很少了。因此，要满足人民对食物需求的刚性增长，只有依靠农业机械化和信息化提高土地产出率和资源利用率，才是最合理和有效的方法之一。

农田基础设施薄弱和老化，特别是田间渠系不配套，“毛细血管”不通畅，一些地方“旱不能浇、涝不能排”的问题突出。气象灾害和生物灾害频发，极端天气越来越多，突发性、暴发性灾害多发，2000 年以来，全国平均每年因自然灾害损失粮食 400 多亿千克。粮食生产仍需立足抗灾夺丰收，这更需要靠农业机械化和信息化提供有效的抗灾手段。

2. 质量安全

采用机械化和信息化技术能在生产、加工和流通领域实行严格的质量追溯和监控，以确保食物的质量安全。

采用互联网技术，可为农产品安全溯源体系建设提供有效技术支撑，可对农作物生长环境、农业生产过程、农产品品质、食品加工及食品流通过程，进行全面监控，建立“从农田到餐桌”的全程质量安全控制。

人工作业很难保证农产品在生产过程中的质量。在种植和田间管理环节，目前我国主要依靠人工完成，由于人工操作的粗糙性和随机性，化肥和农药的利用效率不高，大量残留物保留在土壤和水体中，高浓度的农药和重金属等被农产品吸收，对食物安全构成了威胁。

例如，水稻生产，在田间管理环节，由于过量施用化肥和农药产生的残留对稻米质量构成了威胁。据报道，农业用水污染是造成 2013 年湖南的“镉大米”的主要原因之一。在干燥环节，由于主要采用自然晾晒的方式，霉变、鼠害、鸟害等减损了稻谷产量，降低了稻谷质量。据统计，我国粮食收获后在干燥、储存、商品化处理等过程中的损失高达 18%左右（李军富，2006），而联合国粮食及农业组织规定的损失率标准为 5%。

我国的农副产品生产大多还是手工操作，如凉果生产，很多就是在地上摊晒，很难保证产品不受污染。

畜牧业生产中，小规模散养的生产方式仍占相当大的比例，难以对养殖过程进行监控，畜产品质量保证体系尚待完善和有效运行，例如，我国奶业生产的很多奶源都还是来自个体农户，分散的人工养殖方式难以保证奶源质量。

采用机械化和信息化生产技术，可减少化肥和农药用量，减少对土地、水资源和农产品的污染，保证土壤和农产品安全。我国食物的安全，急需要机械化作业、信息化控制，以实现生产环节投入物的科学量化施用、商品加工环节的封闭卫生操作、流通消费环节的减损节能储藏与信息化的质量保证。

3. 结构安全

合理的农产品结构是食物安全的内在要求，也是确保人们健康合理食物结构的前提基础。随着社会经济的发展，人类食物消费已由单纯地追求吃饱向追求质量和健康方向发展。人们对肉、蛋、奶制品、水产品的消费逐渐递增，这就要求未来的食物生产必然要扩大畜禽养殖业和水产养殖业，这就势必面临有限的土地和水资源如何合理安排生产结构的问题。2015 年中央一号文件强调要深入推进农业结构调整，促进粮食、经济作物、饲草料三元种植结构协调发展，强调要推进水产健康养殖。面对未来食物生产中面临的重要问题，只有大力发展新兴领域的机械化和信息化生产技术，才能从根本上解决。

（六）机械化和信息化是提高国际竞争力的有效手段

从经济学的角度来看，国际竞争力是指在不存在贸易障碍的自由贸易条件下，一国以相对于他国更高的生产力向国际市场提供符合市场需求的产品的能力。其含义包括：①国际竞争力的主体是一个国家；②竞争的范围是在经济领域；③竞争的空间是市场；④国际竞争力是包括一个国家诸多方面在内的复杂系统，如科技水平、生产资料的规模和效能、基础设施条件、政府行为、企业家素质和劳动者的工作态度等。

食物国际竞争力可定义为：一个国家为食物生产创造良好的商业环境，使该国食物生产以更高的劳动生产率，在全球市场上获得竞争优势，并持续盈利的能力。食物的国际竞争力是通过食物（农产品）在国际市场上的占有率及调节国内市场进口食物比例的能力来体现的，并由现代农业产业体系和市场环境来提供保障。食物国际竞争力与农业劳动生产率紧密相关。在当今世界大市场的格局下，食物生产没有国际竞争力是不行的。农业机械化和信息化能以高的劳动生产率和低的成本生产食物，一是使我国的农产品生产能在国际农产品的进口竞争中，确保对国内食物市场的绝对控制权，二是出口的农产品在国际上有价格优势。

近年来，随着劳动力成本的增加，我国很多农产品在国际市场上原有的低生产成本的竞争优势正在减弱。以稻谷为例，据 2013《国际统计年鉴》和 FAO 数据库，我国稻谷产量占世界稻谷产量的比例已由 1978 年的 36.4%递减到 2012 年的 22%。据业内人士反映："进口普通米加上运费、关税等的到岸价格才 2.8～3.4 元/kg，比国内普通米的价格平均低 0.3 元/kg，多的甚至低 0.5 元/kg"。海关数据显示，越南、巴基斯坦等地的大米到岸价格约为 3.2 元/kg，而我国南方地区早稻米出厂价约为 3.6 元/kg，中晚稻米出厂价为 3.8 元/kg 左右。又如，2012 年我国自产大豆 1500 万 t，进口量约 5500 万 t，大豆市场已大部分被国外占领。

甘蔗糖业，受国际市场影响，糖价经常处于大起大落、剧烈波动的状态。2008 年曾低到 2650 元/t，之后 3 年持续上涨，至 2011 年 8 月达到 7810 元/t 的价格顶峰，之后两年价格一路下滑，至 2013 年 12 月跌至 5015 元/t。由于国内外食糖价格传导之间缺乏"风险闸"，两者趋势一致且高度联动。我国 90%的制糖原料是甘蔗，由于我国甘蔗生产机械化程度低，随着劳动力价格的攀升，国家为了保护蔗农，只能提高蔗价，在糖价中蔗价为 3500～4000 元/t，占 60%～70%，导致我国制糖成本居高不下，使我国在世界上允许进口食糖的国家中，成为进口价最高的国家的同时，国外食糖以低于我国国内糖价的价格大量进入国内市场，国内外糖价差经常在 1000 元/t 上下，2012 年，进口糖价 4000～4500 元/t，国产糖价 5500～6000 元/t，如果不是靠政策和关税，我国糖业早已被国外糖业击垮（国家甘蔗产业技术体系，《经济调查与研究》，2013～2014）。

棉花的国内外价差为 3000～5000 元/t。玉米、油料、畜产品等也都不同程度存在这种情况。这种价格差距使国外大集团以技术和经营优势占领我国农产品市场的形势非常严峻，除了从政府层面上予以限制外，重要的是提高我国农业技术和管理水平来提升市场竞争能力。

造成这种状况的原因，很大程度上是由于我国农业生产机械化程度低，劳动生产率低下，劳动力成本在劳动力短缺的情况下大幅上涨，国家要提高农民收入和生活水平，势必要通过提高农产品价格和补贴来弥补农业劳动生产率低的问题，但这不是长远之计，提高农业机械化和信息化水平的目标之一，就是提高我国的农业生产效率和效益，只有农产品成本降下来才有竞争力。在提高农产品国际竞争力方面，提高农业机械化和信息化水平才是至关重要的。

（七）机械化和信息化是新型农业经营主体发展的重要方向

新型农业经营主体是农业机械化和信息化的重要组织载体，农业机械化和信息化是新型农业经营主体发展的重要技术支撑和发展方向。

我国农业发展方式正在向专业化、标准化、规模化、集约化经营方式转变。党的十八届三中全会提出，要加快发展现代农业，增强农业综合生产能力，确保国家粮食安全和重要农产品有效供给；推进家庭经营、集体经营、合作经营、企业经营共同发展，鼓励承包经营权向专业大户、家庭农场、农民合作社、农业企业流转，构建集约化、专业化、组织化、社会化相结合的新型农业经营体系。

2014 年中央一号文件《关于全面深化农村改革加快推进农业现代化的若干意见》进

一步提出，坚持家庭经营为基础与多种经营形式共同发展。农业部 2014 年年初印发了《关于促进家庭农场发展的指导意见》，认为家庭农场作为新型农业经营主体，以农民家庭成员为主要劳动力，以农业经营收入为主要收入来源，利用家庭承包土地或流转土地，从事规模化、集约化、商品化农业生产，保留了农户家庭经营的内核，坚持了家庭经营的基础性地位，适合我国基本国情，符合农业生产特点，契合经济社会发展阶段，是农户家庭承包经营的升级版，已成为引领适度规模经营、发展现代农业的有生力量。

在政策的引领下，全国农村土地承包关系进一步稳定，土地流转速度明显加快，并呈现出向新型农业经营主体集中的趋势。2013 年，全国农户承包土地流转面积达到 0.23 亿 hm^2，占比 26%。经营耕地面积在 $2hm^2$ 以上的农户有 891 万户，家庭农场达到 87.7 万家，平均经营耕地面积达到 $13.33hm^2$。新型经营主体的增加和经营规模的扩大，必然对全程化、配套化、高端化的农机装备应用和相关社会化服务提出新的需求。

农机作业服务环节从产中向产前、产后迅速扩展，有效满足了广大农户的农机作业服务需求。截至 2013 年年底，拥有农机原值 50 万元以上的农机大户、农机服务组织达到 8.8 万个，比 2010 年增加了 4 倍多；农机原值 50 万元以上、20 万～50 万元的农机大户、农机服务组织占比提高，分别比 2010 年提高 8.15 和 4.75 个百分点；农机原值 20 万元以下的农机大户、农机服务组织占比下降 12.9 个百分点（图 3）。说明农机社会服务组织规模在不断扩大，大规模的农机服务组织在增加，小规模的农机服务组织在减少。2013 年以开展农机社会化服务为主的农机专业户、农机合作社发展迅速，分别达到 520 万个和 4.1 万个，比 2010 年分别增加 7.5%和 63.9%。2013 年农业部出台了《关于大力推进农机社会化服务的意见》，明确了当前和今后一个时期推进农机社会化服务的指导思想、目标任务和重点工作。

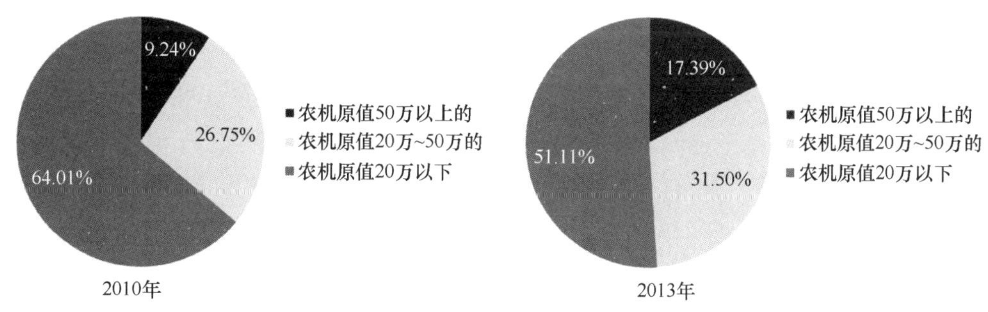

图 3　2010 年、2013 年农机社会化服务组织结构构成比例

与这种发展相适应的是农业机械化水平的不断提升，以及在农业产业中农机人才的增加。中国农业大学白人朴教授指出，我国第一产业从业人员最高峰是 1999 年，当年高达 3.91 亿人，之后随着农业机械化的发展，逐渐减少到 2012 年的 2.58 亿人，减少了 1.33 亿人，总量减少了 34%。第一产业从业人员占全社会从业人员的比例从 1991 年的 59.7%降到 2012 年的 33.6%，下降了 26.1 个百分点。值得注意的是，随着第一产业从业人员持续减少，乡村农机从业人员却持续增加，乡村农机从业人员占第一产业从业人员的比例从 2003 年的 10.3%提高到 2012 年的 20.8%（表 5），也就是说，10 年来我国第一

产业从业人员结构发生了较大变化，素质明显提升，目前从事第一产业的 5 个人中就有 1 个是农机人，足以看出农机在农业产业领域中培育新型农民的重要作用。

表 5　我国按三次产业分就业人员及乡村农机从业人员变化情况

年份	第一产业从业人员/万人	比上年增减/万人	第一产业从业人员占全社会从业人员比例/%	乡村农机从业人员/万人	比上年增减/万人	乡村农机从业人员占第一产业从业人员比例/%	第二、第三产业从业人员/万人	比上年增减/万人
2003	36 204	–436	49.1	3 742	+92	10.3	37 532	+892
2004	34 830	–1 374	46.9	3 939	+197	11.3	39 434	+1 902
2005	33 442	–1 388	44.8	4 128	+189	12.3	41 205	+1 771
2006	31 941	–1 501	42.6	4 256	+128	13.3	43 037	+1 832
2007	30 731	–1 210	40.8	4 489	+233	14.6	44 590	+1 553
2008	29 923	–808	39.6	4 649	+160	15.5	45 641	+1 051
2009	28 890	–1 033	38.1	4 805	+156	16.6	46 938	+1 297
2010	27 931	–959	36.7	5 030	+225	18.0	48 174	+1 236
2011	26 594	–1 337	34.8	5 208	+178	19.6	49 826	+1 652
2012	25 773	–821	33.6	5 354	+146	20.8	50 931	+1 105

资料来源：白人朴，2014

可见，构建新型农业经营体系，大力培育专业大户、家庭农场、专业合作社和农业企业等新型农业经营主体，发展多种形式的适度规模经营和社会化服务，发展农业机械化和信息化是重要方向。

（八）小结

20 世纪末，美国工程技术界把“农业机械化”评为 20 世纪对人类社会进步起巨大推动作用的 20 项工程技术之一，列第 7 位。这一评价基于 100 年来农业机械在农业生产中广泛应用所引发的农业生产方式的根本变革，大幅度提高了农业劳动生产率和土地产出率，有力地保障了世界农业发展和食物安全，有力地解决了 20 世纪世界人口从 16 亿增加到 60 亿所带来的巨大压力，同时又使从事农业的人口比例下降，更多的人从事其他工作，促进了社会生产的大分工，推动了工业和第三产业的发展，促进了世界经济繁荣。

毛泽东同志早就说过，“农业的根本出路在于机械化”。如今，农业机械化不仅仅是一个单纯的技术问题，也不仅仅是建设现代农业的一种科技支撑手段，它是改造传统农业、建设现代农业和社会主义新农村的重要内容。农业机械化在我国农业现代化的进程中不可替代，信息化推动着农业不断向现代化高水平迈进。

因此，要立足国内、确保产能、科技支撑、提升我国农业综合生产能力、保障我国粮食安全，推动社会主义新农村建设，农业生产方式必须向机械化和信息化转变。

今后谁来种田？如何种地？谁来从事养殖业？以上分析表明：现代农业生产方式需要靠有文化、有知识、有技术的新型农民采用机械化和信息化的手段来进行食物生产，这就是答案。

二、我国食物生产方式向机械化和信息化转变的发展历程及现状

改革开放以来，我国农业取得了长足进步，食物生产能力不断增强，粮食、蔬菜、畜禽、水产品等主要食物产量不断提高，保障了国家经济发展，提高了人民食物消费水平。党的十六大提出了2020年全面实现小康社会的奋斗目标，2004年以来，每年中央一号文件都将增加农民收入、提高农业综合生产能力、解决“三农”问题作为重中之重，出台了一系列政策措施，为食物持续稳定发展、保证食物安全提供了发展机遇。因此我国食物产量持续增长，取得了很大成绩。

（一）发展历程

1. 早期的实践

我国食物生产方式从人畜力向机械化的发展，可以追溯到20世纪30年代。1932年，美国康奈尔大学C. H. Riggs在南京金陵大学开设农具与农艺、机器与动力两门课程，将现代农具与农艺介绍到中国。

1944年6月，时任FAO筹委会副主任和中国农林部驻美代表邹秉文先生在美国农业工程师学会（ASAE）年会上发表了“中国需要农业工程”的讲演，他说，中国人口众多，一般农户的耕地面积仅1.6hm^2，所创造的收入不足以维持农民及其家属的正常生活，必须扩大农户的生产规模。我们希望看到中国农民把耕地面积扩大10倍，从1.6hm^{2}扩大到16hm^2。但中国农民已有的农具不适应扩大耕地面积的要求，中国需要一批有创造力的农业工程师来改进所有的手工和畜力农具，并制造拖拉机，以满足特别是东北、华北及西北广大平原地区的需要。现在中国正在为战后的工业化作准备。发展工业，不仅需要资金和管理人才，而且需要大批工人。这些工人只有从农村里招募，所以农村人口势必减少。今天，中国农民经营一小块地，能得到很多帮手；明天，他经营一个大农场，帮手却少了。他必须依靠节省劳力的农具和机械，其出路只能是改进现有的农具和农场的机械化。

这篇论述，即使在今天看来仍十分准确和具有远见卓识。在他的努力下，1944年，我国8名大学毕业生得到公费资助赴美学习农业机械。1945年，又选派了20名大学毕业生到美国攻读农业工程硕士学位。其中18位获得农业工程硕士学位后回国工作。1945年和1946年，中央大学和金陵大学先后开始招收农业工程（农业机械）专业四年制本科生，并分别于1948年和1949年正式建立农业工程系。至1949年10月在校生共有40人。这些努力，为新中国农业机械化的发展准备了人才。在这段时期，一些新式农机具

陆续引进到中国，新中国成立前，在华北解放区就有了使用机械的农场。

2. 新中国成立初期

新中国成立初期我国农业机械化的发展水平很低。主要集中在粮食生产及初加工机械化、农村电气化及农田水利排灌设施的建设方面。拖拉机和机引农具的使用、大小水库和农田水利设施的建设、农村电力的应用，对我国农村和农业生产恢复发展和农民生活水平改善起到了至关重要的作用。

1959 年 4 月，毛泽东主席提出了“农业的根本出路在于机械化”的战略思想，1966 年国家提出了“1980 年基本上实现农业机械化”的奋斗目标。在当时经济实力有限的条件下，国家投入巨资促进农业机械化的快速发展。1949～1979 年的 30 年间，国家投入的农业机械化事业费和财政拨款合计约 90 亿元；从 1966 年开始，国家将支农资金主要用于农业机械化；国家还采取了多种措施促进农业机械化事业的发展。虽然“1980 年基本上实现农业机械化”的目标未能实现，但全国初步建立起了比较完整的农业机械化管理、流通、科研、教育与制造工业体系，为我国农业机械化发展积累了宝贵的经验，打下了坚实的基础。

3. 改革开放以来

1979 年起，随着经济体制逐步向市场化机制转变和农村实行家庭联产承包责任制，土地由农民自主经营，农机作为商品进入市场，可由农民自主购买和经营。农机代耕、代收、代运等社会性服务开始兴起，并出现了多种农业机械经营形式并存的局面。随着集体农机站、队逐步解散，农民逐步成为投资和经营农业机械的主体。从 1995 年起，联合收割机跨区收获小麦的兴起和发展，加快了农业机械化服务的社会化、市场化步伐。

2004 年《农业机械化促进法》颁布施行。农机购置补贴政策的实施，极大地激发了农民购买农机具的热情，带动了农民对农业机械化的投资，使农机具保有量大幅度增加。10 年来，我国农机装备总量快速增长；农机作业水平快速提高，2010 年主要农作物耕种收综合机械化水平超过了 50%，2014 年达 61%，机械化生产方式成为了食物生产的主导方式（图 4），实现了历史性跨越。农机社会化服务快速发展，服务环节从产中向产前、产后扩展。农机工业快速发展，我国已经跃居世界农机制造大国之列。除了粮食作物外，机械化生产技术逐步向园艺作物和经济作物生产拓展。8 种主要作物（小麦、水稻、玉米、马铃薯、大豆、油菜、花生、棉花）2003～2013 年的综合机械化水平，以及 2011～2013 年机耕、机播和机收 3 个主要环节的机械化水平分别见图 4 和表 6。

作为农机化示范带动作用最强的农垦系统，2012 年耕种收综合机械化水平为 86%，2013 年达到 87%，高出全国耕种收综合机械化水平近 30 个百分点，成为全国农机化发展的排头兵。小麦、大豆生产基本实现了全程机械化，水稻耕种收综合机械化水平达到 92%，其中水稻机插率达到 82%，同比增长 3 个百分点。农垦系统棉花、玉米的机收率也有了较快增长（“农垦系统农机化‘火车头’效应明显，耕种收综合机械化水平达到 86%”，2013 年 2 月 18 日，中国农机化导报，作者：杨杰，白云鹤；课题棉花组报告）。

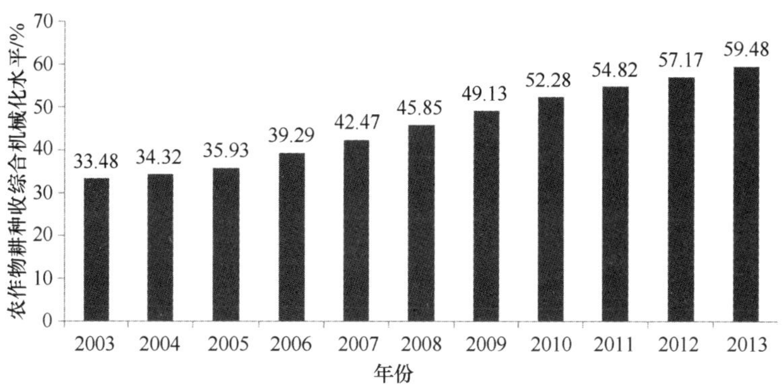

图 4　2003～2013 我国农作物耕种收综合机械化水平

数据来源：农业部农业机械化管理司《全国农业机械化统计年报》（2003～2013 年）

表 6　2011～2013 年我国农作物耕、播、收机械化水平

年份	综合	机耕	机播	机收
2011	54.82	72.29	44.93	41.41
2012	57.17	74.11	47.37	44.40
2013	59.50	76.00	48.78	48.15

注：农作物耕种收综合机械化水平按照机耕、机播、机收水平分别为 0.4、0.3、0.3 的权重进行计算

数据来源：农业部农业机械化管理司《全国农业机械化统计年报》（2003～2013 年）

（二）主要农作物/产业生产机械化现状

1. 粮食生产机械化现状

目前，我国粮食生产正处在人畜力、半机械化和机械化共同作业阶段，耕整地、玉米和小麦的播种环节主要由机械完成，水稻的栽植和田间管理作业、玉米和马铃薯的收获作业仍主要由人力完成。粮食生产主要以家庭为经营单位。

（1）粮食生产耕种收机械化概况

自 2004 年《农业机械化促进法》颁布实施以来，我国粮食耕种收综合机械化得到了快速发展，如表 7 所示。截至 2012 年年底，我国粮食耕种收综合机械化水平达到 57.17%，其中机耕水平达 74.11%，机播水平为 47.37%，机收水平为 44.40%。

表 7　2011～2012 年全国粮食生产机械化水平（%）

作物	年份	综合机械化	机耕	机播	机收
粮食	2011	54.82	72.29	44.93	41.41
	2012	57.17	74.11	47.37	44.40
水稻	2011	65.07	91.00	26.24	69.32
	2012	68.82	93.29	31.67	73.35
玉米	2011	71.56	93.77	79.90	33.59
	2012	74.95	93.79	82.30	42.47

续表

作物	年份	综合机械化	机耕	机播	机收
小麦	2011	92.62	98.79	85.95	91.05
	2012	93.21	98.9	86.52	92.32
大豆	2011	69.81	76.44	71.21	59.58
	2012	63.20	68.56	63.96	55.30
马铃薯	2011	32.25	52.64	19.65	17.67
	2012	34.20	54.71	21.42	19.64

总体上，我国粮食生产机械化发展存在两个不平衡。一是粮食生产各作业环节之间的机械化发展不平衡，二是全国各地区之间的机械化发展不平衡。粮食生产的耕、种、收 3 个主要环节中，耕整地机械化水平已超过 70%，播种和收获的机械化水平不到 50%。2011～2012 年全国水稻、玉米、小麦、大豆、马铃薯机械化水平变化情况如表 7 所示。

值得关注的是，随着大豆种植面积和种植效率的降低，大豆生产机械装备的投入也在降低，2010 年后，大豆生产各个环节的机械化程度一直呈下降趋势（图 5），应引起高度重视。

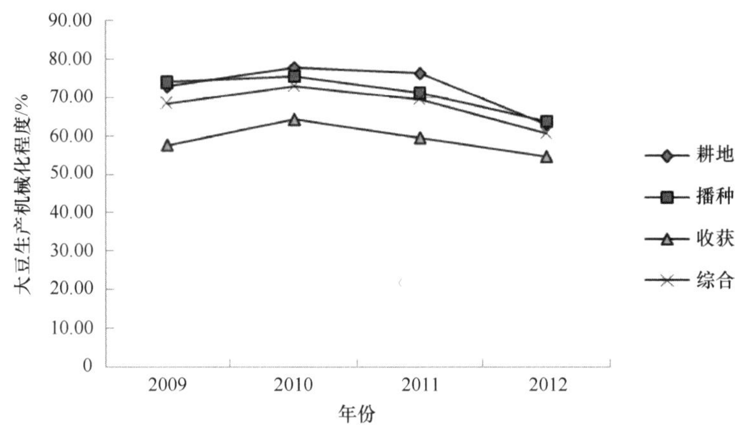

图 5　全国大豆生产机械化程度

（2）粮食生产各环节的机械化发展现状

i. 耕整地环节

2012 年，我国耕整地机械化水平为 74.11%，与发达国家的高水平机械化耕整地技术相比，还存在很大差距。我国粮食生产中由于长期使用中小型拖拉机带旋耕机进行土壤耕作，对土壤的压实和破坏较严重，耕层长期处于较浅状态。

对水稻而言，我国北方稻区，水田耕整地主要采用与大中型拖拉机配套的农机具进行翻耕和碎土耙浆整地作业。南方稻区水田整地主要采用旋耕机和水田耙进行水耕水整。随着土地综合整治的推进、专业服务组织的发展壮大和水稻规模化生产的发展，需要进行平地作业，对激光平地机械提出了新的需求。规模化生产经营和秸秆全量还田，促使拖拉机向大马力方向发展。但马力过大，轮辙加深，破坏犁底层，造成泥脚过深。

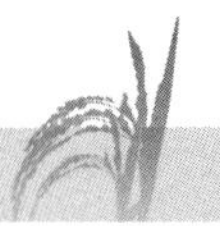

因此，适应水田的高效耕整，能有效减少对犁底层破坏的履带式拖拉机的研发是我国水稻耕整机械的重要研究内容。对玉米和小麦而言，耕整地环节存在的问题主要是机器对土壤结构的破坏和耕作层达不到农艺技术要求。据国家玉米产业技术体系 2009 年对我国玉米三大主产区耕地质量的调研，目前全国玉米地土壤耕层深度平均只有 16.5cm，与美国 35.0cm 的平均耕深相差甚远（图 6），尤其是长期旋耕严重破坏了土壤的团粒结构，严重制约了作物的抗灾减灾能力和土地的产出率。东北耕作大都采用传统犁耕技术，土壤风蚀和退化严重，整个东北地区水土流失面积大，需要研究有效改善土壤生态环境恶化和退化的办法，开展适于北方地区的保护性耕作技术研究。

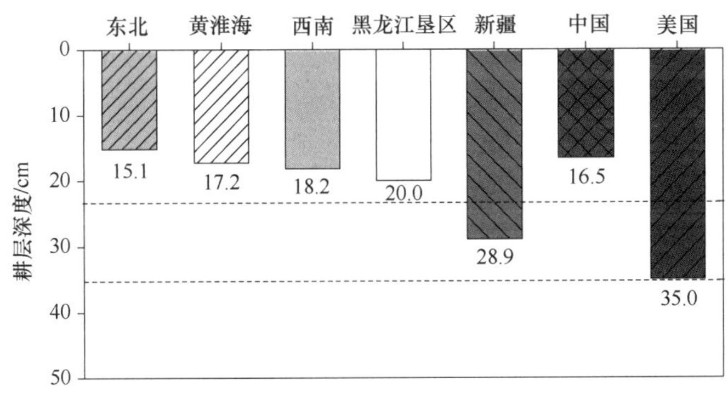

图 6　全国玉米主产区土壤平均耕层深度

马铃薯和大豆在耕整地方面与玉米具有类似的特征。

ii. 种植环节

2012 年，我国水稻和马铃薯种植机械化程度分别为 31.67%和 21.42%，是我国粮食生产机械化发展中的“瓶颈”之一。

近年来，全国大力推广水稻机械化育插秧技术，但受品种熟制复杂、各地自然禀赋和社会经济发展水平差异较大，以及农机农艺不协调等多种因素的影响，机插秧技术只在我国以种植常规粳稻为主的黑龙江省和江苏省得到了较好的推广应用，在我国南方大部分地区，特别是以种植杂交稻和双季稻连作晚稻的地区，机插秧技术推广缓慢，目前主要采用人工插秧。机直播因具有较好的经济效益，节省劳动力，在自然条件适宜的地区，该技术正在悄然兴起。

马铃薯采用块状薯种穴播种植。与国外不同，我国主要以细切芽块拌种播种为主，不标准的催芽、不一致的手工芽块，给播种机具带来了单块播种技术的困难。为了满足马铃薯产业发展的需要，我国先后引进了国外的一些先进的、能代表当今发展方向的马铃薯种植机，其中有意大利 SPEDO 公司的 SPA-2 型马铃薯种植机，挪威 KVERNELAND 公司生产的多种规格马铃薯种植机。这些设备的特点是结合马铃薯育种的标准化要求，采用整薯播种，播种部件对标准种薯的适应性较强，播种质量较高，但不适应我国的马铃薯种薯人工依芽切块的情况。另外，国外产品技术虽然先进，但是价格很高，零配件供应不畅也是用户面临的较大问题。因此，国外产品在我国的推广应用并非想象的那样顺利，只有少数大型种植户有能力购进应用。要满足国内对马铃薯种植机多样性的需求，还需要大力自主研发先进适用的种植机械。目前国内研制的产品的播种稳定性、重播率

与漏播率等关键性作业质量指标，以及动力匹配、作业部件耐用性等还需进一步提高。另外，我国90%以上的国产马铃薯种植机械还处于单一机械作业的初级阶段，与国外先进的集自动化控制、液压系统、播种质量监测等系统为一体的具有播种精确、播量一致的大功率高效马铃薯种植机相比差距很大。此外，还没有适合我国南方丘陵山地的小地块和不同种植方式的种植机械。国内马铃薯种植机械的研发人员仍需做更多的努力。

玉米机播水平虽然超过了80%，但普遍使用小型播种机，其机械式排种器不能满足高速作业需求，漏播严重，无法真正实现单粒精量播种和半精量播种，还需要人工间苗；无单体仿形机构，造成播深不一致；无防堵机构，茬地作业易堵塞，从而造成缺苗断垄。为了解决堵塞问题，农民在小麦收获后大量焚烧秸秆，使“秸秆禁烧”处于“禁而不止”的尴尬境地，环境污染严重。

小麦的机械化种植程度较高，2012年已超过85%。但播期掌握不严，农民为了节省外出务工的时间，常常提早播种，容易出现冻害和病害；因无精量播种机械可用，普通播种机的播量偏大，不少地方的播量超过210kg/hm^2，不仅增加了成本，而且造成基本苗过多，不利于培育年前壮苗；很多地块长年旋耕，表层土壤疏松，造成播种过深，超过6cm，造成苗弱或不能出苗。

随着大豆种植面积和种植效率的降低，种植机械化程度也在下降。全国各大豆主产省区大豆机械化发展极不均衡也影响种植机械化的进一步发展。例如，2012年黑龙江省大豆机播程度已超过90%，而山西、江苏、湖北、陕西、甘肃等省的机播程度还不到30%。提高大豆生产全程机械化水平是大豆产业发展的关键。

iii. 田间管理环节

田间管理目前主要靠人工或小型低效机械完成，存在劳动强度大、安全隐患多、作业效率低和质量得不到保障等问题，一直是粮食生产机械化的薄弱环节。

施肥方面，我国氮肥当季利用率仅35%，而世界粮食生产先进的国家多在50%以上，高的可达70%。从粮食产量、肥料利用率、粮食品质和减少环境污染等方面综合考虑，推广机械化深施肥技术，加大秸秆还田的力度和推广施用有机肥，是我国粮食生产施肥技术的发展方向。

农田灌溉方面，我国北方地区主要采用机井和水泵提水，南方河系发达地区主要采用水泵从河道中提水，然后通过渠道自流灌溉，能从河流、湖泊、水库、池塘等引流灌溉的，则直接采用引流灌溉。水稻生产用水主要采用漫灌方式，湿润灌溉等现代节水灌溉技术还没有得到大面积推广。我国农业年灌溉用水量约占全国用水量的67%，是最大的用水户，但灌区的灌溉水利用系数仅0.4左右，即从水源到田间，约有一半以上的水因渗漏、蒸发和管理不善等没有被农作物直接利用；灌溉水的利用效率很低，每立方米水生产的粮食不到1kg，仅为发达国家的2/5。大水漫灌造成的水肥流失、土壤板结、地力下降、水资源浪费和地下水位下降等问题应着力改变，同时，我国大部分地区存在田块高低不平、大小不均、沟渠机耕道不配套等，导致防洪排涝和抗旱能力不强，农机具难以下田等现状亟待改变。

植保方面，我国植保机械化水平较低，粮食生产中的植保机械以小型背负式手动喷雾器为主。从防治面积来看，约78%的面积是手动药械施药，20%的面积为中小型机动植保机械，2%为拖拉机配套喷雾机。这类机具雾滴大，雾滴附着性差，“跑、冒、滴、

漏”严重，对靶性能差，劳动强度大。农业航空植保仅在部分地区试验和示范。自 1973 年以来，中国农业航空年作业量基本上在 20 000～30 000hm^2 波动，增幅不明显。未来粮食植保机械应向高效、宽幅、远程、均雾、风力辅助等车载式，以及农业航空植保等方向发展。

iv. 收获环节

目前，玉米和马铃薯的机械化收获已成为制约我国粮食生产机械化整体水平提升的另一个关键性“瓶颈”。2012 年，全国玉米机收率为 42.47%，马铃薯机收率为 19.64%。

我国玉米生育期普遍偏长，收获时籽粒含水率高达 30%～40%，不能直接脱粒收获，剥皮时籽粒破损率高；种植行距复杂多变，收获机难以适应，作业效率低，损失率高；收获机械的可靠性、适应性差，远不能满足玉米生产需求。

收获是马铃薯生产中劳动强度最大的作业环节，也是由人工转向机械提效的关键。目前我国马铃薯收获仍以人工收获为主，机械式收获则以挖掘、铺放、人工捡拾分段收获为主。收获的薯块脱皮、碰撞受损较重，降低了商品率。与欧美发达国家已实现马铃薯挖掘、分离、检选、标准装箱、立体储藏一体化，形成了从田间到商品处理上市过程的产业化，还有很大差距。

水稻和小麦的机械化收获问题基本解决，主要是采用自走式全喂入或半喂入联合收获机，背负式联合收获机也占一定比例，山区和丘陵地带主要采用割晒机和脱粒机进行分段收获。2012 年，我国水稻和小麦的收获机械化程度分别为 73.35%和 92.32%，但发展不平衡。上海、江苏、安徽、湖北和宁夏等地的水稻机械化收获程度都在 90%以上，但云南、贵州、重庆等地区，由于是丘陵山区及套种地区，机械收获水平相对较低，水稻机械收获程度还不到 40%。

v. 干燥环节

粮食机械化干燥是实现粮食丰产丰收、保障品质、减少霉烂和减少损失的主要途径。在我国粮食主产区，特别是南方地区，粮食收获期常出现阴雨天气，收获时含水率往往高达 24%～35%，谷物来不及晒干或未达到安全储存含水率而造成霉变发芽，以及在晾晒过程中抛洒等，每年损失率高达 10%以上。日本、美国等发达国家的粮食干燥机械化水平达 95%以上，粮食产后损失率不到 1%。

我国粮食种植规模小，收获的粮食主要采用自然晾晒，机械化干燥主要是在一些种粮大户、专业合作组织、农场等规模化种植经营者中应用，随着粮食收获机械化技术的推广，粮食大面积集中收获，自然晾晒缺场地、缺劳力、缺晴天，质量难以保证，亟需加快干燥机械化技术的推广步伐。机械化干燥要大力发展产地烘干，降低设备成本，多种热源可选。

（3）全国各地区之间的机械化发展不平衡状况分析

i. 农机总动力

图 7 是 1980～2012 年全国农机总动力变化趋势图，近年来全国农机总动力呈快速上升趋势。

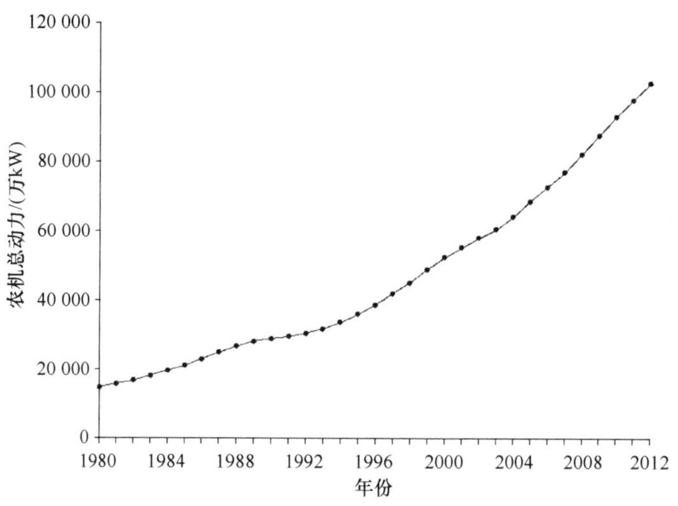

图 7　全国农机总动力变化趋势图

ii. 全国各省（自治区）大中型拖拉机总动力

100 马力*（含 100 马力）以上的拖拉机为大型拖拉机、20～100 马力的拖拉机为中型拖拉机、20 马力以下的拖拉机为小型拖拉机。图 8 为 1980～2012 年全国各主要省（自治区）大中型拖拉机总动力变化趋势。

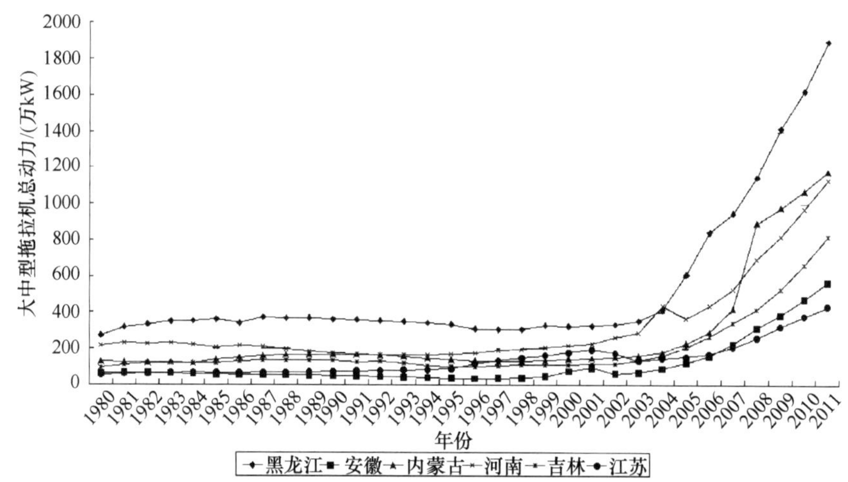

图 8　全国各主要省（自治区）大中型拖拉机总动力变化趋势

由图 8 可见，各省区之间的大中型拖拉机总动力发展不平衡。黑龙江一直居全国前列，河南 2004 年曾与黑龙江持平。还可以看出，2004 年是全国及各省（自治区）大中型拖拉机发展的分水岭，2004 年前增幅缓慢，甚至萎缩。但 2004 年之后，各省（自治区）大中型拖拉机总动力快速增加，黑龙江增幅最为明显。有关数据表明，黑龙江农机总动力并不高，但农业机械化水平很高，其主要原因就是大中型拖拉机及其配套农具比例高。

* 1 马力≈735.499W。

iii. 小型拖拉机总动力

图 9 是 1980～2012 年全国各主要省（自治区）小型拖拉机总动力变化趋势。小型拖拉机多，说明该省（自治区）机械化是以小规模机械化为主，河南小型机械化水平最高，其次是安徽，其他几个省（自治区）小型拖拉机总动力有所增加，但幅度明显小。黑龙江是以大规模机械化为主，小型拖拉机不多，其总动力在 6 个省中仅居第四位。

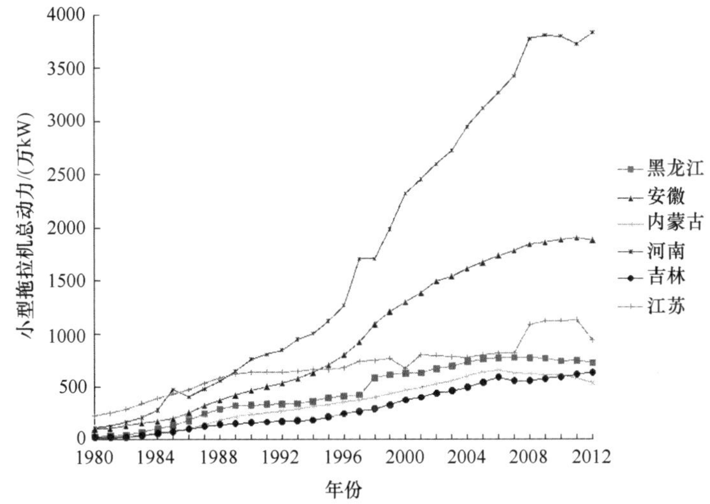

图 9　1980～2012 年全国各主要省（自治区）小型拖拉机总动力变化趋势

iv. 联合收割机总动力

图 10 为 1981～2012 年全国各主要省（自治区）联合收割机总动力变化趋势。由图可见，自 2001 年以来，全国各主要省（自治区）联合收割机总动力呈明显上升趋势，差距也拉大。上升幅度最快为河南，其次是安徽和江苏，黑龙江再次之，内蒙古和吉林变化不大。此数据没有分大中型和小型收割机的动力比例，所以只是反映了收获机械化

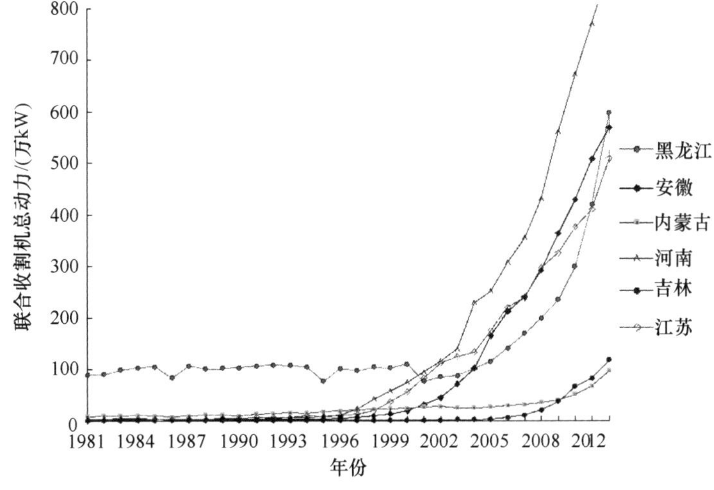

图 10　1981～2012 年全国各主要省（自治区）联合收割机总动力变化趋势

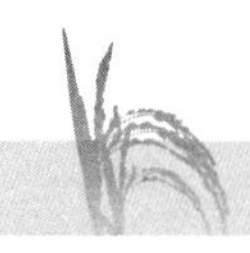

水平的发展态势。例如，黑龙江的联合收割机总动力并不是最高的，但它的高效率的大型收割机多，它的收割机械化水平仍是最高的。

v. 大中型拖拉机配套比

图 11 为全国及各主要省（自治区）大中型拖拉机配套比变化趋势。由图可以看出，全国大中型拖拉机配套比以 1980 年为最高，达 1.84，以后持续下降，1988 年滑至最低谷，为 1.12。自 1988 年后受国家政策影响，全国大中型拖拉机配套呈增长态势，1999 年增至 1.75，以后在振荡中稳定发展。至 2012 年，全国大中型拖拉机配套比平均为 1.58，其他一些主要省份的情况见图 11。大中型拖拉机配套比低严重影响了其作用的发挥，降低了拖拉机的效率和经济效益，影响了机械化水平。

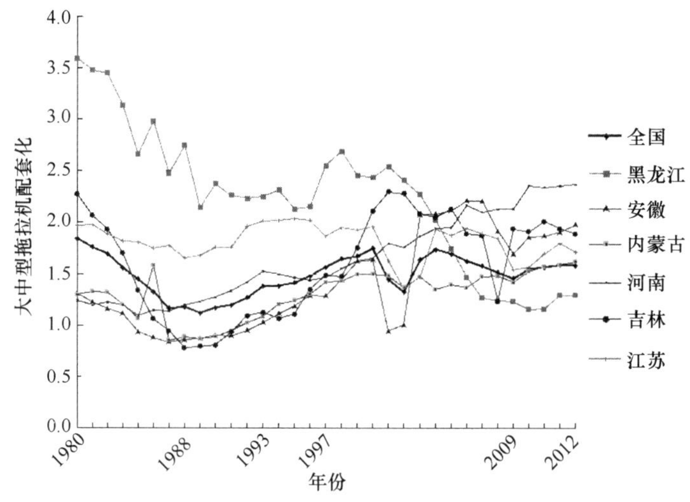

图 11　1980～2012 年全国及主要省大中型拖拉机配套比变化趋势

vi. 小型拖拉机配套比

图 12 为小型拖拉机配套比变化趋势图。由图可见，1980 年，全国小型拖拉机配套比为 1.17。20 世纪 80 年代初期由于实行联产承包责任制，农民大量购置小型拖拉机，

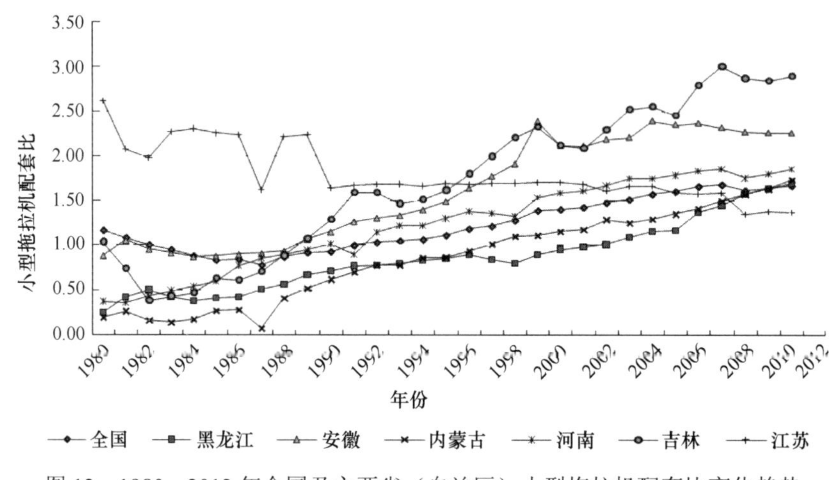

图 12　1980～2012 年全国及主要省（自治区）小型拖拉机配套比变化趋势

但农具保有量的增长极为有限，至 1985 年全国小型拖拉机配套比下滑至 0.78。其后呈上升趋势，至 2012 年，全国小型拖拉机配套比为 1.71，主要省份中最高为 2.9，最低为 1.4。拖拉机配套比低严重影响拖拉机作用的发挥，降低了拖拉机的效率和经济效益，影响了机械化水平。

vii. 单位面积拥有农机动力情况

2012 年我国每公顷地拥有农机动力为 8.40kW，2013 年为 5.7kW/hm^2，各地发展也不平衡。我国的单位面积农机动力远远高于世界发达国家基本实现机械化时的农机动力值，但我们依然没有能够基本实现粮食生产机械化。究其原因，与我们的农机动力与农具配套比低有很大关系。我国现在的农机市场动力价格远远高于机具价格，农业装备行业大多趋向于动力部分的制造，不重视作业机具的生产，造成我国拖拉机与农具的配套比仅为 1∶1.6，远远低于发达国家 1∶6 的水平。

2. 园艺、经济作物生产机械化现状

（1）概况

园艺和经济作物主要包括蔬菜、水果、甘蔗、油菜、棉、麻类等六大作物，很多种植在丘陵山区，作业条件较差，机械化还处于较低水平。据 2012 年国家统计局和国土资源部统计数据（表 8），我国主要经济作物种植面积占全国耕地面积比例为 10.37%；主要园艺作物种植面积占全国耕地总面积的 24.04%。

表 8　2012 年我国主要园艺与经济作物种植面积及占全国比例

作物		种植面积/（×10^{3}hm^2）	占全国耕地面积比例/%
主要经济作物	甘蔗	1 794.66	10.37
	油菜	7 431.86	
	棉花	4 688.13	
	麻类	1 000	
主要园艺作物	蔬菜	20 352.57	24.04
	水果	12 139.93	
合计		47 407.15	34.41

数据来源：2012 年国家统计局和国土资源部统计数据

（2）水果

我国是水果生产大国，从 1993 年开始，水果栽培面积和总产量跃居世界第一位。水果生产在增加产品供给、提供加工原料、提高产值贡献、吸纳农村劳动力、增加农民收入和出口创汇等方面发挥了重要作用。我国的水果种植面积近 10 年来稳定增长，总产量逐年增加。从 2002 年的总面积约 9000×10^{3}hm^2、总产量约 11 000 万 t，增加到 2012 年的 12 140×10^{3}hm^2，总产量达到 24 057 万 t（图 13）。

从水果分类产量来看，苹果、柑橘、梨、葡萄和香蕉 5 种主要水果的产量见表 9。

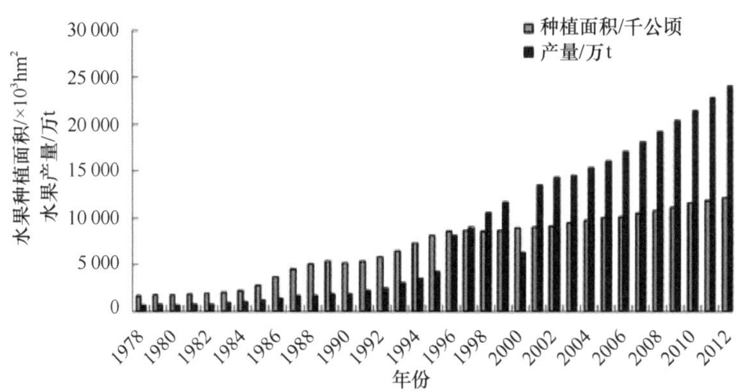

图 13　中国水果种植面积与总产量

数据来源：中华人民共和国农业部（2009）；国家统计局农村社会经济调查司（2010）

表 9　全国及各主要品种水果产量　（单位：万 t）

	全国	苹果	柑橘	梨	葡萄	香蕉
产量	24 056.8	3 849.1	3 167.8	1 707.3	1 054.3	1 155.8

数据来源：《2013 中国统计年鉴》统计数据

水果产业属于劳动密集型产业，生产优质水果需要大量的人工投入。随着中国农村劳动力、特别是青壮年劳动力的转移，能到果园干活的强壮劳动力越来越少。例如，丘陵山区的柑橘都是雇工采摘之后背到山下，山坡很陡时，背水果下山非常困难。各个地方存在的问题各不相同，对策也不一样，但是共性的问题之一是果园的劳动者以四五十岁以上的妇女、老人为主，劳动者的体力素质明显下降，显而易见，中国水果产业发展必须依靠机械化与信息化。

经过几十年的发展，我国水果生产机械化已取得一定进展。但总的来说，机械化水平仍很低。目前水果生产仍以人工为主，缺乏山地果园投入品（如肥料、农药等）和产出品（如果品）的运输机械，挖穴施肥、除草、果枝修剪和粉碎，施药喷雾、施肥、授粉和水果苗木的育苗等作业，都还以人工为主完成。

果园环境监控系统及辅助设施不完善。果园病虫害、果树生长、果园灌溉、土壤养分、水肥耦合等环节的监测设备、信息化管理、自动化与智能化控制技术基本还是空白。

果园修建与管理模式落后。传统的果园修建与管理模式缺乏科学的统筹规划，导致果园郁闭、树形光效低，产量低、品质差、卖价低。

（3）蔬菜

我国是世界上最大的蔬菜生产国与消费国，播种面积由 1990 年的 $6666.67\times10^3hm^2$ 增加到 2012 年的 $20\,352.57\times10^3hm^2$，产量由 2 亿 t 提高到 7.08 亿 t，人均蔬菜占有量由 170kg 左右提高到 500kg 以上。

目前我国已基本形成了华南冬春蔬菜、长江上中游冬春蔬菜、黄土高原夏秋蔬菜、云贵高原夏秋蔬菜、黄淮海与环渤海设施蔬菜、东南沿海出口蔬菜、西北内陆出口蔬菜，以及东北沿边出口蔬菜等八大蔬菜重点生产区域。全国蔬菜大生产、大市场、大流通的格局逐渐形成，基本实现了蔬菜周年均衡供应。

2010 年，全国蔬菜总产值为 12 569 亿元，占种植业总产值的 34%，开始超过粮食，居农产品之首。据测算，2010 年蔬菜对全国农民人均纯收入贡献 830 多元，占农民人均收入的 14%；蔬菜亩*产值净利润为粮食的 10 倍、油料的 6 倍；成本利润率为粮食的 2.6 倍、油料的 1.6 倍；蔬菜种植的经济效益明显优于粮、油的经济效益。据我国海关统计，2011 年我国蔬菜贸易顺差 114.2 亿美元，居农产品之首，比第二位的水产品多 16 亿美元。

但长期以来，我国蔬菜生产方式主要以家庭为生产单位，主要靠人工种植，机械化和信息化水平很低，与现代产业化生产还有很大差距。

由于劳动力成本、生产资料成本不断攀升，蔬菜生产效益连年下降。我国大中城市蔬菜生产成本从 2000 年的 19 118.7 元/hm^2 上涨到 2011 年的 44 692.2 元/hm^2，增长了 133.8%，年均上涨 8.025%。其中，人工成本和土地成本上涨较快，人工成本从 2000 年的 7203.3 元/hm^2 上涨到 2011 年的 22 456.8 元/hm^2，增长了 211.8%，年均上涨 10.89%；土地成本从 2000 年的 685.1 元/hm^2 上涨到 2011 年的 3766.1 元/hm^2，增长了 449.7%，年均上涨 16.76%；在人工成本中，雇工成本上涨较快，2011 年雇工成本为 3564 元/hm^2，比 2000 年增长 9 倍（王东杰等，2013）。图 14 为我国 2000～2011 年蔬菜成本变化情况。

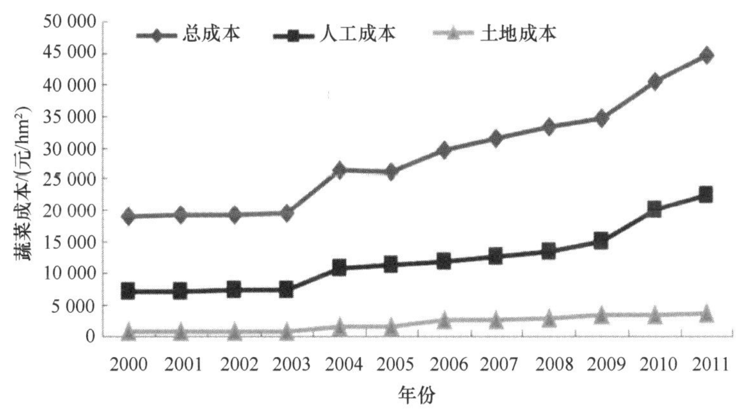

图 14　2000～2011 年我国蔬菜成本变化

资料来源：《全国农产品成本收益资料汇编》整理

成本攀升导致比较效益滑坡。据农业部分析，大中城市蔬菜生产平均净利润与稻谷、小麦、玉米三大粮食的平均利润相比，由 2001 年的 35∶1 下降到 2011 年的 10∶1，降幅达 71%以上。设施蔬菜的比较效益下降幅度更大。

机械化和信息化水平低。目前我国蔬菜种苗生产仍采用人工穴盘播种，部分采用机械化播种和人工搬运穴盘，蔬菜作业环节的生产设备不配套，生产作业效率低、劳动强度大、人均产出率低，难以形成规模化生产。同时，普遍采用的温室设施蔬菜种植模式中，蔬菜生态环境信息化监测与控制技术水平低，导致温室小气候环境调控能力差，人均管理面积小，劳动生产率低。与蔬菜生产先进国家荷兰相比，我国温室黄瓜、番茄产

* 1 亩=666.7m^2。

量只有 10～30kg/m^2，荷兰的温室黄瓜产量为 60～100kg/m^2、番茄产量为 50～70kg/m^2。

因防灾能力弱，自然灾害与病虫害等非可控因素严重危害蔬菜生产，例如，2008 年南方冰雪灾害损毁大棚超过 40×10^{3}hm^2，损失蔬菜 904 万 t；2009 年北方雨雪灾害损毁温室大棚 58.67×10^{3}hm^2，损失蔬菜 213 万 t；2012 年 10 月 27 日强台风“山神”造成塑料大棚大面积损毁。

家庭经营规模小、组织化程度低。我国从事商品蔬菜生产的农户逾 5000 万户，但 75%的菜农生产规模小于 0.03hm^2，22.6%的菜农生产规模为 0.03～0.33hm^2，仅 1.4%的菜农生产规模超过 0.33hm^2。家庭经营为主体的小规模生产对设施蔬菜产业的高投入和高风险的承受能力弱，且生产的品种、数量和质量不稳定，很难与大市场、大流通对接及与销售区建立相对固定的供货渠道；面对千家万户，生产管理、技术推广、质量监管难度大；辐射带动能力强的产地批发市场、龙头企业、专业合作组织少，加工、营销、信息等服务跟不上，严重制约了设施蔬菜产业的发展。

蔬菜生产质量安全问题突出。蔬菜生产过程中，农药、化肥施用不合理，常引发质量安全问题，例如，2010 年豇豆、韭菜农药残留超标等质量安全事故，曾一度引发消费恐慌，给蔬菜生产造成重大损失。目前蔬菜质量监督检测体系不健全，监管手段和力度不够，快速检测设备和仪器缺乏。蔬菜生产经营规模小、环节多、产业链长也加大了监管难度，致使部分农残超标蔬菜流入市场。

集约化生产的商品种苗缺口大。2012 年，山东省商品苗生产量为 40.2 亿株，仅为设施蔬菜需求量的 9.6%；河北省商品苗 20 亿株，仅占需求量的 13.3%，其他省份的比例更低，湖北、安徽商品苗供应量仅为 5%左右，河南不足 2%。

蔬菜冷链物流不健全，流通损失严重。其一是受运输储存作业条件的制约，蔬菜销售半径和交易时间被限制，经常出现销售地菜价高起，产地蔬菜烂地的现象；二是蔬菜产品采后缺少整理、分级、预冷，目前我国约 80%的蔬菜流通过程中都采取常温物流方式，造成蔬菜的质量参差不齐、损耗率高，产后损失率为 20%～25%，新鲜易腐农产品损失最大。因此，开展蔬菜产地初加工，建立设施配套的冷链物流体系非常重要。

（4）设施园艺

2010 年，全国设施园艺面积为 3626.7×10^{3}hm^2，占世界的 88%。其中设施蔬菜 3443.3×10^{3}hm^2，占蔬菜种植面积的 19.69%，设施果树 93.3×10^{3}hm^2，设施花卉 90.0×10^{3}hm^2（表 10）。

表 10　中国各类园艺设施面积的发展变化　　（单位：万 hm^2）

年度	合计	小拱棚	大中棚	节能日光温室	普通日光温室	加温温室	连栋温室
2010 年	362.67	131.47	145.53	69.87	11.67	2.33	1.80
蔬菜	344.33	128.67	134.00	66.67	11.67	2.00	1.33
果树	9.33	0.00	7.47	1.87	0.00	0.00	0.00
花卉	9.00	2.80	4.07	1.33	0.00	0.33	0.47

续表

年度	合计	小拱棚	大中棚	节能日光温室	普通日光温室	加温温室	连栋温室
2012 年	386.47	108.47	178.20	76.13	16.80	3.47	3.40
蔬菜	365.87	105.47	166.20	72.53	16.80	2.07	2.80
果树	10.87	0.00	7.67	2.20	0.00	1.00	0.00
花卉	9.73	3.00	4.33	1.40	0.00	0.40	0.60

资料来源：全国农业技术推广服务中心张真和研究员

2012 年我国大中棚占设施总面积的 46%，小拱棚占 28%，日光温室占 24%，大型温室仅占 1.8%（表 10）。

设施园艺中机械移栽应用不广泛，仍以人工移栽为主，且家庭经营规模小、组织化程度低。需要大力发展蔬菜集约化轻简育苗产业，提高设施园艺产业的装备水平。

（5）经济作物

经济作物中油菜、棉花、甘蔗和麻类的综合机械化水平如表 11 所示，综合机械化总体水平低下。

表 11　2011～2012 年全国经济作物生产机械化水平统计情况（%）

作物	年份	综合	机耕	机播	机收
油菜	2011	29.05	53.44	12.28	13.32
	2012	35.44	65.05	14.51	16.88
棉花	2011	53.88	87.39	57.39	5.68
	2012	59.59	95.72	62.75	8.26
甘蔗	2011	28.5	70	1	1
	2012	34	80	5	1
麻类	主要生产环节从种植、田间管理到收获和剥制仍沿袭手工作业为主，机械化生产程度低，由于种类繁多，未有统计数据				

注：经济作物中油菜、棉花数据来源为《中国农机化统计年鉴》；甘蔗和麻类数据来源为课题组调查

i. 油菜

油菜是我国第一大油料作物，目前年均种植面积约为 7333.33×10^3hm^2，年均总产量 118.5 亿 kg，面积和总产均居世界第一。

我国油菜生产存在的主要问题如下。

机械化作业水平低。当前我国油菜生产主要以家庭为生产单位，以人工或半机械化作业方式为主。据国家统计局和《中国农业机械化年鉴》，2013 年油菜耕种收综合机械化水平仅为 39.18%，其中机播和机收水平分别为 16.20%和 20.29%。油菜机械化水平的低下已成为制约我国油菜生产发展的瓶颈。

生产成本高、比较效益低。现阶段我国油菜生产规模仍以小型化、分散化为主。油菜生产成本尤其是劳动力成本居高不下，导致油菜生产比较效益低下。据《全国农产品成本收益资料汇编 2012》，2012 年我国主要作物水稻、小麦、玉米、大豆、棉花和油菜的平均利润率分别为 41.39%、16.56%、34.43%、24.95%、12.84%、3.62%，其中油菜的平均利润率远远低于其他作物。

油菜籽精深加工技术落后、品种质量检测技术水平低。目前我国油菜籽加工企业规模小，设备陈旧，一家一户分散经营，优质油菜籽与普通油菜籽混收，以初、粗加工为主，增值率仅有40%～60%，远远低于发达国家的精深加工增值率200%～400%。当前我国还缺乏适合国情的油菜品质快速检测技术和设备，油菜检测服务难以满足油菜质量全程控制的需求，导致油菜产品品质良莠不齐，竞争力不足。

栽培方式不统一制约机械化发展。我国油菜种植制度多样，缺乏规范化的栽培制度，尤其是缺乏机械化的栽培制度；生产手段和生产经营方式落后，缺乏与现代生产手段相适应的集中、成片种植和规范化的管理；迫切需要制定与现代生产装备、栽培技术相适应的种植到收获机械化技术路线和区域模式，给农民明确的方向引导和成功的典型模式示范。

ii. 棉花

我国是世界上重要的棉花生产国，据统计，2012年产量为683.60万t，位居世界第一位；种植面积为$4688.13\times10^3hm^2$，仅次于印度，居世界第二。我国棉花产值逐年增加，但是随着生产成本的增加，棉花收益呈下降趋势。2011年三大流域的棉花种植收益中，长江流域为4209元/hm^2，减少了13 357元/hm^2，降幅76.0%；黄河流域为5930元/hm^2，减少了10 727元/hm^2，降幅64.4%；西北地区为12 687元/hm^2，减少了4542元/hm^2，降幅26.4%。因种植效益低，2007年之后一些棉花产区生产呈负增长，已无法满足国内对棉花总量逐年增加的需求。

当前我国棉花生产存在的主要问题如下。

生产成本高。从2007～2011年的5年间，生产成本增加了1.6倍。随着成本迅速增加，利润空间被大幅压缩，效益逐年下降，如表12所示。

表12　2007～2011年我国棉花生产收益情况　（单位：元/hm^2）

年份	产值	总成本	成本		利润
			物质费用	用工作价	
2011	26 699.10	23 661.75	7 831.95	12 873.15	3 037.35
2010	47 070.00	20 960.25	8 548.05	10 923.75	26 109.75
2009	21 600.45	16 971.60	5 904.60	8 522.70	4 628.85
2008	15 948.90	16 199.55	6 050.85	7 906.20	–250.65
2007	20 302.20	14 483.40	5 192.85	7 360.50	5 818.80

效益逐年下降致使农户植棉热情锐减，劳动力短缺与棉花生产用工量大、劳动强度高的矛盾日益突显，棉花种植面积日趋减少。

机械化水平低。以人工为主的低效率、低效益生产方式已经严重制约我国棉花产业的发展。收获是棉花生产过程中最重要的环节之一，而这个环节机械化水平很低，目前我国棉花收获机械化率仅为8.26%，严重制约了棉花生产的可持续发展。棉花产后加工机械化水平低，除了新疆生产建设兵团采用了实时监测的机采棉清理加工生产线，其他棉花主产区，如黄河流域和长江流域的机采籽棉清理加工生产线建设滞后，严重制约该棉区机采棉技术的大规模推广应用。

棉田基础设施不完善。除新疆生产建设兵团外，我国棉花生产主要还是以家庭为主的个体经营模式，植棉户技术水平不平衡且普遍不高；田间基础设施投入不足，排灌设施差，防灾抗灾能力差，抗风险能力差，不利于棉花机械化技术的实施。

iii. 甘蔗

甘蔗是制糖的主要原料，2011 年、2012 年我国甘蔗种植面积和产量如表 13 所示。

表 13 全国和 4 个主产区甘蔗播种面积和产量

年份	地区	播种面积 $/\times10^3hm^2$	总产量/万 t	每公顷产量 /（kg/hm^2）	4 个主产区集中度/%
2011	全国总计	1 721.2	11 443.5	66 485	
	广西	1 091.6	7 270.0	66 599	63.42
	云南	306.7	1 898.8	61 902	17.82
	广东	160.3	1 390.0	86 736	9.31
	海南	60.5	387.8	64 073	3.51
	4 地总计	1 619.1			94.06
2012	全国总计	1 794.7	12 311.4	68 600	
	广西	1 128.0	7 829.71	69 411	62.85
	云南	331.5	2 043.78	61 654	18.47
	广东	165.4	1 469.21	88 805	9.22
	海南	62.4	415.92	66 604	3.48
	4 地总计	1 687.3			94.02

数据来源：《中国农业年鉴 2012》《中国农业年鉴 2013》

从表 13 中可以看出，甘蔗种植总面积的 94%集中在广西、云南、广东和海南四省（自治区）。我国甘蔗生产机械化水平还未列入农业部的统计范围内，根据我们调查掌握的数据，2012 年我国甘蔗生产综合机械化水平为 34%左右，低于主要农作物综合机械化水平 20 多个百分点，是大宗农作物中机械化水平最低的作物之一。在我国甘蔗生产机械化中机械化耕整地水平为 80%、种植为 5%、收获为 1%。生产整体效率和效益不高，抵御自然灾害和国际竞争的能力低，制约了甘蔗产业的发展。

我国甘蔗机械化发展缓慢的主要原因可归结为：第一，甘蔗生产地区大多是贫困的丘陵山区，经济落后，机械化条件差，农民比较贫穷，购买农业机械的能力低；第二，生产规模小，不适应甘蔗机械化生产的大中型机器的发展；第三，甘蔗生产者、服务组织、制糖公司和政府管理部门之间的技术和利益关系还是一个需要花大力气协调的事情；第四，国际市场和国内市场糖价周期性地大幅波动是影响甘蔗糖业发展的一个重要因素，目前还没有一个很好的协调机制；第五，科技创新能力不足，科研投入少，我国自行研发的中小型机械装备水平较低，特别是收获机械，还没有性能优越的机型大批量生产并投入市场。

2010 年《国务院关于促进农业机械化和农机工业又好又快发展的意见》提出了发展甘蔗生产机械化的战略目标是要“突破甘蔗收获机械化瓶颈制约”，到 2020 年“基本解决甘蔗种植、收获机械化关键技术问题”。

甘蔗机械化在我国无论是科研还是生产都还处于试验和示范阶段。由于生产中各个环节不协调，甘蔗机械化效益不高，阻碍了甘蔗生产机械化大面积的推进和突破。当前应在一定范围内重点开展各种形式的试验示范、制定机械化作业规范，扎扎实实将机械化的基础打好。

iv. 麻类

我国麻类作物种类繁多，主要有：苎麻、亚麻、大麻（精纺纤维）；黄、红麻（收获韧皮纤维为主）和剑麻（收获叶纤维）。麻纤维是制作麻绳、麻布等制品的重要原料；麻骨和麻叶等残余物可以作为生产麻颗粒板和饲料产品的原料。如苎麻，除占其生物量18%的纤维外，剩余部分年产干料高达 $20t/hm^2$，机械化收获后可将麻骨、麻叶和麻屑等副产物用作青贮饲料和食用菌基质。

由于麻类品种多，除剑麻在农场规模生产外，其他麻类作物种植规模小、生产环节较多，麻类机械化实现难度很大，收获与剥制加工环节仍然主要靠手工完成，生产方式的落后导致麻类生产率不高，劳动强度大，人均产出率低，难以形成规模化生产。

麻类生产机械化的问题与需求包括如下几方面。

麻类收获剥制机械有待实现突破：麻类作物为纤维作物，主要作业为收获和剥制加工。现有的小型剥麻机剥麻质量虽能达到麻纺工业要求，但剥麻工效不高，达不到大规模集约化生产的要求；苎麻的自动夹持反拉剥麻和纤维输出这些关键技术难以突破，导致已剥纤维的“鼠尾（梢部剥不净）”现象难以解决。苎麻收割机经过几轮样机的研制与试验，还不能正式投入作业，需要继续改进研究。黄、红麻、大麻收剥加工机械尚处初级阶段，其技术性能有待提高；剑麻叶片收割机械亟待开展研究。

麻类作物种植方式有待转变：目前，我国麻类作物（除了剑麻、亚麻）生产仍以小面积单家独户经营方式为主，种植面积分散，没有形成规模，与商品农业、市场农业的优化生产方式还有很大差距。加之收获期短（苎麻一年三季，大部分麻为每年收获一次），麻类机械利用率相对较低。研制大型收剥机械投入成本较高，经济效益不明显，生产上难以大量应用。

麻类产业链不完善：麻类产业链较长，包括原料生产、纤维加工、纺织和产品的销售。我国麻业的各环节条块分割，研究原料生产的农业部门与纺织加工、销售部门互不关联。农工科贸沟通渠道不畅，各自为政。麻类产业的发展缺乏行业联系和协调控制，难免出现大起大落的恶性循环

麻类综合利用技术落后：目前国内90%以上的麻骨、麻叶和麻屑等副产物被遗弃。

加工环保问题突出，成本高：麻类脱胶的成本和能耗高，纤维产量品质低，环境污染严重；由于目前适用于国内麻类生产需求的作业机械缺乏，麻类作物的收获与纤维剥制等过程的机械化程度低，一般农民特别是青年劳动力不愿意从事如此繁重的体力劳动，从而导致近年来麻类种植面积和总产量急剧减少，麻类产业的发展受到很大的影响，麻类的机械化收获与剥制已经成为制约麻类产业发展的瓶颈。

3. 畜牧、水产品生产机械化现状

我国畜牧及水产生产整体机械化水平较低，信息化程度更低，且不同养殖品种间存在较大的差异。

我国养猪业机械化程度较低，只有机械送料和机械饮水平均使用率较高，机械清粪

和机械饲料搬运平均使用率较低。我国规模化养猪场大多数能按照生产规程和标准进行生产，但是信息化水平仍然较低，信息类专业人才拥有量很少，平均不到2人。

养鸡业的机械化、自动化程度比较低，饲料搬运机械拥有率最低，其次是饮水和送料机械。清粪机械的拥有率稍高。计算机与网络设备的普及度比较高，但是信息化管理比较薄弱，只有小部分有IT部门和自动化办公系统。

奶牛养殖业机械化和信息化程度较高。除环境控制特别是机械环控外，其他指标如饲料收获、饲料加工、饲料给喂、清粪、挤奶等机械化程度均已经接近或达到100%。信息化管理方面，除育种繁育及奶牛场管理系统应用相对较高外（80%以上），环境监控、饲料给喂、疾病诊断与防控、质量追溯系统等都有不同程度的使用，环境监控系统应用最少，质量追溯系统还有待进一步提高。

肉牛养殖业饲料采集、加工、饲喂的机械化程度较高，几乎达100%。机械清粪相对较低，只有53%，而环控及机械环控都为空白。信息化管理除质量追溯系统有一定的应用外（49%），其他的信息化管理几乎没有应用或很少应用。说明在信息化管理方面，肉牛与奶牛有很大的差距。

羊养殖业机械化程度在各种养殖品种中是最低的，机械应用还基本上停留在简单的打草及饲草料粉碎，其他作业均以手工劳动完成，信息化还基本是个概念，对大多数养殖户来说，还闻所未闻。

水产养殖业中，大型企业的机械化和信息化程度较高，中小型养殖场中，除机械增氧设备外，其他环节还基本以人力操作为主。以大菱鲆养殖为例，工厂化养殖占39.7%，池塘养殖占60.3%；从信息化管理来说，渔场管理系统使用较高，饲料投喂系统使用最低。

畜牧及水产养殖机械化的另外一个特征是规模化的养殖企业机械化和信息化程度较高，而小规模散养机械化及信息化程度较低。

目前，我国畜牧与水产养殖业中存在的主要问题是人力资源短缺、成本上升；土地资源紧张、环境压力大；机械化设备缺乏、机械化水平低、发展不平衡；信息化水平尚处于起步阶段。

（三）农机工业发展现状

1. 产业规模不断壮大

我国农机工业企业总数超过8000家，中国农机工业协会统计数据显示，2014年全国2207家规模以上（产值超过1000万元）的农机企业主营业务收入超过3950亿元，与2013年3750多亿元相比，增长5.33%，实现利润总额超过228亿元，主营业务收入利润率5.62%。2014年，我国生产大中型拖拉机62万台、小型拖拉机195万台，各类联合收割机150万台左右。目前，我国农机生产企业拥有全球最多的从业人员，规模以上企业从业人员达到40多万人。“十一五”以来，保持了年均20%左右的增长速度，我国已经成为世界农机制造和使用大国。

2. 产品结构不断优化

我国目前在种植业机械方面，能生产 14 个大类，113 个中类，468 个小类，近 4000 种农机产品。根据农业生产的需要，还将不断推出适应农业发展和农民购买力的农机产品。近年来，农机企业通过技术改造、技术引进和自主开发，生产出一批科技含量高的农机新产品。整体上看，我国农业装备产品初步形成了大中小结合的产品结构，大中型拖拉机占比增加到 21%，联合收割机喂入量由 2kg/s 持续提升至 6kg/s、8kg/s 和 10kg/s，插秧机年增长超过 20%。2014 年，全国大中型拖拉机、联合收获机和水稻插秧机保有量分别超过 558 万台、152 万台和 66 万台，分别是 2004 年的 5 倍、3.7 倍和 9.8 倍，国产农机的市场满足度达到 90%以上，品种和生产的数量基本上能满足市场的需求。

3. 产业体系逐步健全完善

随着生产能力和技术水平的提高，我国农业装备产业已经初步形成了涵盖科研、制造、质量监督、流通销售、行业管理等较为完整的体系。一是农机装备产业科技创新支撑体系逐步形成，建设了一批国家重点实验室、国家工程实验室、国家工程技术研究中心、国家级企业技术中心等国家级和省部级科技创新平台，以及农业装备产业技术创新战略联盟、产业技术创新服务平台等一批创新服务体系，从产品开发、技术标准、应用推广等方面基本覆盖了骨干企业和中小微型企业。二是基本形成了大、中、小企业相结合的较完整的农机产业链，呈现骨干企业做大做强、中小企业向专精特及零部件配套方向发展的趋势。三是质量检测监督体系逐步健全，农机企业自检、农机化部门鉴定、国家质检机构监督相结合，覆盖农机制造、销售推广、作业使用等环节，有力地促进了农机产品质量的提高。四是逐步建立起市场主导的农机销售和服务体系，改革开放后，生产企业的专门代销机构和民营销售机构取代了国营农机销售供应公司，目前，主要制造企业的销售服务网络逐步完善，中小型企业的专门代销服务机构及专业物流、专业销售市场、售后服务点等不断发展，全国现有较大的农机专业市场近 30 家，中小型农机专业市场 100 多家，初步构建了现代农机流通及服务体系。

4. 国际贸易竞争力逐步提升

近年来，我国农机企业实施了国际化发展战略，产品技术水平明显提高，进出口成效显著。出口方面，出口产品类别增加，出口产品在数量和金额快速增长的同时，出口结构也从以小型产品为主向大、中、小型产品相结合转变，大中型产品所占份额逐步提高；进口方面，近 5 年来国内市场对高端农业机械产品需求不断增加，成为国际农业机械市场需求量最大的地区之一，目前进口量大的主要是大型拖拉机及其配套农具、大型联合收割机等，2014 年农机行业累计进出口总额 130.48 亿美元，同比增长 9.38%，农机工业出口总额 105.66 亿美元，增幅 12.68%；进口总额 24.82 亿美元，进口额增长 1.44%。

目前，农机工业发展的主要问题是，低端农机产品产能过剩，中高端绿色环保农机品供应不足，农机具产品品种和配套不全；农机工业制造技术落后，产品智能化程度低等。

（四）农业信息化发展现状

近年来，我国农业信息化建设取得明显成效，表现在：一是农业信息化基础条件不断夯实。信息化基础设施快速向农村延伸，3G 网络覆盖到全国所有乡镇，2013 年行政村的宽带覆盖率达到 91%；农村网民约 1.77 亿，占网民总量的 28.6%（图 15，图 16）；农村每百户计算机和移动电话拥有量分别达到 21.36 台和 197.8 部；农村地区广播电视已由“村村通”向“户户通”延伸，深刻影响着农业生产经营方式和农民生活方式。二是农业信息资源建设水平明显提高。农业部相继建设了农业政策法规、农村经济统计、农业科技与人才、农产品价格等 60 多个数据库，构建了 40 余条农业部和各地的信息采集渠道，覆盖农业部、省、地、县四级农业门户的网站群基本建成，涉农网站超过 4 万家。三是农业信息服务体系不断完善。目前，全国 32 个省级农业行政主管部门（含新疆生产建设兵团）均设有信息化行政管理机构或信息中心，全国专、兼职农村信息员超过 18 万人，集语音、短彩信、视频、网站等现代信息传播方式于一体的 12316“三农”信息服务平台体系初步形成。四是信息技术在农业产业发展中的应用日益深入。物联网、移动互联网、3S 等信息技术及智能农业装备在大田种植、设施园艺、畜禽水产养殖、农产品流通及农产品质量安全追溯等领域的应用日渐深入，精准农业技术示范应用取得初步成效，利用信息技术改造传统农业生产经营管理的新模式不断涌现。从应用领域看，在 5 个环节应用成效明显：一是在农业资源的监测和调度方面，利用卫星搭载高精度感知设备，获取土壤、墒情、水文等农业资源信息，配合农业资源调度专家系统，实现科学决策；二是在农业生态环境的监测和管理方面，利用传感器感知技术、信息融合传输技术和互联网技术，构建农业生态环境监测网络，实现对农业生态环境的自动监测；三是在农业生产过程的精细管理方面，在大田种植、设施农业、果园生产和畜禽水产养殖作业中推广应用信息化技术，以实现对生产过程的智能化控制和科学化管理，提高资源利用率和劳动生产率；四是在农产品质量溯源方面，通过对农产品生产、流通、销售过程的全程信息感知、传输、融合和处理，以实现农产品“从农田到餐桌”的全程追溯，为农产品安全保驾护航；五是在农产品物流方面，利用条形码技术和射频识别技术实现产品信息的采集跟踪，有效提高农产品在仓储和货运中的效率，促进农产品电子商务发展。

从应用情况看，全国很多省市开展了相关研究和应用试点。北京市重点开展了农业物联网在农业用水管理、环境调控、设施农业等方面的应用示范，实现了农业用水精细管理和设施农业环境监测；黑龙江省在大田作物生产中搭建了无线传感器网络，借助互联网、移动通信网络等进行数据传输及数据集中处理和分析，支撑生产决策；江苏省开发了国内领先的基于物联网的一体化智能管理平台，在设施农业、畜牧水产养殖等方面进行了探索，并在生猪、食用菌等生产领域初步形成比较成熟的商业模式，企业应用积

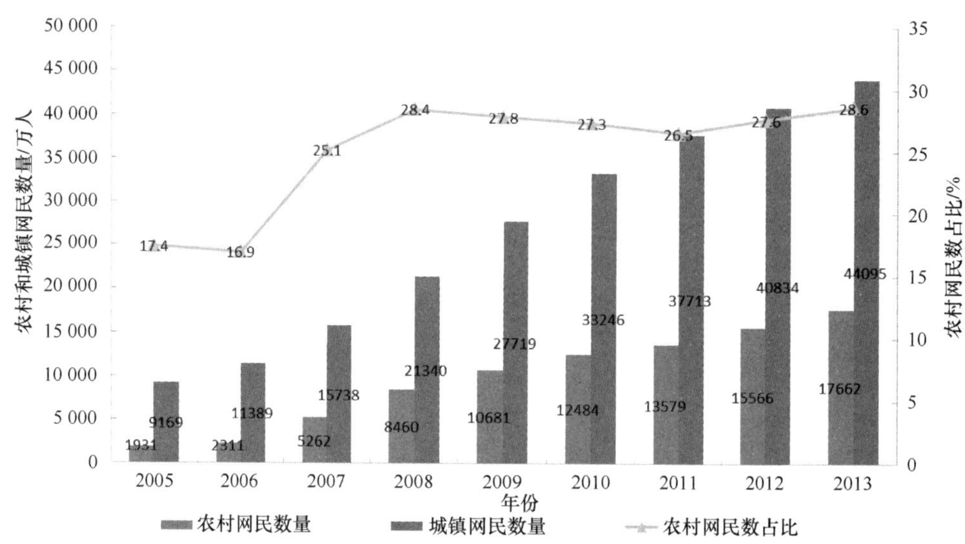

图 15　2005～2013 年城镇和农村网民规模对比

数据来源：中国互联网络信息中心（CNNIC）《中国互联网络发展状况统计报告》

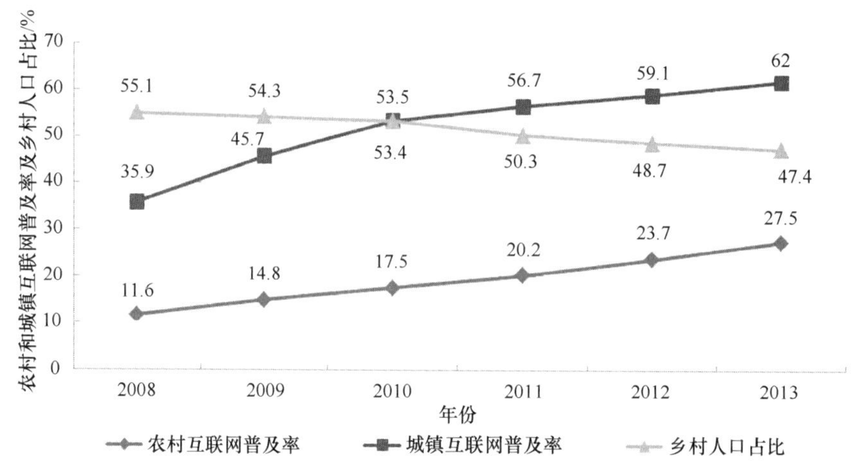

图 16　2008～2013 年城镇和农村互联网普及率对比

数据来源：中国互联网络信息中心（CNNIC）《中国互联网络发展状况统计报告》

极性较高；天津市、上海市、安徽省分别以设施农业与水产养殖、农产品质量安全全程监控和农业电子商务推进、大田粮食作物生产监测为重点开展试验示范，积极探索农业物联网可看、可用、可持续发展的推广应用模式。

从研发情况看，我国在关键技术和产品方面取得一定进展，为农业信息化的集成应用奠定了基础。在农业生产信息获取方面，开发了高精度植物生命信息获取设备、动物行为信息传感器、环境信息传感器，作物长势分析仪、作物成像光谱仪等一批作物信息监测和诊断仪器，研发了基于遥感技术的农情监测系统，初步具备了实时获取动植物生长信息和大面积农情信息的技术手段和能力。研发了农业专家系统决策技术、设施农业智能化控制系统，精准农业变量实施控制技术和智能化装备；在农产品质量追溯方面，

构建了农产品产地认证数据平台，初步建立了应用评价系统和农产品产地安全数字化预警模型，开发了便携式质量全程跟踪与溯源终端产品；在农产品流通方面，制定了农产品电子标签信息分类和编码规则，突破了一维与二维条码混合标记的技术难题，开发了电子标签中间技术，研制了电子标签读写设备，初步构建了农产品物流信息管理和农产品电子交易信息管理平台。

1. 大田作物

（1）农情调度和墒情旱情监测信息化建设成效显著

农情信息调度系统建设成效显著。农业部自 2001 年探索建立该系统以来，全国农情调度网络系统逐步健全，建立了 500 个农情基点县信息调度网络，具备信息采集、调度、汇总、检索、查询、分析等功能，实现了部、省、地、县四级农情信息的网络化报送、自动化处理。在辽宁、江苏、山东、广东开展的农情田间定点监测试点，采用手持式快速监测设备定点监测收集重点区域作物生产信息，通过影像、图片和数据资料的网络传输，实现信息的数字化和可视化。安徽初步建成了基于物联网技术的农业生产指挥调度平台和小麦“四情”（墒情、病虫情、灾情、苗情）监测调度系统，实时采集、上传、接收、处理监测点农作物“四情”数据，采用远程化、可视化、现代化手段进行专家会诊、科学决策和指挥调度。2012 年，农业部种植业司通过农情信息调度系统共调度 40 多万个农情数据、收集了 2 万多件（条）文字信息。

墒情旱情监测系统得到广泛应用。全国农业技术推广服务中心委托国家农业信息化工程技术研究中心开发了全国墒情与旱情监测平台，该平台以墒情和旱情信息自动采集系统为基础，建立了基于网络的信息管理系统，为全国农业节水、水资源优化配置和合理灌溉提供服务。目前已在四川、上海、湖北、山东、江苏、河北、河南、北京等 20 个省（直辖市）推广应用，在全国建立了 500 多个示范点，有 5 家公司设备接入平台系统。平台现已注册用户 1500 个，覆盖全国 400 多个县，已采集数据 50 多万条。新疆生产建设兵团第一师八团建立了墒情监测系统，实现了墒情自动采集、统计、检索、分析和预测等功能，可对土壤墒情变化规律进行实时监测，提高水肥利用率。

（2）植保信息化建设逐步深入

全国植保信息化网络体系初步构建。农业部已建成农作物重大病虫害监控信息系统、蝗虫防控指挥系统、全国植物检疫计算机管理系统和全国病虫害测报数据库，实现了重大病虫害监测预警数据的网络化报送、自动化处理、图形化展示预警和可视化发布。各地重大病虫害监测预警网络体系初具规模，截至 2012 年 10 月，共有 27 个省级单位开发建设了病虫害测报数字化系统，应用对象覆盖了主要粮食、经济作物及果树、蔬菜病虫害近百种。

农药监管系统初步建立，监管力度进一步增强。我国已初步形成了以农药登记审批电子化系统为核心，以中国农药信息网为政务公开平台，以农药试验单位管理系统、全国农药价格和供求采集系统、农药监管联动系统、农药综合查询系统等为补充，集市场

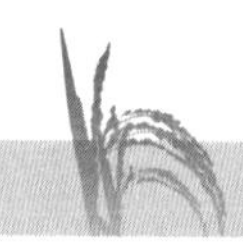

准入备案、农药条码统一标识、追溯查询等功能为一体的农药监管综合信息服务系统。目前，农药登记审批电子化系统中登记的农药品种有650种、农药产品有25 000个，涉及的产品登记信息达500万条以上。全国农药价格和供求采集系统覆盖全国30个省（自治区、直辖市），拥有300家信息采集点。针对高毒农药的监管网络化管理和联防联控能力加强。

农业航空植保发展迅速。农业航空植保采用低空载人或无人飞行器对农林植物病虫草害进行喷药防治。与传统的人工施药和地面机械施药方法相比，农业航空植保具有以下特点：一是植保作业的效率高，是地面机具作业的5～7倍，是人工作业的200～250倍，特别是对大面积突发性病虫害防治具有不可替代性；二是可有效解决高秆作物、水田和山地丘陵地区人工和机械作业难以下田的问题；三是可提高农药利用率，每亩可节省药液90%以上、农药20%以上，减小农田环境污染，提高农产品安全质量；四是可有效缓解随城镇化发展农村劳动力不足的问题，减少植保作业对人体的伤害。

自20世纪80年代以来，国际上农业航空植保迅速发展。目前，美国实际使用的农用飞机有20多种不同机型4000余架，有1625个农业航空作业服务公司，农业航空植保作业面积每年约3200万hm^2，占总耕地面积的50%，对农业的直接贡献率达15%以上；森林植保作业100%采用航空作业方式。日本主要采用小型无人直升机进行植保作业，面积每年250万～300万hm^2，有农林业用无人直升机2346架，作业效率高达每小时7～10hm^2。目前，全世界农林用飞机大约3万架，年作业面积1亿hm^2，飞机作业面积占总耕地面积的17%，从机型产品设计、加工制造、关键部件、喷散液剂型，到运维服务已形成了一个500亿～800亿美元的产业链。

我国农业航空植保产业起步较晚，随着我国农业现代化进程加快，农业新型经营主体的快速发展，农村劳动力短缺和人工成本的急速增加，现有的植保方式难以适应大面积、突发性农业病虫草害防治的需求，以小型无人机为主体的农业航空植保产业迅猛发展，未来5～10年预计产值可达到50亿元，航空植保已成为我国植保作业的重要发展方向和保障国家粮食安全的重大措施。但伴随农业航空植保大发展的同时，也存在缺乏政府监管、缺乏技术储备、缺乏政策保证等重大问题。

（3）精准农业技术逐步应用和测土配方精准施肥技术得到大面积应用

精准农业技术逐步走向生产一线。全球卫星定位系统、地理信息系统、遥感系统、自动控制系统等技术在北京、上海等地农业示范园区取得了良好的应用成效，在新疆生产建设兵团、农垦系统及各地大型国营农场推广应用。初步建立了星机地一体化的田间信息精准获取技术系统和不同区域类型的精准农业处方决策模型，研发的部分整地、播种、施肥、灌溉、施药、收获等智能化精准作业装备初步实现了工程化应用，应用环节覆盖了从播种到收获的整个农业生产过程，应用领域从传统的大田粮食生产发展到果园、设施、水产和林业等不同产业领域，提高了农业生产智能化、精准化水平。在新疆、黑龙江等地农场，精准整地、精准播种、精准施肥、精准灌溉、精准施药、精准收获技术逐步得到应用，应用全球卫星定位系统自动控制的大马力拖拉机，直线行驶千米误差小于2.54cm。黑龙江为确保高寒地区水稻高产稳产，广泛采用水稻智能化浸种催芽育秧

技术，每个水稻催芽车间配备一套智能程控系统，一次可催芽300～400t，仅需2～3名技术人员在监控室内进行远程集中监控管理，即可精确控制水稻芽种的生长，实现了水稻浸种催芽的科学化、标准化、智能化生产管理，有效提高了生产管理效率，减少了人力成本，平均每亩增加成本2.42元，但亩纯增效益100～150元，深受基层生产者欢迎。精准农业单项技术，如激光平地、播种作业监控、全球定位系统、地理信息系统等技术在全国规模化经营的家庭农场、种植大户和农业企业中逐步得到应用。

测土配方施肥信息化建设进一步发展。为规范测土配方施肥数据管理和开发应用，农业部按照“统一技术规程、统一数据标准、统一数据管理平台，统一配方施肥追溯体系”的要求，研发了“县域测土配方施肥专家系统”工具软件，供各地无偿使用。各地依托测土配方施肥数据库和县域耕地资源管理信息系统，利用测土配方施肥专家系统工具软件，开发了适合当地的县域测土配方施肥专家系统。一些地方因地制宜开发了基于手机短信、触摸屏、智能配肥机等信息设备的测土配方施肥专家系统信息发布平台，利用现代信息手段为农民提供直观、方便、快捷的施肥技术服务，提高了测土配方施肥技术的覆盖率。肥料管理数据平台不断健全，初步实现了肥料登记网上申请、办理查询、结果公布等功能。据统计，到2012年年底，全国共建成2498个县级项目土壤肥料实验室，建成33个省级化验室和国家测土配方施肥数据管理平台，全国推广测土配方施肥技术0.87亿hm^2（次）以上，免费为1.8亿农户提供技术服务，初步建立了全国性的测土配方施肥数据管理网络。

（4）农业智能装备快速发展

我国对激光控制平地技术的应用研究始于20世纪90年代，一些农业部门先后引进了用于农田土地精细平整作业的激光控制平地设备。一些科研院所和高校通过技术引进、综合集成和技术创新，使土地精细平整设备设计和制造水平有了较大的提高。我国对变量作业技术装备的研究引进始于20世纪90年代。目前，国际上变量施肥主要的实现方法有两种：基于电子处方图方法和基于实时传感器方法。基于传感器方法的变量施肥技术还处于研究阶段，基于电子地图方法的变量施肥技术处于研究应用阶段。我国现阶段所进行的变量施肥主要是基于电子地图方法。目前我国精准施药主要采用对靶施药方法和变速控制技术，已有批量产品。在拖拉机自动导航系统研究方面，我国成功突破了电液控制系统及转向控制方法、路径跟踪导航控制算法，研制了基于电机和电液控制的自动转向驱动装置，开发了种、肥、药精准施用模块化控制系统，构建了一体化精准作业集成控制装备，开发了具有自主知识产权的成套农机自动导航系统，部分实现了批量生产，并在新疆、黑龙江等地推广应用。农机作业工况智能控制技术、农作物信息获取与机器人视觉伺服控制技术、农机装备集群实时作业与运行维护的物联网关键技术、智能农业装备目标定位与控制技术研发取得重要进展。

我国农业机械自动导航系统的开发研究始于20世纪90年代，大多借鉴了美国和日本的先进经验，但在应用中还存在着一些问题，主要是很多技术还需要从国外引进，农业机械自动导航技术装备还没有完全实现国产化，设备安装及使用费用较高。

在收获机械测产技术研究方面，国内收获测产系统的开发与研究比国外晚且起点

低，虽然近些年实现了一些传感器和智能终端等的国产化，但与国外先进技术相比还有较大距离。总体来说，国内收获测产系统研究全球定位系统多处于概念和摸索阶段，距离实用化还有较大差距。吉林大学等将 PFA 产量监测系统与（GPS）系统结合，利用 SMS（spatial management system）软件生成产量分布图，并且对产量分布图进行分析。黑龙江八一农垦大学精准农业研究中心利用带有 GPS 接收信号的收获机，实现了作物产量实时测定，并利用精准农业软件绘制出产量分布图、水分图、田间高程图和田间作业生产率图等。

利用精准农业技术，还可绘制气象卫星云图，预测风暴、冰雹和暴雨等灾害性天气，提早制定预防措施，将灾情降到最低程度。

总体来说，我国农田作业智能技术装备水平较低，与发达国家相比，仍存在较大差距，主要表现为：受经济水平的限制，研发的大多数设备简单，技术集成度不高，难以达到精准作业要求；缺乏适合智能装备精准作业的标准化统一规范的农艺，专用的农作物品种、肥料及农药品种开发滞后；经营管理水平较低；缺乏完善的核心技术服务体系，我国至今仍未形成适合于农业上应用的 3S 技术服务体系，精准农业核心关键技术仍依赖从国外引进，不但受制于人，而且成本高，针对性也较差。

2. 设施园艺

随着信息技术在农业领域的不断推进，设施园艺作为农业中的高附加值产业越来越成为信息化应用的重点领域。设施园艺中的信息采集、处理、控制技术在规模化农业园区中的应用不断扩大。近年来，在北京、天津、上海等城郊型农业中，物联网技术在农业环境数据采集发布调控、设施农业水肥自动化控制等方面应用加快。科研机构和研发企业开发了设施物联网综合服务平台、短信息服务和设施环境监测系统等管理信息系统。其中设施物联网综合服务平台包括温室测控系统、温室环境综合调控物联网系统和设施农业综合服务系统，实现了围绕设施农业精准生产、智能化管理和蔬菜质量安全等方面的示范和初步应用。

（1）设施园艺信息化由单一化应用向集成化应用方向转变

设施环境监控系统朝着自动化、智能化和网络化方向发展。通过政府培训和社会宣传，农户对农业信息化的认识不断提高，对产品功能的需求也更加多元化，用户逐步应用信息化集成化技术以提升设施农业水平。在北京、山东寿光等地的蔬菜种植大户和专业合作社中，依靠政府的帮助和扶持，许多农户购买和安装了全套设施农业信息化管理系统，能够基本实现温室环境监控、诊断和控制等，同时，应用肥水一体化控制设备，大大降低了劳动力成本，提高了资源利用率和农产品产量。

（2）设施园艺信息化技术推广应用由政府试点示范逐步走向市场

在设施园艺信息化技术推广应用方面，主流模式是在政府引导下的试点示范，在此基础上，市场化和商业化模式在部分地区的探索获得成功。例如，以北京派得伟业科技发展有限公司、北京农信通科技有限责任公司、北京奥科美技术服务有限公司和江苏中

农物联网科技有限公司等为代表的一批农业信息化龙头企业快速发展，通过与政府、科研单位和大专院校的合作开发、联合示范及成果转化等方式，设施园艺信息化技术与智能装备产业在全国范围内正在由政府试点逐步走向市场化的推广应用。

（3）产学研更加密切，部分设施园艺信息化所需技术和产品实现了产业化

在政府部门的大力支持下，一批农业生产企业开始参与设施园艺信息化与智能装备产业化进程，设施园艺信息化所需技术和产品开始由实验室走向生产第一线，部分产品开始批量生产，我国设施园艺信息化的产业体系初步形成。国家农业信息化工程技术研究中心研发的设施园艺专用传感器、嫁接切削器、自动嫁接机、肥水一体化智能装备，在全国得到了广泛应用，每年销售农业传感器 5000 多套，研制的“智能温室娃娃”每年销售 3000～4000 套，应用于设施温室大棚中，有效指导了农民进行生产管理。基于 3G 等技术的基层农技推广信息化平台在新疆吐鲁番地区的开通和应用，为设施生产中病虫害的发生及防治提供了技术支撑。山东寿光有 105 个大棚安装了“大棚管家”，潍坊有 2 万个大棚使用“大棚管家”，该系统利用中国移动农业物联网平台，自动监测、自动控制，灌溉施肥等作业在手机上均可轻松完成，帮助农民实现了专业化、精准化的设施园艺生产管理。

3. 畜禽水产养殖

畜牧业生产指挥调度水平明显提升。农业部启动实施了“百场（厂）千村万户”监测计划，逐步形成了涵盖生猪、蛋鸡、肉鸡、奶牛、肉牛、肉羊、奶站和集贸市场价格等八大种类的监测体系，构建了比较完整的信息统计队伍及数据系统。各地结合定点监测制度和信息采集、发布平台，建立了适合当地的监测体系和信息发布系统，为实施产业调控、强化预警服务奠定了基础。目前，辽宁、黑龙江、江西、山东、四川等省成立了专门的畜牧业监测预警中心，吉林、广西、陕西等 5 个省（自治区）建立了省级监测体系。

饲料质量安全监测信息系统逐步完善。建设了饲料监测工作平台网站和饲料监测结果上报系统。其中，饲料监测工作平台网站主要面向各省（自治区、直辖市）饲料管理部门、执法部门和质检机构，用于监测结果、通知通告等信息发布和省际间工作交流及信息联播；饲料监测结果上报系统已在 35 个国家级及部省级饲料质检机构全面应用，实现了监测工作信息集成管理、查询和汇总等目标。另外，饲料质检机构通用的实验室信息管理系统，以及养殖场抽样无线视频监控装置、移动式抽样信息录入及传输终端、饲料质量安全移动监测平台等现场工作设备研制初见成效。

生鲜乳质量安全监测初见成效。建立了生鲜乳质量安全监测工作网站、生鲜乳质量安全监测结果上报系统、生鲜乳收购站和运输车监管系统，初步建立了生鲜乳质量安全监测信息网络平台。其中，生鲜乳监测工作网站主要面向各省生鲜乳质量安全监管、监测执法和质检单位，用于监测结果、通知通告、形势政策等信息发布和省际间工作信息交流；生鲜乳监测结果上报系统已在 40 多个部省级生鲜乳质检单位安装应用，实现了监测数据在线上报、批量上传下载、快捷查询汇总、报表生成等服务功能；生鲜乳收购

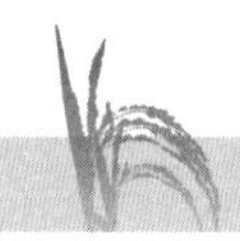

站和运输车监管系统主要用于收购站和运输车电子化管理，实现了站、车信息实时更新、动态跟踪和在线联网监控。

草原信息化建设取得进展。建立了全国草原资源和生态监测信息平台，对400多个县、5300多个监测样地进行监测，实现了对全国草原资源、植被生长、生产力、工程效益、草原利用、草原灾害和生态状况等的分析。建立了全国草原防火综合管理系统，通过卫星遥感全天候监测，及时发现火情，利用指挥系统进行处置，全面提升草原防灾减灾和灾情预警预报能力。中国农业科学院草原研究所建立了草原虫害、鼠害区划数据库、草原鼠害预测预报模型、雪灾监测预警系统和草原干旱监测指标模型等。

动物疫病防控水平稳步提升。建立了“全国动物疫病监测和疫情信息系统”和“重大动物疫病防控信息管理系统”平台，各地及时填报相关数据信息，为及时开展疫情预警预报、科学制定防控政策提供了有力支持。建设了国家兽药基础信息查询系统和国家兽药产品追溯信息系统，能够快速查询兽药生产企业GMP证书、兽药生产许可证、兽药产品批准文号、生物制品和进口生物制品批签发等审批情况，以及兽药监督抽检检验情况等信息，对兽药产品实施“二维码”标识，初步实现了对兽药产品生产、经营和使用的追溯管理。

我国畜牧业智能化装备研制产业与技术发展，经历了起步、调整、市场导向、自主发展等几个阶段，发展步伐长期滞后，已成为制约畜牧业机械化信息化发展的瓶颈之一。目前，我国农牧机械工业技术和智能化装备达到国际先进技术水平的仅占10%，国产产品达到国际水平的不到5%，新产品产值占其总产值也只有10%左右，高端智能化技术产品长期依赖进口。我国草原畜牧业装备综合水平与发达国家相比落后30年左右。畜牧饲料加工技术设备相当于国外20世纪90年代中期的先进水平，饲料加工机械整体技术水平偏低，高新技术应用偏少，机械操作与工作质量自动监视能力反馈控制程度低，使用方便性和舒适性较差。畜禽饲养技术装备方面，畜产品采集加工机械、乳品采集加工机械缺少。计算机综合管理系统、奶牛的无源应答及自动识别系统、全开式奶台、脉冲计量器、乳头自动脱落系统及产地高温瞬时灭菌机性能稳定性较差。缺少适合我国个体及小型奶牛饲养户急需设备。

全国渔业管理信息化水平不断提升。完成了中国渔政管理指挥系统二期项目建设，建立了省级、市级、县级信息站点1680个，初步形成了覆盖全国，兼顾海洋、内陆渔业管理的计算机网络系统，涉及渔船管理、养殖信息管理、渔政执法管理、渔业安全应急管理、渔政队伍和渔政基础设施管理、水生野生动植物保护管理等业务管理六大类内容，用户24 000余个。实施了海洋渔业通信网和渔船监管信息系统的建设与维护工作，带动地方渔业部门为近7万艘渔船配备了新型渔用对讲机，为海洋渔业生产保驾护航。

水产养殖物联网推广应用。中国农业大学、中国移动集团等单位针对水产养殖实时监控的需求，研发了水质及环境信息智能感知技术，开发了系列低成本、高精度、高可靠性的智能感知设备、适于水产养殖智能管理的计算机系统平台和手机平台，通过互联网、手机终端登录“水产养殖监控管理系统”，可实时掌握养殖塘内的溶氧量、温度、水质等指标参数，能实现远程操控。该系统已在江苏、天津、山东、广东等地开展了应用。

我国智能化工厂化水产养殖的发展水平落后于国外先进水平 10 年左右，且在全国范围内发展程度分布不均匀。我国水产养殖存在一个严重的问题就是生产过程缺乏病害预警机制与预防策略，水质实时监测与报警比较落后，这与我国在水质监测系统方面存在的差距有重大关系。目前国内的水产养殖业的水质监测基本上还处于人工取样和实验室分析的人工监测阶段，耗时费力，精度不高，并且需要有专业人员进行操作。

（五）农业生产方式进一步向机械化和信息化发展的可能性

对我国农业机械化发展进程和现状的研究表明，新中国成立以来，我国农业生产方式逐步向机械化生产方式转变，1978 年开始的改革开放，为我国农业机械化的发展创造了历史机遇，2004 年颁布的《农业机械化促进法》更使我国农业机械化得到长足发展，2010 年我国主要农作物耕种收综合机械化水平超过 50%，说明农作物机械化生产已经成为我国农作物生产的主要方式，实现了历史性跨越。经济园艺作物、设施栽培和畜牧水产业的机械化也取得了快速发展。这些情况表明，我国农业生产方式向机械化生产方式转变已取得了重大进展，并已经具备进一步加快生产方式向高水平农业机械化和信息化转变的条件和可能性。

1. 国家已具有较强的经济实力

我国总体上已进入工业化加速发展的新阶段。统筹城乡经济社会发展，是加快发展现代农业，也是促进农业机械化加速发展的动力。据国家统计局 2014 年 2 月 24 日公布的《2013 年国民经济和社会发展统计公报》，2013 年中国国内生产总值（GDP）为 568 845 亿元，年末大陆总人口为 136 072 万人。据此，2013 年中国人均 GDP 为 41 805 元。截至 2012 年年底，人民币兑美元汇率中间价为 6.0969，这就意味着 2013 年我国人均 GDP 达到了 6857 美元。而 2006 年我国人均 GDP 为 2000 美元。经过近 10 年的经济总量持续高速增长，我国的经济实力已大大增强，为农业机械化的发展提供了有力保障。中央财政对农机的购置补贴逐年加大，2004 年为 0.78 亿元，2012 年达到了 215 亿元，2013 年为 217.5 亿元。

2. 农业机械化发展的技术基础已基本具备

近 10 年来，农业机械化关键技术与机具的研发取得了较大进展，一些制约农业机械化发展的关键技术和机具逐步取得突破，2012 年，全国农机总动力达 10.2 亿 kW，农机具保有量增加较快。大中型拖拉机达 485.24 万台，水稻插秧机 51.3 万台，稻麦联合收割机 104.55 万台，玉米联合收获机 23.3 万台。全国主要农作物耕种收综合机械化水平连续 7 年保持 2 个百分点以上的增幅。粮食作物生产机械化稳步推进，薄弱环节机械化增幅加快。农机社会化服务加快发展，服务能力持续增强。全国农机化作业服务组织达 16.7 万个，农机从业人员达 5334.74 万人。全年农机化经营总收入达 4779.04 亿元。为农业机械化的进一步发展打下了技术和物质基础。

3. 信息化技术在农业机械化中的应用不断扩大

近年来，面对世界市场竞争的压力及集约化、现代化对大型、复杂、高效、节能及环保型农业机械的要求，我国农业机械正在应用信息技术发展的成果，努力提高机械作业性能，向精准化、智能化方向发展。一批实用的智能化农业机械设备逐步推向市场。在 3S、移动互联、物联网等现代信息技术的支撑下，不同类型的采集传感器、适于农机工作环境和结构的控制执行器、高性能电子控制器和相应软件、农业机械部件电子控制单元间的通信和接口标准化成为可能，精量播种、精准施肥、精准喷施、精准收获、产量检测等关键技术取得了突破，农业航空技术正在兴起。面对农业向全产业链信息化方向发展的要求，农业信息化技术的研究取得重要突破。各种信息化生产管理方法正在研究或应用，信息化与机械化的融合成为农机发展趋势。现代农业智能化信息服务与软件产业发展迅速，并已渗入到农业生产的各个环节，逐步走向成熟，实现了从技术研究、产品开发、规模生产和市场销售的运行模式。

4. 农业装备制造业支撑能力增强

如上所述，我国已成为农机制造大国，正在向制造强国迈进。从 2004 年开始，农机工业连续 10 年的产值增速超过 20%，2014 年农机工业总产值达到了 3950 多亿元，全国规模以上农机制造企业超过 2200 多家，能够生产 4000 多种产品，产品品种和产量已基本满足当前我国农业生产的需要，具备支撑农机化稳步发展的产业基础。行业内建立了一批农机工程技术研究平台，龙头企业建立了研发中心，产品技术由模仿制造进入自主创新阶段，一批适合国情、农情的产品为农业机械化水平的进一步提高提供了技术保障。产业集群趋势明显，专业化、社会化分工得到优化，龙头和专业型企业的技术改造力度加大，数字化制造、机器人等现代化制造手段不断加强，以企业为主体的创新体系正在逐步形成，支撑高端装备发展的制造能力不断增强。信息技术、生物技术、材料技术、控制技术等的研究和应用，提升了传统农机的水平，自动化、智能化农机装备开始应用于农业生产中。

5. 食物生产区域不断集中，为机械化规模化生产创造了条件

随着现代农业规模化生产的发展，21 世纪初以来，农业部在全国规划了主要农作物的优势产业区域，并采取了多种配套措施，我国区域食物生产格局近年来正在发生结构性变化。根据项目组总报告及生产方式转变专题二的材料，我国粮食产量 75%集中在 756 个县，且粮食主产区北移；小麦生产已经形成黄淮海、长江中下游优势主产区；玉米除东北和内蒙古优势主产区外，由于旱作节水技术的应用，西北地区玉米已发展成为全国玉米第三大主产区，2012 年玉米产量、粮食总产占全国总产的比例，分别为 17.8%、11.3%，比 1998 年分别增长 87%和 32.4%，玉米的增产带动作用明显；水稻生产初步形成东北单季稻、长江中下游稻麦轮作区和华南双季稻三大优势主产区；黑龙江和吉林为

大豆优势主区域；长江中下游地区油菜籽主产区产量占全国总产的比例升至 2012 年的 55.2%；形成了新疆、黄河中下游棉花优势主产区，广西、云南、粤西琼北三大甘蔗优势主产区等。

在粮食作物中，如表 14 所示，稻谷、小麦、玉米 3 种主粮作物的集中程度高于粮食总体，在保证粮食安全中起到了重要作用。

表 14　稻谷、小麦、玉米 3 种主粮作物的集中程度

作物集中度	粮食		稻谷		小麦		玉米	
	县数	比例/%	县数	比例/%	县数	比例/%	县数	比例/%
0%～25%	124	6.05	76	5.47	54	3.36	47	2.43
25%～50%	235	11.47	134	9.64	95	5.92	138	7.14
50%～75%	404	19.72	235	16.91	172	10.71	282	14.59
75%～100%	1286	62.76	1631	67.99	1755	80.01	1466	75.84
总计	2049		2076		2076		1933	

注：小计数字的和可能不等于总计数字，是因为有些数据进行过舍入修约

资料来源：此表来自本项目课题八“食物生产方式转变战略研究”（专题 2）

由于生产区域集中，经营规模扩大，规模经营专业大户的比例和经营效益不断提高，全国现有种粮大户 68.2 万户，占全国农户总数的 0.28%；经营耕地占全国耕地面积的 7.3%，粮食产量占全国粮食总产量的 12.7%。区域化和规模化改善了机械化生产的条件，促进了机械化水平的提高。在机械化的作用下，单位面积劳力投入持续减少，作业费中的机械作业费在直接费用中的比例持续上升，如图 17 所示。

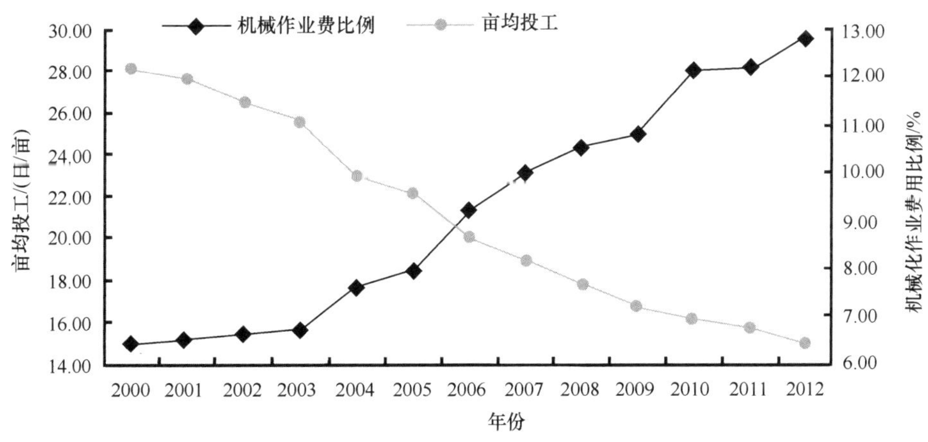

图 17　亩均投工和机械化作业费用的关系

6. 机械化生产方式已得到多数农民认可，农机社会化服务体系初步形成

在农村劳动力转移和国家农业机械购置补贴政策的带动下，农业机械化生产方式已

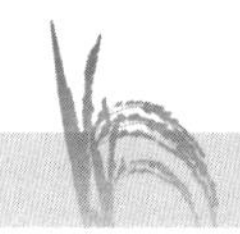

得到多数农民认可，形成了购买和使用农业机械的热潮，农业机械化发展速度明显加快。近年来，农机大户、农机合作社、农机股份公司、农机中介组织、协会和经纪人队伍等各类农机社会化服务组织发展迅速。截至 2013 年年底，全国各类农机作业服务组织（含农机户）的总数达到 4255.5 万个，其中农机专业合作社达到 4.22 万个（2014 年达到 4.7 万个），服务农户数超过 4500 余万户。精心组织、有序调度重要农时的农机化生产，大力推行订单作业、耕种收一条龙作业服务模式，促进春耕、“三夏”“三秋”农机作业机具供需对接，有力保障了农业生产的进度及质量，为粮食生产争抢了农时。农机经营总收入达到 5108 亿元。农机服务产业化成为实现市场资源配置的重要形式，极大地推动了农业机械化的发展，成为当前农业机械化发展的突出亮点。

7. 农业机械化得到中央的重视

2004 年 11 月 1 日正式颁布实施的《农业机械化促进法》，确立了农业机械化在农业、农村经济发展中的地位和作用，使农业机械化发展有了法律依据。从 2004 年起连续 10 年的中央一号文件，提出了一系列强农惠农支农政策，为农业生产和农业机械化发展提供了政策保障。2006 年中央一号文件要求大力推进农业机械化，提高重要农时、重要作物、关键生产环节和粮食主产区的机械化作业水平。2007 年中央一号文件明确提出，发展现代农业要“用现代物质条件装备农业，用现代科学技术改造农业”。2008 年中央一号文件提出要“加快推进农业机械化”，强调要“加快推进粮食作物生产全程机械化，稳步发展经济作物和养殖业机械化”。2009 年中央一号文提出加快推进农业机械化，普及主要粮油作物播种、收获等环节机械化，加快研发适合丘陵山区使用的轻便农业机械和适合大面积作业的大型农业机械。2010 年我国农作物耕种收综合机械化水平超过 50%，机械化生产方式成为农业生产主导方式以后，2012 年中央一号文件首次提出“探索农业全程机械化生产模式”。2014 年中央一号文件强调“加快推进大田作物生产全程机械化”。上述文件表明，中央高度重视农业机械化，对农机化的发展起到了极大的推动作用。

综上所述，我国农业机械化和信息化已取得很大的进展，进一步向高水平发展是完全可能的。

（六）机械化和信息化进一步向高水平发展问题分析

我国食物生产机械化和信息化要进一步向高水平发展，仍然存在一些亟需解决的问题，主要包括如下 5 个方面。

1. 适应食物生产机械化和信息化发展的农业基础条件仍薄弱

（1）耕地细碎化

国家发展和改革委员会在“全国高标准农田建设总体规划”中指出，我国耕地细碎

化问题十分突出，目前我国户均耕地仅为 0.47～0.53hm^2，由于耕地细碎化，全国现有耕地中田坎、沟渠、田间道路等设施的占地面积比例高达 13%。根据全国土地资源调查，我国田坎面积达 12 466.7×10^{3}hm^2，沟渠 4866.7×10^{3}hm^2，田间道路估计有 6666.7×10^{3}hm^2，占地面积比例分别超过中等集约化水平国家 1 倍、1.5 倍和 2 倍以上。过于细碎化的土地，很难实现机械化作业，从技术上讲，没有中国农地重划与整治，农业现代化是难以实现的。

根据国务院发展研究中心的调研，广东顺德均安镇星槎村均联片有 7 个队，户均 1～3 亩，每户分地 10 块以上的队有 5 个，最多的队每户分 19 块，最少的队每户分 8 块。

根据课题组 2013 年 6 月在湖南宁乡县的调研，宁乡县回龙铺镇、花明楼镇、朱良桥乡和双江口镇的种植大户经营的水田中，户均田块数依次为 28.75 块、212.38 块、6.86 块和 136 块，平均每块田的面积依次为 0.09hm^2、0.05hm^2、0.09hm^2 和 0.08hm^2。对比数据如表 15 所示。

表 15　湖南省宁乡县水稻种植大户种植规模现状

种植规模	回龙铺镇	花明楼镇	朱良桥乡	双江口镇
户均总经营耕地面积/hm^2	2.55	11.27	0.59	10.36
户均经营田块数/块	28.75	212.38	6.86	136
平均每块田的面积/hm^2	0.09	0.05	0.09	0.08

数据来源：2013 年 6 月湖南宁乡调研数据

实际上每块水田的平均面积还要小。因为水稻种植大户基本上使用机械化生产，所承包或转租的水田都是当地面积较大的水田，那些面积较小的，种植大户一般都不愿意承包经营。

表 16 是 2010 年 11 月陈春苗对河南省焦作地区 263 份农户的调查问卷结果，从中可看出焦作地区农户耕地细碎化的状况（陈春苗，2012）。

表 16　焦作地区农户耕地细碎化状况

区域	块均耕地面积/（hm^2/块）	户均土地块数/（块/户）	户均耕地面积/（hm^2/户）
丘陵区	0.14	1.94	0.27
平原区	0.13	1.96	0.25
河滩区	0.13	3.08	0.40

目前，中国农业人口人均耕地 0.13hm^2，是世界上最小的，大约是美国的 1/200、阿根廷的 1/50、巴西的 1/15、印度的 1/2。

总之，受农村基本经营制度等多方面的影响，中国耕地细碎化非常严重。耕地细碎化的负面影响主要体现在 3 个方面。

一是降低产量。大量研究表明，土地细碎化浪费了土地的有效面积对产量有负面影响。而且地块面积与玉米、小麦、水稻产出之间存在显著的正相关，细碎化导致产量下降。

二是影响由于了技术水平的提高。细碎化经营和现代化农业需要规模经营的矛盾，土地细碎化使农业机械化和科技的作用难以发挥，难以抵御自然灾害，产量不高。

三是浪费劳动力。降低耕地细碎化，可大量节约劳动投入。

对耕地细碎化进行改造的任务靠个别农户是难以完成的。根据世界各国的经验，必须由政府出面对农村零碎土地进行重新规划和调整，化零为整。

（2）农田水利基础设施落后

据课题组 2014 年在广东省的调研，目前广东省的农田水利基础设施大多是 20 世纪 60～70 年代兴建的，排灌渠道以泥渠为主，经过长期使用，大量农田水利基础设施老化、年久失修、渠道渗漏、堵塞严重，导致灌溉效益不断衰减，有效灌溉面积下降，易旱易涝耕地面积加大。

2013 年 6 月，课题组在湖南省宁乡县的调研结果表明，2012 年该县水稻单产约 6075kg/hm^2，低于全国单产平均值 600kg。其主要原因是农田基础设施落后，低产田约占 1/3，很多地方的水利设施是 1958 年建设的，经多年使用又没及时维修，其能力已远不及 1958 年的水平。特别是基础水量大幅度减少，由于淤泥堆积，池塘、水库等蓄水能力较 20 世纪 80 年代下降了 1/3。20 世纪 80 年代，基础水量可达到 8 亿 m^3，但现今只有 5 亿 m^3。这种情况，在全国各地普遍存在。

水利是农业的命脉，1958 年我国大搞农田水利基础设施建设，保障了农业生产几十年的持续发展；目前，我国农田水利基础设施落后的现状强烈渴望再来一次 1958 年的行动，以保证农业丰产丰收。

（3）经营规模小

如图 18 所示，1983～2006 年，全国农户劳均经营耕地面积（是指常住人口中农业整、半劳动力平均经营的耕地面积）从 0.247hm^2 减少到 0.204hm^2。

2006 以来，我国劳均经营耕地面积略有提升，但相对于机械化生产方式的大规模经营仍然有很大差距。据 2013 年湖南省宁乡县的调研结果，2012 年宁乡县种植水稻面积在 2hm^2 以上的大户有 1101 户，共 0.8 万 hm^2，占总种植面积的 10%。分散经营仍然是宁乡县水稻种植的主要形式，散户经营耕地的比例为 70%～80%，集中经营耕地的比例约为 20%。

畜牧及水产养殖业中，尽管不同养殖品种间有较大的差异，但总体趋势是小规模散养模式占较大比例。以生猪为例，1998～2009 年的生猪养殖规模变化如表 17 所示。到 2012 年，出栏 500 头以下的仍占总产量的 61%，说明仍以小规模养殖方式为主。

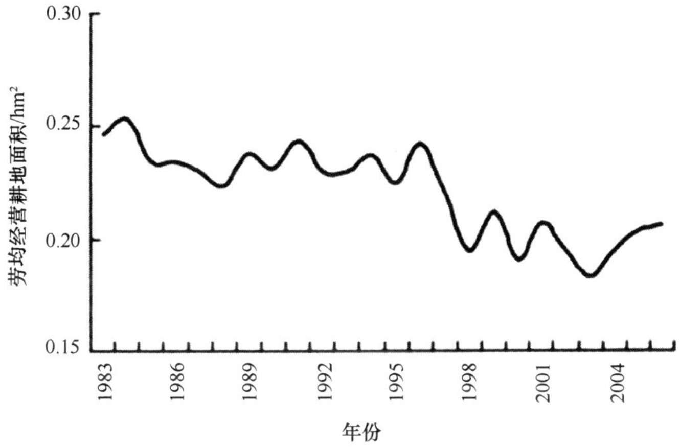

图 18 1983～2006 年中国劳均经营耕地面积变化图

资料来源：《中国农业发展报告》

奶牛的规模化养殖发展较好（小区养殖占 44%，散户养殖占 21%，牧场占 35%），鸡的养殖规模化不断提高，但肉牛、羊及水产的养殖规模化仍然很低，甚至处于原始的养殖模式。

表 17 我国生猪养殖规模情况

年份	不同规模（年出栏量/头）						合计
	50~99	100~499	500~2 999	3 000~9 999	1 万~49 999	5 万以上	
1998	697 930	156 325	16 069	2 468	614	11	873 417
2000	685 802	165 462	21 437	2 867	669	13	876 250
2002	790 307	212 909	27 495	3 242	862	28	1 034 843
2004	1 056 793	328 811	46 175	4 162	1 048	44	1 437 033
2006	1 581 697	458 184	60 054	5 690	1 317	44	2 106 986
2008	1 623 484	633 791	148 686	12 916	2 432	69	2 421 378
2009	1 653 865	689 739	175 798	15 459	3 083	96	2 538 040
年份	不同规模猪场占规模猪场总数的比例/%						
1998	79.91	17.90	1.84	0.28	0.07	0.0013	100
2000	78.27	18.88	2.45	0.33	0.08	0.0015	100
2002	76.37	20.57	2.66	0.31	0.08	0.0027	100
2004	73.54	22.88	3.21	0.29	0.07	0.0031	100
2006	75.07	21.75	2.85	0.27	0.06	0.0021	100
2008	67.05	26.17	6.14	0.53	0.10	0.0028	100
2009	65.16	27.18	6.93	0.61	0.12	0.0038	100

资料来源：根据历年《中国畜牧业年鉴》数据整理

（4）农业生产比较效益低

据湖南省宁乡县的调研，农民种 1 hm^2 水稻，在正常条件下，早稻可获纯收益 1500 元左右，一季中稻 4500 元左右，一季晚稻 3000 元左右，如果遇到气候灾害或市场不利，农民种稻还要亏本。一个 3 口之家农户水田的总面积不到 0.2hm^2，一年种稻的纯收益不到 1000 元。如果外出务工，工酬通常为 150～200 元/日。也就是说，一个农民外出务工大约一周时间就能赚到一家（3 口人）种稻一年的纯收益。如此微薄的收益，使农民不愿种稻，即便种稻也不愿意种双季稻。龙国项（2009）对湖南省衡阳县的调研结果表明，每公顷双季稻纯收入为 5175 元，而每公顷一季稻纯收入为 6000 元，种双季稻不如种一季稻划算。广东省农业科学院科技情报研究所对广东省汕头、江门、茂名、惠州、韶关等 5 个地市 152 个调查户的调查数据显示，2008 年、2009 年和 2010 年广东省每公顷稻谷总产值分别为 12 904.05 元、14 065.05 元和 15 565.05 元，总成本分别为 15 247.95 元、16 063.95 元和 16 642.95 元，净利润分别为–2343.9 元、–1998.9 元和–1077.9 元，都为负值，农民种稻普遍存在亏损现象。

不仅水稻如此，玉米、小麦、甘蔗、大豆等都类似，多数地方种 1hm^2 粮食的纯收益只有 3000～4500 元，辛辛苦苦种一公顷田，不如外出打几天工，严重影响农民生产特别是种粮积极性。畜牧及水产养殖业生产水平较低，收益较低且波动较大。造成这种状况的原因，主要是由于我国农业生产规模过小，且很大程度上还依靠人力，机械化程度低，因而生产效率低，生产成本高。

2004 年以来，国家陆续出台扶持农业发展的政策与措施，但农业生产成本上涨、效益下降的局面仍未根本改变，且日益显现“高成本”特征。近年来，农资价格、土地租金、人工成本等生产要素持续上涨，特别是人工成本上涨迅速，农忙季节一天 100 多元都请不到人，一些农户特别是种粮大户难以承受。从种植收入看，比较效益偏低并呈下降趋势。多数地方，1hm^2 粮食的纯收益只有 3000～4500 元，有的甚至只有 1500 元。据有关调查，2013 年全国小麦/水稻/玉米三大粮食作物单位面积产值、成本、利润分别为 1.65 万元/hm^2、1.54 万元/hm^2 和 0.11 万元/hm^2，粮食生产效益连年快速下降（图 19），极大影响农民的生产积极性。

（5）劳动者素质整体偏低

目前，我国农业劳动力数量不断减少、素质整体偏低。据统计，全国农业从业人员中，初中文化程度以下的男性从业人员占 83.9%，女性从业人员占 88.1%。目前，我国农村劳动力中 95%以上的人基本上属于体力型和传统经验型农民，不具备现代化生产对劳动者的初级技术要求。在农村劳动力中，近 80%的劳动力没有特别技能，可谓是“科盲”。根据有关统计资料，只有 14%的劳动力掌握了工业、建筑业和服务业的技能，2.8%掌握驾驶技术，3.2%掌握农业技术（卢君，2005）。我国受过职业技术教育和培训的农村劳动力占全部劳动力的比例不足 20%，与发达国家相比有很大差距。绝大多数人的经营管理并非自觉意识下的行为，仍是一种凭直觉经验的，带有相当程度盲目性的行为。长期以来我国农村经济文化和生活方式比较落后，农民的平均生活水平较低，基本上只

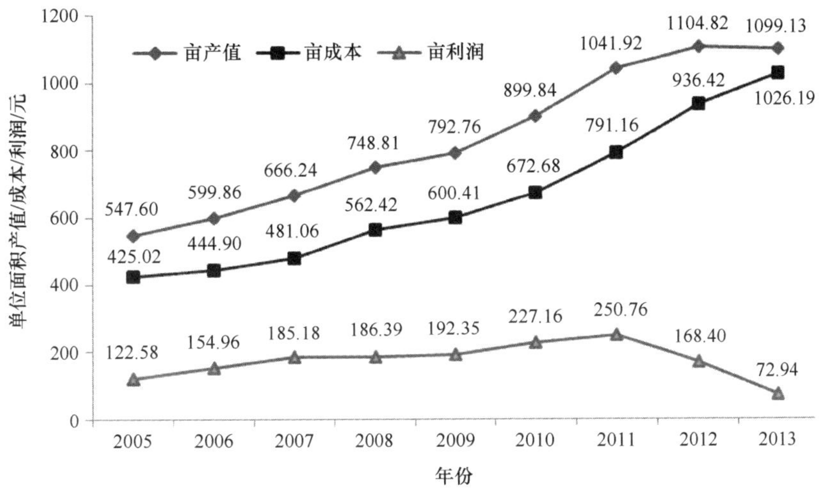

图 19 2005～2013 年全国小麦/水稻/玉米三大粮食作物单位面积产值/成本/利润变化图

解决了温饱问题，食物构成和食物营养简单，因而身体素质较差。据统计，农村残疾人口占总人口比例的 6%，农村劳动力中还有少数人格不健全、有心理疾病等患者。

中国农业大学朱启臻教授对我国农业劳动力状况做了一项调查（朱启臻和杨汇泉，2011），表 18 是对 20 个村庄农业劳动力老龄化程度的入户调查结果，表 19 为对 80 个村庄农业劳动力状况的问卷调查结果。

表 18 对 20 个村庄农业劳动力老龄化程度的入户调查

年龄分布/岁	从事农业劳动的人数	占农业劳动者的比例/%	备注
≤30	12	0.20	厌学，或有一定缺陷者
31～40	165	3.25	多为返乡创业和从事特种种植的青年
41～50	478	9.42	多为照顾老人，不能外出者
50～60	1220	24.04	是目前的主要农业劳动力
>60	3200	63.05	是目前农业生产的主体
农业劳动者总计	5075	100	

表 19 80 个村庄农业劳动力状况的问卷调查

农村劳动力年龄分布/岁	种地人数	非农业人数	劳动力合计	各种人群比例/%
≤30	0	2 420	2 420	0
31～40	1 610	2 740	4 350	6.0
41～50	2 580	2 810	5 390	9.5
50～60	2 620	2 120	4 740	9.7
>60	20 240	170	10 204	74.8
劳动力总计（不含 60 岁以上）	6 810	10 090	16 900	21.2
农业劳动者总计	27 050	10 260	37 310	100

中国农业大学杨敏丽教授根据中国农业机械化年报和中国统计年鉴整理的农村劳动力文化状况如表 20 所示。

表 20　历年机械化水平和农村劳动力文化状况表

年份	耕种收综合机械化水平/%	耕、播、收水平/%			农村居民家庭劳动力文化状况（每百个劳动力中）/%					
		耕整地机械化程度	播栽机械化程度	收获机械化程度	不识字或识字很少	小学	初中	高中	中专	大专及大专以上
1995	25.90	41.35	20.04	11.15	13.47	36.62	40.1	8.61	0.96	0.24
1996	29.43	42.44	26.55	14.95	11.23	35.52	42.83	8.91	1.20	0.31
1997	27.95	44.53	24.54	9.25	10.10	35.11	44.31	8.91	1.24	0.33
1998	30.39	46.18	24.67	15.07	9.56	34.48	44.98	9.15	1.46	0.37
1999	31.61	47.62	25.59	16.29	8.96	33.66	46.05	9.37	1.57	0.39
2000	32.30	47.75	25.75	18.26	8.09	32.22	48.07	9.31	1.83	0.48
2001	32.18	47.41	26.06	17.99	7.69	31.14	48.88	9.65	2.02	0.61
2002	32.46	47.13	26.64	18.33	7.59	30.63	49.33	9.81	2.09	0.56
2003	32.13	46.84	26.71	19.02	7.39	29.94	50.24	9.68	2.11	0.64
2004	35.17	51.54	29.00	20.00	7.46	29.2	50.38	10.05	2.13	0.77
2005	39.29	50.15	30.26	22.63	6.87	27.23	52.22	10.25	2.37	1.06
2006	35.93	55.39	32.00	25.11	6.65	26.37	52.81	10.52	2.40	1.25
2007	42.47	58.89	34.43	28.62	6.34	25.76	52.91	11.01	2.54	1.45
2008	45.85	62.92	37.74	31.19	6.10	25.30	52.80	11.40	2.70	1.70
2009	49.13	65.99	41.03	34.74	5.90	24.70	52.70	11.70	2.90	2.10

数据来源：《2010 年全国农业机械化统计年报》《中国农村统计年鉴 2010》

对农村居民家庭劳动力及农机手文化素质的调查结果表明，农机手中中专及以上文化程度占比约 5%，高中文化程度占比 23.29%，初中文化程度占比大约 50%，还有大约 20%的小学文化程度（表 21）。农机手文化素质是农业机械化可持续发展的重要保障，从目前看，农机手的文化素质与现代农业发展要求、先进技术发展要求和高性能农机装备使用要求等还有较大差距。

表 21　农村居民家庭劳动力及农机手文化状况（%）

文化程度	农村居民家庭劳动力所占比例	农机手所占比例
不识字或识字很少	5.30	1.50
小学程度	26.07	21.20
初中程度	53.03	49.17
高中程度	10.01	23.29
中专	2.66	2.09
大专及大专以上	2.93	2.75

这些数据表明我国农业劳动力的状况不适应农业现代化的发展，由此还带出一系列问题。

一是随着农业劳动力的匮乏，粗放经营开始成为普遍措施。我国精耕细作的农业传统被逐渐放弃。很多地方广种薄收或只管种和收，甚至只种不收，这种粗放的种田方式其实只是为了得到政府的种粮补贴。

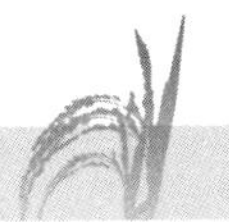

二是为应对农业劳动力不足，减少复种指数。例如，一些地方传统种植制度是一年两熟，如种植玉米和小麦。但现在往往改种一年一熟（如只种玉米），冬季就让田空着。在南方水稻产区，如上面所说的湖南，许多农民改成了单季稻。

三是耕地丢荒。这种现象在中国很多地方都能见到，在中西部丘陵和边远山地尤为明显。

四是畜牧及水产从业人员减少，出现“聘人难”的现象，且劳动力成本不断上升。

2. 全程全面机械化发展顶层设计不完善

全程全面机械化发展顶层设计不完善，主要存在以下问题。

农业机械化发展是一个系统工程，具有显著的复杂性、区域性、季节性、长周期性特征，需要完善的包括区域布局、技术路线、作业模式、服务体系、装备配备、扶持政策的全程全面机械化发展的顶层设计。但由于各种原因，目前对于农业机械化及装备区域布局不甚清晰，全程全面机械化的概念范围不甚明确。

推进农业生产全程机械化，首先要明确农业生产全程机械化的概念，包括主要作物、关键环节、作业标准与规范。通过全程机械化，构建产业链，提升价值链。构建适宜不同作物、不同区域的全程机械化生产的模式，建立农机农艺融合的机制和体制。

推进农业生产全面机械化，一是要求产业领域扩展，即机械化生产由粮食作物向经济作物，由种植业向畜牧业、渔业、农产品加工等产业领域全面延伸。二是区域整体推进，实现各区域生产机械化协调发展，在粮食主产区、北方平原地区农业机械化稳步发展的基础上，推进南方地区特别是丘陵山区农业机械化发展，构建不同区域的农业机械化模式与适宜的种植方式。

推进农业生产全程全面机械化，还有如下要求。

制定规划，强化农机装备发展。首先，我国农机装备技术还有很多短板，甚至是空白，还不能完全满足农业发展的迫切需求。其次，我国农机行业以中小企业居多，产品集中度低，低端产品产能过剩，高端、换代产品跟不上市场发展需要。目前，久保田、井关、洋马、东洋等外资品牌几乎占领水稻田间生产的主要环节；大型、高端农业机械大多依赖迪尔、凯斯、纽荷兰、爱科、克拉斯、库恩、雷肯等外资产品，迫切需要强化扶持农机民族工业发展，提高产品技术水平和制造水平。最后，随着新型农业经营主体的发展与多样化，为不同经营主体提供适宜不同经营规模、不同作物的农机装备配备方案，是农机装备利用发展的重要方向。

制定相关措施，降低农业机械化能耗。目前，相当数量的高能耗高排放的老旧农机仍在超期服役，低技术含量农业机械还大量存在，节能降耗的新型农机装备供给严重不足，农业机械化发展的速度、力度与资源环境承载力还不匹配。2013 年万元农机化田间作业收入能耗达到 2.7195tce（tce 为吨标准煤），远高于当年全国万元 GDP 能耗水平（0.737tce）。

强化培训机制，提高农机手文化素质。如上所述，农机手文化素质偏低，实际生产中，受经济条件困扰，农民很少有机会参加农机农艺技术培训，机械操作不规范，机械

技术不熟练，与现代农业发展要求、先进技术发展要求和高性能农机装备使用要求等还有较大差距。急需强化培训机制，通过各种培训手段，提高农机手素质。

切实落实法律法规政策和提高效率。国家已颁布《农业机械化促进法》（以下称《促进法》）、《农业机械安全监督管理条例》（以下简称《条例》）和《关于促进农业机械化与农机工业又好又快发展的意见》（国发[2010]22号）（以下简称《意见》）。但《促进法》中的一些条款并未得到相应落实，如第二十八条规定："国家根据农业和农村经济发展的需要，对农业机械的农业生产作业用燃油安排财政补贴。燃油补贴应当向直接从事农业机械作业的农民和农业生产经营组织发放。"这一条款至今未按照法律规定执行，直接从事农业机械作业的农民和农业生产经营组织并未享受到燃油补贴；"第四章推广使用"中涉及技术推广、示范基地建设、安全管理等有关内容也并未得到有效落实。农业机械购置补贴财政资金效率有待进一步提高。此外，配套政策扶持体系有待进一步完善，如作业补贴，目前已实施农机深松整地作业补贴，需要延伸至其他作业领域。对农机报废更新、农用燃油，以及对农业机械化技术试验示范推广、安全监管、技术培训等给予进一步的倾斜政策，推动农机金融信贷发展并将其作为农业机械化配套扶持政策的重要组成部分。

3. 农业科技创新亟待加强

（1）农业机械化科技创新的公益性地位不明确，政府对公益性农业机械化科技创新持续稳定的支持机制尚未建立

农业机械化科技创新是农业科技创新的重要组成部分，具有复杂性、探索性、周期长、投入高、风险大等特点，更需要作为公益性科研得到政府的支持。但由于农业机械化科技创新的公益性地位不明确，长期以来投入力度不够。据不完全统计，从"九五"末到"十二五"期间，国家投入的农业机械化科技创新经费仅6.7亿元，年均不到1亿元。在国家农业产业体系1000多位专家中，农机岗位专家不到3%。畜牧机械更是滞后，在畜牧业的产业体系中，没有相关专家。世界上许多国家在农业机械化发展的不同阶段都大力支持农业机械化科技创新，例如，日本政府对国立农机研究所持续支持至今，从而创造了世界一流的水稻插秧机品牌。当前，我国农业机械化正处于转型发展的关键时期，更需要政府明确农业机械化科技创新的公益性地位，建立长期稳定的投入机制，支持科研院所和企业协同创新。

（2）农业机械化科技创新的基础理论和关键共性技术研究不足，难以支撑重大农机产品创新和农艺制度变革

目前我国农业机械化科研力量分散，高端人才缺乏，研究平台较少，稳定支持不够，材料/部件/工艺等基础研究薄弱，创新能力不强；许多重大基础件和关键性技术问题不能有效解决，难以形成具有自主知识产权的重大技术产品，农机产品以经验型设计和仿制国外产品为主，缺乏核心竞争力，很多高端农机产品受制于国外企业，整体技术水平与发达国家有较大差距，难以满足产业升级和农机产品更新换代的需要。

（3）农机农艺融合还有待改进和加强

农业生产水平的提高需要生物技术、机械化技术和信息技术的融合，从育种到栽培、收获和加工，都要统筹兼顾，形成系统体系。我国农业科研系统中，农机和农艺仍然是两个独立的系统，交流很少。搞农机的对农艺了解不多，搞农艺的对农机重视不够，结果是对与农机农艺相匹配的技术参数缺乏系统研究，还不能有效支撑高产高效的农机农艺制度变革。品种多样化，栽培模式复杂化，使农机难以适应。我国水稻和马铃薯种植机械化、玉米和马铃薯收获机械化发展缓慢，其中一个重要的原因就是农机与农艺不协调。培育适宜机械作业的品种和栽培模式是突破农机农艺融合的重要内容。

（4）农机专业人才匮乏，招生和教育培养面临困难

受传统观念的影响，社会上对农业存在偏见，学生升学选专业都不选或少选农学和农机专业，高校农学和农机专业面临招生困难。学生选择就业也不愿意到农村基层去，农业生产技术人才的培养和引进困难阻碍了创新能力的提高。

4. 农机工业转型升级发展迫切

1）核心技术缺乏，高端产品依赖进口。目前我国农业装备总量大，但小型机械多，大中型机械少。国产大马力拖拉机主要集中在90～120马力，180马力刚具备产业能力，200马力以上拖拉机的动力负荷换挡、液压无级变速系统（CVT）技术刚进入研究阶段，与国外拖拉机相比差距明显。动力与机具配套比仅为1∶1.64，远低于欧美1∶6水平，动力功能未得到充分发挥。自动化、智能化装备能力差，规模化生产需要的关键高端农机依赖进口。大型采棉机、甘蔗与马铃薯收获机等装备，智能化养殖和节能园艺等关键装备缺乏技术和量产能力。

2）农机企业创新能力不足，同质化严重，缺乏竞争力。行业准入无门槛，退出风险较小，低质仿造现象普遍。规模以上企业工业总产值仅仅相当于美国约翰迪尔公司产值的一倍，前五位农机企业销售额之和仅占行业总销售额的23%，全行业创新投入为2.2%，不到跨国公司平均水平的一半。具备创新与研究能力的企业不足200家，企业创新研发新技术仅占6%左右，授权专利只占9.5%，大多数企业缺乏自主创新研发能力，创新主体地位未确立。

3）制造技术落后，效率低，质量不稳定。一些骨干企业设备新度系数仅为0.3～0.4，远低于机械行业0.6～0.7的标准。多数小企业仍处于非专业人工作坊生产状态，大型企业数字化设计与制造缺乏系统配套，过程试验和检验缺乏条件，终检仍停留在人工耳闻目测。面对新一轮智能化、信息化技术竞争准备不足。关键零部件专用材料不过关、工艺无控制，专业制造不配套，管理跟不上，质量难保障。

4）外国品牌垄断高端市场，国际化竞争优势弱。近10年来由于我国农机的巨大需求，众多国际巨头企业来华抢占市场。2013年行业规模以上外资企业147家，占行业规模企业总数的7.97%，其工业总产值占全行业的12.06%，出口交货值占54.86%，由动力机械优势逐步延伸至全程环节装备，变成了国际化竞争的主战场。东北地区180马力以上拖拉机以进口为主，黑龙江、新疆等地粮食生产中的大型农机90%被外国垄断，形势严峻。

5. 信息化发展的需求动力不足，产业发展水平不高

我国农业信息化技术主要处在研究示范阶段，部分开始走向应用，但应用水平和建设规模明显落后于电力、医疗、环保等其他行业，农业信息化发展的需求动力不足，产业发展水平不高，主要存在以下问题。

（1）农业产业化程度不高，难以形成巨大的信息需求

农业产业化是信息化的基础，产业化意味着生产规模的扩大。生产规模大，产业化程度高，必然产生对信息的大量需求及应用信息技术的强烈愿望。但目前我国食物生产基本上以家庭为单位，生产经营规模小、组织化程度低、标准化生产难度大的问题还没有得到根本改善，一家一户的生产模式很难实现信息技术对农业的倍增促进作用，难以形成强烈的农业信息化需求。另外，因为采用信息技术需要一定的投入，如购买信息技术设备、支付信息获取费用，这对于生产规模小、生产效益不高的农业生产者来说，显然不可能在信息方面有大的投入。所以目前信息管理主要在政府层面和大型农业企业、合作社中有一定的应用，在普通农户中的使用相对薄弱。

（2）现有农业信息技术产品难于满足农业生产的实际需求

由于农业信息技术产品尚未实现产业化和市场化，因此，很多相关企业不愿投资进行农业信息技术产品研发，目前主要由科研院所面向科研导向的技术研发，研发的技术离生产实际需求较远，大部分还只是停留在试验阶段，距推广应用还有很大距离，成果的标准化、配套化、实用性、稳定性和环境的适应性较差，价格高，产品质量不高，难以有效地指导实际生产。今后迫切需要开发一批“用得起、用得好、用得住”的农业信息化产品。

（3）农业信息化技术储备不足，高端技术产品依靠进口

尽管近 10 年来我国农业信息化技术研究取得显著进展，在软件和硬件上有一定积累，但总体上对农业信息化技术的研究不够，特别是在一些核心关键技术创新、重大技术产品创制，以及农业信息获取、处理、应用的基础理论、方法、技术标准等各方面，与国际先进水平相比差距较大，技术储备明显不足，不能满足现代农业发展的重大需求。在高端农业信息技术产品上，如农业专用传感器与仪器仪表、智能导航控制技术，以及棉花智能收获机、奶牛自动饲喂装备、农产品智能分拣线、田间管理智能机器人等主要依靠进口。实施精准农业的土壤营养信息实时获取技术、多机协同作业技术、果园自动采摘技术等还是空白。迫切需要加强农业信息化前沿技术研究，建立具有自主产权的农业信息技术体系。

（4）农业信息化意识不强，基础设施落后，应用信息技术能力不高

政府部门、生产经营主体等对农业信息化的作用、特点、成效缺乏了解，对其在农业行业的应用缺乏深入研究，尚未意识到农业信息化带来的潜在效益。城乡数字鸿沟巨

大，农村信息基础设施薄弱，农业信息技术应用条件不配套，信息获取成本高、门槛高，限制了农业信息化技术的广泛应用。另外，农民文化素质不高，信息化意识弱，利用信息的能力不强，成为农业信息化发展的一大障碍。

（5）政府对农业信息化投入少，信息化对农业产业引领促进作用还未明显发挥

信息技术成本高，农业比较效益低，农业信息技术应用主体积极性不高，在农业信息化发展初期离不开政府的扶持。地方政府尤其是基层政府，由于对农业信息化重要意义认识不到位，对农业信息化总体投入不足，缺乏国家层面的重大工程项目和稳定的投入机制，对农业信息化发展的引导能力不足，农业信息化水平区域差异明显，农业信息化对农业产业链的促进和引领作用发挥不充分。迫切需要国家在农业信息化基础设施建设、技术产品研发、信息技术应用等方面制定倾斜政策，加大支持力度。

综上所述，我国食物生产方式向机械化和信息化转变，还面临许多困难和问题，但总体来说，已经取得了很大的成绩，发展的基础明显改善，我国已经具备进一步加快食物生产方式向机械化和信息化转变的条件，实现由粗放型向高水平机械化和信息化转变是完全可能的。进一步推进食物生产方式向机械化和信息化方向发展是我们面临的新任务。

三、食物生产方式转变的发展趋势和未来需求

为分析食物生产方式的发展趋势和未来需求，首先需要从产需平衡视角，对粮食生产能力进行测算和评价。

（一）2020 年和 2030 年我国食物需求预测和生产能力测算与评价

1. 粮食

国家卫生和计划生育委员会的预测结果显示，到 2020 年和 2030 年，中国人口总数分别约为 14.3 亿和 15.0 亿。根据国家食物与营养咨询委员会提出的中国食物安全目标，2020 年我国达到全面小康社会时人均粮食占有量为 437kg，2030 年向富裕阶段过渡时人均粮食占有量为 472kg，由此测算 2020 年和 2030 年我国粮食需求总量的估计值如表 22 所示。

表 22　2020 年和 2030 年我国粮食需求总量测算值

年份	人口/亿人	人均粮食占有量/kg	总需求量/$\times 10^8$t
2020	14.3	437	6.25
2030	15.0	472	7.08

2010 年，我国不同粮食品种的消费量及其比例结构如表 23 所示。

表 23 2010 年我国粮食不同品种消费量及其结构

粮食品种	稻谷	小麦	玉米	大豆	其他
消费总量/$\times10^4$t	18 468	11 049	15 970	6 536	4 496
百分比/%	32.68	19.55	28.26	11.56	7.95

数据来源：聂振邦（2011）

假定至 2020 年和 2030 年，各粮食品种及其消费比例结构保持在 2010 年的水平，根据 2020 年和 2030 年粮食需求总量预测值，可以预测 2020 年和 2030 年我国各种粮食品种的需求量。

（1）稻谷

表 24 给出了 1996～2012 年我国稻谷产量及其自给率数据。由表 24 可知，1996～2012 年的自给率在 98.99%～100%，17 年中有 14 年的自给率达到了 100%。这就表明，从产需平衡的角度看，2000 年以来，我国稻谷生产基本能满足自给。根据 2020 年和 2030 年粮食需求总量预测值，可以预测 2020 年和 2030 年我国稻谷的需求量分别为 2.0425×10^8t 和 2.3137×10^8t。考虑到粮食生产面临的风险越来越大，保障较高的自给率是保障粮食安全的基础，且随着人口的增加，粮食需求有增加趋势。由此，可以确定 2020 年我国稻谷的自给率为 100%，2030 年的自给率为 98%（表 25）。

表 24 1996～2012 年我国稻谷产量及自给率

年份	产量/万 t	进口量/万 t	出口量/万 t	自给率/%
1996	19 510.3	76	27	99.75
1997	20 073.5	33	94	100.00
1998	19 871.3	24	374	100.00
1999	19 848.7	17	271	100.00
2000	18 790.8	24	295	100.00
2001	17 758.0	27	186	100.00
2002	17 453.9	24	199	100.00
2003	16 056.6	26	262	100.00
2004	17 908.8	76	91	100.00
2005	18 058.8	52	69	100.00
2006	18 171.8	73	124	100.00
2007	18 603.4	49	134	100.00
2008	19 189.6	32.97	97	100.00
2009	19 510.3	36	79	100.00
2010	19 576.1	38.82	62	100.00
2011	20 100.1	59.78	51.57	99.96
2012	20 423.6	236.86	27.92	98.99

数据来源：国家统计局网

表 25　2020 年和 2030 年全国稻谷综合生产能力目标规模

项目	2020 年	2030 年
全国稻谷需求量/万 t	20 425	23 137
目标自给率/%	100	98
全国稻谷综合生产能力目标规模/万 t	20 425	22 674.26

（2）玉米

从中长期来看，中国玉米的需求增长速度将明显超过产量增长，玉米进口量将进一步增加。由于中国畜禽和水产品需求还将持续增长，饲用玉米的需求还将保持较快增长。预计到 2020 年和 2030 年，中国饲用玉米需求将分别达到 1.5313 亿 t 和 1.8791 亿 t，比 2012 年的饲用玉米需求量分别增长 27.6%和 56.6%。深加工玉米需求在 2020 年和 2030 年将达到 8045 万 t 和 10 202 万 t。玉米的其他需求（包括直接消费需求、种用需求和损耗等）在 2020 年和 2030 年变化不大，分别为 1444 万 t 和 1279 万 t。由于需求增长高于生产增长，2020 年和 2030 年中国玉米的净进口量将分别达到 1764.46 万 t 和 4808.65 万 t，中国玉米自给率将分别下降到 93%和 84%（表 26）。

表 26　2020 年和 2030 年玉米供需预测

项目	单位	2020 年	2030 年
玉米总产量	万 t	23 037.54	25 463.35
播种面积	万 hm^2	3 594	3 685
单产	t/hm^2	6.41	6.91
玉米总需求	万 t	24 802	30 272
饲料粮需求	万 t	15 313	18 791
深加工需求	万 t	8 045	10 202
其他需求	万 t	1 444	1 279
净进口量	万 t	1 764.46	4 808.65

数据来源：仇焕广等（2013）

（3）大豆

通过预测大豆播种面积、大豆单位面积产量，可测算 2020 年、2030 年大豆总产量，再通过预测大豆进口量测算我国大豆需求量，进而测算大豆自给率（表 27）。

由表 27 中可见，由于大豆比较效益低等，大豆播种面积增幅不大，2020 年为 961.82 万 hm^2，2030 年可望达到 1000 万 hm^2。根据发展趋势，2020 年大豆单产可达 2.45t/hm^2，2030 年达到 3.0t/hm^2；2020 年大豆总产可望达 2356.45 万 t，2030 年达 3000 万 t。大豆的自给率仍将很低，稳定在 21%左右。

（4）马铃薯

采用 SAS9.0 统计软件，通过 OLS 估计法可计算出 2020 年和 2030 年各要素投入（即农机投入、资金投入、劳动力投入、种植面积、）及马铃薯产出预测值（表 28）。2020 年马铃薯总产可望达 9045.121 万 t，2030 年达 9078.584 万 t。

表 27　2020 年和 2030 年大豆供需预测

测算指标	单位	2011 年观测值	预测模型	测算值	
				2020 年	2030 年
大豆总面积	万 hm^2	788.85	$y_1 = 107\,935 - 1.986\times10^{-8}\frac{1}{x}$	961.82	1 000
大豆单位面积产量	t/hm^2	1.8	$y_2 = e^{35.375 - \frac{69\,648.92}{x}}$	2.45	3.0
大豆总产量	万 t	1 448.5	$y_3 = y_2 \cdot y_1$	2 356.45	3 000
需求量	万 t	6 972.3	$y_4 = 1189.39 - 79.23x + 24.25x^2 - 0.35x^3$	11 264.14	14 600
进口量	万 t	5 523.8	$y_5 = y_4 - y_3$	8 907.69	11 600
自给率	%	20.78	$y_6 = \frac{y_3}{y_4}$	20.92	20.55

数据来源：本课题组研究结果

（5）小麦

我国 1949～2012 年小麦生产情况如图 20 所示。

表 28　2020 年和 2030 年马铃薯供需预测

年份	马铃薯总产量/万 t	机械装备投入/万元	资金投入/万元	劳动力投入/万人	种植面积/万 hm^2
2020	9045.121	335.005	2093.778	50.001	558.341
2030	9078.584	336.244	2101.524	50.186	560.406

数据来源：本课题组研究结果

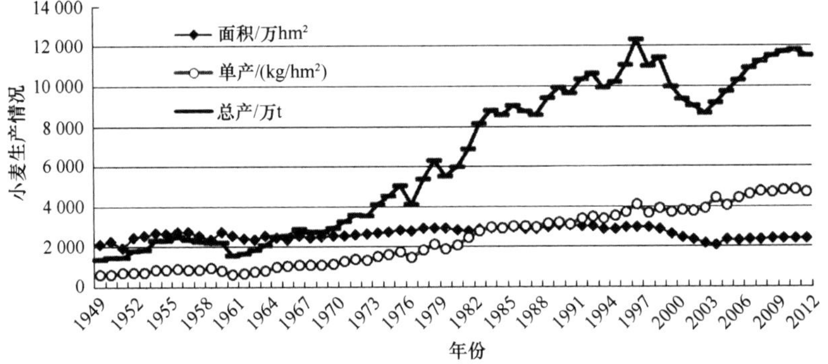

图 20　1949～2012 年我国小麦生产情况
数据来源：根据国家统计数据整理

按 2020 年我国人口达到 14.3 亿，小麦播种面积不再减少，每人年均消费小麦 96kg 计算，小麦总产需要 13 775 万 t，即在目前的基础上，需增加 1717 万 t，增幅 14%，从 2013～2020 年，每年递增 2%。按 2030 年我国人口 15 亿，小麦播种面积不再减少，每人年均消费小麦 97kg 计算，小麦总需求为 14　550 万 t，即在目前的基础上，增加 2498 万 t，增幅 21%。从 2020～2030 年，需要每年递增 0.6%（表 29）。

表 29　2020 年和 2030 年全国小麦综合生产能力目标规模

项目	2020 年	2030 年
全国小麦需求量/万 t	13 775	14 550
目标自给率/%	100	100
全国小麦综合生产能力目标规模/万 t	13 775	14 550

数据来源：本课题组研究结果

2. 实现 2020 年和 2030 年我国粮食生产目标的生产方式转变分析

根据以上分析，对比 2012 年我国粮食的实际生产能力，到 2020 年和 2030 年，我国粮食生产还存在较大的缺口，如表 30 所示。

表 30　实现 2020 年和 2030 年粮食生产目标的对比

生产目标	水稻	玉米	小麦	大豆	马铃薯
2012 年生产能力/万 t	20 423.6	20 561.4	12 102.4	1 305	9 276
2020 年生产目标/万 t	20 425	24 802	13 775	11 264.14	9 045
2030 年生产目标/万 t	23 137	30 272	14 550	14 600	9 078
实现 2020 年生产目标的缺口/万 t	–1.4	–4 240.6	–1 672.6	–9 959.14	231
实现 2030 年生产目标的缺口/万 t	–2 713.4	–9 710.6	–2 447.6	–13 295	198

注：表中最后两行的数据，负数表示缺口，正数表示过剩

由表 30 可见，除了马铃薯外，现有生产方式下的粮食生产能力不能完全实现 2020 年和 2030 年我国粮食的生产目标，还存在较大的缺口。要填补这一缺口，保障粮食安全，主要有两条途径。一是扩大粮食种植面积，二是提高单产。随着城镇化的发展，我国耕地面积已接近 18 亿亩红线，且有逐渐减少的趋势。因此，通过扩大种植面积提升粮食生产能力已不可行，未来提高粮食生产能力的途径主要是提高单产。也就是说，只有通过转变生产方式，着力提升单位面积上的粮食产出，才能从根本上保障未来的粮食供给，才能确保我国的粮食安全。国内外的经验表明，采用机械装备改造中低产田和进行土地整治，以及通过机械化进行规模化生产是提高单产的重要途径，并能提高生产效益、增加农民收入、增强粮农的生产积极性，通过信息技术优化农机装备和生产管理过程，可提升机械装备作业性能，实现粮食生产效益最大化。因此，从产需平衡视角看，为确保未来我国粮食安全，加强粮食生产方式向机械化和信息化转变，已成为大势所趋。

3. 畜牧与水产

根据“中国粮食和食物安全发展战略 2006～2020”预测，畜产品数量的增长幅度将呈稳中有降的态势。考虑到未来国民经济增长速度、畜产品市场消费量增幅出现波动的可能和其他不可预见因素，在肉类产量近 10 年年增长 3.94%的基础上，预计 2020 年增速为 1.5%。肉类结构比例将进一步优化，预计猪肉、牛羊肉与禽肉占肉类总产量的比例在 2020 年分别为 58%、19%、23%。蛋类人均占有量目前已达到发

达国家水平，今后增长速度将会有较大幅度下降，2020 年以 1%的增长率计算。奶类是我国需重点支持发展的产业，随着人民收入水平的提高，奶类消费量将呈大幅增加的趋势，前期保持高速增长，后期有所减慢，在近 10 年年增长 16%的基础上预计 2020 年的增长率为 5%。

据预测，到 2020 年和 2030 年，我国人均肉类消费量分别达到 71kg 和 76kg，缺口明显加大，分别为 794 万 t 和 773 万 t，自给率分别降至 92.3%和 93.2%。人均牛奶的消费到 2020 年、2030 年分别达到 43kg 和 53kg，缺口分别为 1376 万 t 和 1596 万 t，自给率分别下降到 78.2%和 79.7%。

到 2020 年、2030 年，预计人均水产品消费量分别达到 45kg 和 50kg。

（二）食物生产方式向机械化与信息化发展的趋势和需求

综上所述，我国农业机械化已取得很大的进展，基本实现了从以人畜力为主的生产方式向以机械化为主的生产方式的转变；但存在的问题也说明，我国目前的机械化，一方面，还只是主要作物、主要生产环节的机械化，机械化的经营规模也小。另一方面，使用的机器主要还是水平较低、能耗较高的机器，与国际先进水平还有很大差距；农田基本建设与水利建设滞后、信息化还处在起步阶段，总体上来说，还是资源低效利用的粗放型机械化生产方式。因此，未来 15 年（即到 2030 年）总的发展趋势将是：一方面由主要作物、主要环节的农业机械化向农业生产全程、全面机械化推进，另一方面，必须进一步转变生产方式，大力发展高效、优质、合理利用资源、环境友好的可持续发展的机械化和信息化农业，向农业机械及生产管理的深度信息化发展，从资源低效利用的粗放型机械化生产方式向资源高效利用和环境友好型机械化、信息化生产方式转变。

1. 保障粮食安全，需要由产中向产前、产后全程机械化、信息化扩展

（1）产前生产

农田基本建设方面，建立稳定的农田基本建设机械化和信息化投入机制，适应农田土地整理的开沟和精准激光平地机械装备将有较大的发展。

种子生产方面，适应大宗粮食作物育种技术发展的田间育种机械化（种、管、收、加等环节）将有快速发展；种子加工将向大型、自动化、智能化清选、检测、包衣等方向发展，全面提高种子质量。

（2）产中生产

耕整地方面，广泛采用深松、保护性耕作和激光平地技术，具有自动导航功能的松、耙、耢结合的多功能耕作机械将有较大的发展。

种植方面，播种机械将向宽幅、高速、精密播种与栽植方向发展，气力式精密播种

技术、种肥播施监控技术、中央分配式气力输送技术、免耕播种技术、机架液压折叠技术和高速栽植技术将得到广泛应用，以减少化肥和农药施用，进一步提高作业质量和效率。水稻种植机械化和马铃薯播种机械化是种植机械化的难点和研发重点，尤其是杂交稻种植机械化将会有较大发展。

田间管理方面，机械化中耕除草，变量施肥、精准施药和节水灌溉机械具有广泛的市场需求，适于各类田间管理作业需求的高地隙通用底盘及农业航空植保技术具有广泛的发展前景。

收获方面，水稻和小麦的机收技术与装备虽已基本成熟，但损失率和作业效率还有待改善，特别是智能型收获机械将有较大发展，适应山区和丘陵地区的小型收获机械装备具有很好的市场。玉米和马铃薯收获机械急需实现关键技术突破。随着玉米育种技术的发展，适宜机收，尤其是适宜直接脱粒收获的品种的出现，目前高损低效的摘穗辊式收获方式将逐步为高速高效摘穗板与拉茎辊组合式收获方式，以及直接脱粒收获方式所取代，大大提高收获速度，尤其是减少果穗晾晒后再脱粒等环节，节省劳动成本，减少收获损失。

（3）产后生产

粮食干燥的发展方向是提高干燥系统的自动化和智能化控制水平，推广应用新型在线水分测试技术，风温、粮温报警装置和联锁控制装置，以实现一次降水即达到安全水分。在我国北方，干燥设备将向大型化、自动化发展，而南方，将向中小型发展；热源以太阳能、天然气、燃油、丙烷为主，以减少污染；更加注意粮食品质，一是从工艺上着手，严格控制粮食温度和干燥速度，二是以干燥均匀性为重点，采取措施改进干燥后粮食品质。

粮食加工方面，适用于粮食加工的现代生物酶、色谱分离、膜分离、喷射、超微及自动化控制等技术将广泛应用于粮食加工中；粮食加工装备将向成套机械化、大型化、专用化、自动化和智能化的方向发展，粮食加工机械的可靠性、质量控制、智能化等技术已成为粮食加工装备的关键技术，应加大研发力度。

总体上看，虽然大型多功能粮食生产机械价格高，但具有作业效率高、功能完备等特点，是北方地区机械化发展趋势；南方地区受地块小的限制，近期将仍以中小型机型发展为主。我国粮食种植模式多样，农艺技术不同，如玉米生产中的东北地区大垄双行、西北地区全覆膜垄侧播种、中原二作区双膜覆膜种植、南方冬作区的高厢覆盖种植、西南区的间套作播种等，需要多种种植机械。此外，由于地域土壤、地貌的差异，更有区域的差异性、技术的多样性要求，需要发展适应不同需求的作业机械与装备。

2. 保障粮食安全，需要向全面机械化发展，丘陵山区的轻简型农业机械将是下阶段需要重点关注的方向

针对农业机械化发展总体上存在的不平衡，要按照不同区域、不同作物，因地制宜

地发展农业机械化；加快发展丘陵山区农机化所需的各种农业机械，推进全程全面机械化的进程。

丘陵山区农业机械化整体滞后于平原地区，但平原仅占土地资源的12%，丘陵山区比例高达69%，全国近一半省份超过50%的辖区面积是丘陵山地，丘陵山区人口占全国人口的1/2左右，粮食产量占全国的55%以上，油料产量约占49%，还是经济作物、林产品、中药材、绿色食品、畜禽产品的重要生产基地，特别是玉米、马铃薯、小杂粮等作物具有独特的地域优势，在我国农业生产中具有重要地位。但丘陵山区农机化发展水平落后，据统计，2013年全国农作物耕种收综合机械化水平达到了59%，其中新疆、黑龙江、天津达到80%以上；而南方丘陵山区中只有浙江、江西达到50%以上，有6个省在40%以下，贵州还不到20%，丘陵山区的农业机械化发展水平与平原地区、北方地区存在着巨大差异。

丘陵山区的GDP占全国的30%左右，目前我国还没有解决温饱和低收入的连片特困地区，绝大部分分布在丘陵山区，经济贫困落后一直是阻碍丘陵山区农机化发展的"绊脚石"，丘陵山区农民收入增速较慢，加快发展丘陵山区农机化的形势严峻。

丘陵山区农业生产面临一系列亟需解决的问题。例如，丘陵山区多数青壮年劳动力外出务工，造成当地劳动力缺乏，多以中老年为主，劳动能力较弱。丘陵山区作业环境复杂，田地坡度大，农业生产的劳动强度较大。例如，山地上的物品运送，尤其是产品、肥料、农药等物资的田间运送，大多数靠人力搬运，劳动强度特别大，生产效率很低，产品也易损伤，缺乏适合的作业装备与设施，如开沟施肥、农药喷施、林木修剪、产品采收运输等。

3. 保障环境安全，需要发展化肥和农药减施方面的机械化、信息化技术

化肥和农药自问世以来为农业高产稳产发挥了重要作用，是农业生产必不可少的重要物质保证，但过量使用则会造成土壤板结、残留污染，破坏环境安全。采用机械化、信息化技术合理施肥和施药是确保作物生长需要同时防止过量使用造成危害的重要手段。目前的精准施肥和施药技术与实际需求还有很大差距，如化肥精确定位和定量深施技术、叶面肥和农药的精确喷施和防飘移技术、土壤和作物养分状况的田间快速测定技术等实施精准农业的基础支撑技术仍不成熟，或由于现有技术使用成本过高，不适用于我国目前适度规模经营的中小作业模式。因此，亟需研发各种适合我国国情的中等规模、经济实用的精量播种、精量施肥、精量喷药设备及产量监测设备，为精准农业推广和应用提供基础支撑技术条件，加强土壤肥力、生产过程需水量、需肥量规律数据库等基础数据库的建设。

4. 适度规模经营，需要相应的机械化、信息化技术

适度规模经营需要根据各地情况，因地制宜地制定土地整治规划和与之适应的机耕道、农机具存放库棚和排灌设施等。

园艺与经济作物中，水果、蔬菜、油菜、棉花、甘蔗和麻类都需要开发相应的机械化装备和生产技术。例如，水果采摘运输、施肥施药机械，蔬菜育苗移栽、设施大棚用的清洁能源小型机械和产地初加工装备，油菜和甘蔗收获机械，适宜不同棉区机采棉的清理加工技术，以及麻类的收获剥制加工机械等。

畜禽水产产业需要加快发展适应不同集约化程度生产的机械化和信息化装备、质量追溯和管理系统。

需要大力扶持新型农业经营主体，包括农机大户和农机合作社的建设，培养新一代有文化知识、掌握现代农业生产技术的职业农民。

5. 发展现代农业需要信息技术支撑

现代农业发展面临资源、环境、市场等多重约束。大力发展农业信息化，是我国农业突破资源约束、实现产业升级的根本出路。大力发展农业信息化，加快建立低成本、多样化、广覆盖的“三农”综合信息服务和有利于农产品销售的电子商务体系，加速信息技术和产品在新型农业生产经营组织中的推广和应用，促进农业经营服务组织的高效化、集约化运营，提高新型经营主体的生产经营管理水平，提升农民综合劳动技能和市场营销能力，是保持农民收入持续较快增长的有效途径。

信息化是我国农业机械化技术和农业现代化进一步发展的方向。农业传感与智能检测设备、智能终端和嵌入式系统在未来生产上有巨大需求；数字化、自动化、智能化的农业机械是现代高效农业生产必备的装备；带卫星导航和产量监测系统的收获机、农业航空植保技术和低空农用飞行器是今后发展的重点装备；大力发展农业智能机器人，以替代人工去高质量、高效率地完成复杂环境或复杂目标任务，是今后农业机械化、信息化发展的重要方向。提高农民的素质，培养能够主动、科学地进行信息管理的人才是提高信息化技术水平的关键。为农业管理部门和生产基层研发各种方便、易操作、低成本的信息采集、处理和传播的设备，完善信息网络体系和信息服务中介组织是促进食物生产信息化的物质前提，是今后的发展重点。

四、典型国家与地区的发展经验与借鉴

（一）美国

美国是靠规模效益使低值大宗农产品生产产生巨大经济效益的典型。

美国在 20 世纪 40 年代基本实现了粮食作物田间作业机械化，至 20 世纪 60 年代后期，实现了从土地耕翻、整地、播种、田间管理、收获、干燥等全程机械化。1987 年，美国农业劳动力人均产值达到了 55 300 美元，是当时其他发达国家的 4 倍，居世界第一位，也是世界上第一农产品出口大国。美国约翰迪尔公司、凯斯纽荷兰公司、福特公司（拖拉机）等大型跨国农机公司生产的农业机械居世界领先水平。为了保护农业生态环

境，实现农业的可持续发展，美国高度重视保护性耕作技术与机械的推广和使用，为农业提供了大量保护性耕作机械及农用飞机等先进机械和装备。

20 世纪 90 年代以来，从农业信息技术应用、农业信息网络建设和农业信息资源开发利用等方面全方位推进农业信息化建设，构建了国家、地区、州三级农业信息网，形成了完整、健全、规范的农业信息服务体系，如美国国家农业数据库（AGRICOLA）、国家海洋与大气管理局数据库（NOAA）、地质调查局数据库（USGS）等规模化、影响大的涉农信息数据中心（库），为农业发展发挥了很好的推动作用。

美国在谷物联合收割机、喷雾机、播种机等农业装备上采用现代高新技术，利用全球定位系统（GPS）、农田遥感监测系统（RS）、农田地理信息系统（GIS）、农业专家系统、智能化农机具系统、环境监测系统、系统集成、网络化管理系统和培训系统等，对农作物进行精准作业，有力地促进了农业整体水平的提高。

很多人认为美国的机械化作业粗放，但实际上并非如此。在化肥、农药的使用量远比我国低的情况下，单产却比我国高，土地产出率和资源利用率都比我国好。例如，美国的水稻生产，总面积 133.33 万 hm^2，只有稻农 1.5 万人，全部采用机械化作业，人均经营水稻 86.67 亩，生产效率远比我国高，水稻单产也比我国高，据联合国统计数据，2007 年美国平均亩产稻谷 532 kg，而中国稻谷平均产量是 423kg。依靠信息化精准控制的机械化系统，使美国的农业生产效率远远高于我国，真正实现了规模化农业的“精耕细作”。

（二）澳大利亚

澳大利亚是一个人少地多的国家，主要农作物为小麦、甘蔗，其次是大麦、燕麦、棉花、水稻、牧草等。澳大利亚的小麦、水稻、大麦、燕麦、牧草等作物早在 1970 年左右就实现了机械化生产，生产效率很高。例如，澳大利亚 Barry Kirkup 农场，农场主加上 2 个工人就种了 666.67hm^2 水稻，人均管理 200 多公顷水稻。

澳大利亚的自然条件并不优越，土地荒漠化严重、水资源短缺，但政府以机械化和信息化带动农业发展，通过大力引进和开发各种农业机械、发展网络基础设施建设、强化信息资源开发和共享、利用多媒体技术和远程教育等方式，使澳大利亚迅速发展成了一个集生态农业、加工农业、出口农业和服务农业为一体的新型农业发达国家。在农场中几乎全部采用互联网开展电子商务，获取种、养、加信息和技术，发布产品销售信息，接受农协及政府农业部门的技术指导。澳大利亚 CISC 农业信息网络提供国内外所有的市场动态信息、农业科技信息、自然与气象信息、农业政策法规信息和相关行业信息等。著名网络门户“Agrigate”链接了数百个世界权威网站，并提供无偿服务。

（三）英国

英国的种植业从种到收均已实现了全过程的高度机械化。英国的农业劳动力约占全国总劳动力的 3%，平均每个农业劳动力年生产谷物 38t、肉类 4t。英国的农业机械制造

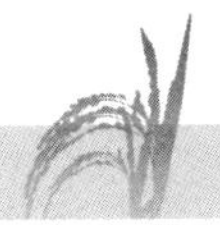

业很发达，除满足本国需要外还大量出口。以麦赛福格森公司等大型跨国企业为主的几个大型农机企业的产值占农机总产值的66%，主要产品有发动机、拖拉机和农业机械等，拖拉机配套农机具有240多种，产品远销欧、美及亚洲等地。

英国农业工程和信息化专家Simon Blackmore提出了一种革命性的理念——智能机器人化农业，即在田块中根据农业作业任务，部署不同类型的类似甲壳虫的农业智能机器人，替代人进行精准化田间作业，采用机械除草、精准施肥、按需投入，这种以智能机器人为核心的理念，将引发农业生产的重大革命，颠覆传统农业生产方式。

（四）日本

日本耕地面积少，全国人均耕地只有 $0.04hm^2$，按农业人口计算人均占有耕地，仅 $0.26hm^2$。田间作业从耕整地、播种、植保、收获等全部实现了机械化。日本的农业机械化有赖于高度重视农艺和农机的有机结合和高度发达的农机工业所提供的高质量设备。政府大力支持农业机械化科技创新，如日本政府对国立农机研究所持续支持至今，从而创造了世界一流的水稻插秧机品牌。虽然日本每公顷农用地拖拉机功率比美国、英国、法国等高度机械化国家投入多（每公顷农用地拖拉机功率：日本8.0kW、美国0.4kW、法国1.6kW、意大利1.5kW），但日本的农机产品质量好，对小规模经营适应性强（佚名，2007）。

农业信息化是政府重点支持的领域，各种农业信息服务系统由政府投资。对于建设投资大、技术难度高的大容量通讯网络及地方通讯网络等基础设施的建设，采取由中央政府和地方政府拨款，专业公司招标承建的方式，有效地推进了农业信息基础设施的建设。农业科技信息网络的运行基本上由政府拨款，无偿向农民提供各种技术信息。政府将农户购买电脑纳入了农户大型农业投入补助的范围。日本建立了农业技术信息服务全国联机网络，借助公众电话网、专用通讯网和无线寻呼网，将大容量处理计算机和大型数据库系统、互联网网络系统、气象预报系统、温室无人管理系统、高效农业生产管理系统及个人电脑用户等连接起来，提供农业技术、文献摘要、市场信息、病虫害情况与预报、天气状况及预报等信息。日本还通过产、官、学合作，发展符合国情的精准农业，进行作物生长模型基础研究和精准农业机械研究。日本利用农田地理信息系统（GIS）管理的耕地面积已超过20%。

随着人口寿命延长，农村劳动力逐渐老龄化。2009年日本290万农业劳动力中，61%是65岁以上。这些人中有200万将在10年内退休，而预期的新增加的农民只有大约10万，大部分仍是老年劳动力。这就需要适合这些人使用的机器。通过智能化技术，日本重视开发技术先进但操作简单的农业智能化机械，以适应老人和妇女使用。

（五）韩国

韩国的农业机械化起步较晚，但发展很快，是中等发达国家农业机械化水平最高的

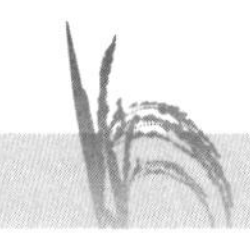

国家。政府、企业集团建立了很多农机科研和推广机构。1962～1970 年为农业机械化开始阶段，主要推广耕整地机械；1971～1980 年为扩大普及农业机械阶段，大力推广手扶拖拉机、水泵和脱谷机；1981～1990 年为全面实现机械化阶段，普及水稻栽插和收获机械。1980 年以后，随着韩国经济的高速发展和城市化进程的加快，农村劳动力转向城市和工业生产，农业人口不断减少，农村劳力老年化、妇女化的倾向日趋严重，但也为农业机械化的快速发展创造了条件。20 世纪 90 年代初，全国拖拉机拥有量达 80 万台，水田机械化程度达到 90%以上。韩国的水稻种植机械化只用了 20 年时间就达到了日本第二次世界大战后用 40 年时间达到的机械化程度。韩国的农业机械化，一是以适合家庭经营的小型机械为主体。韩国户均耕地面积 18 亩，大部分农户经营规模在 15 亩以下。二是根据水田占耕地面积 60%以上的国情，优先发展水稻生产机械化，在不到 10 年的时间里，基本实现了水稻生产全程机械化。三是农机投资渠道多样化。自 1970 年起，政府主要以低息贷款的方式支持农民购买农业机械，建立了农机化促进基金会，使发展农机所需资金有了基本保障。四是政府为提高农机利用率和减轻农民购机的负担，20 世纪 80 年代，提倡建立共同购机、共同利用机器的机械化营农团。营农团分 5 户或 5hm^2 的小型营农团和 10 户或 10hm^2 的大型营农团。政府对营农团购买的农机给予 50%的补贴、40%的贷款资金，使机械化营农团发展迅速，平均每 2 个村就有 1 个营农团。

韩国农业信息化起步较晚，但特别注重信息技术应用的实效。1994 年，政府推出了《农渔业振兴计划和农业政策改革计划》，旨在加强科技特别是信息技术对农业的支持，建立了比较完善的农业信息系统。农业技术信息数据库为农民和公众提供农业技术信息；农业土壤环境信息系统为农民提供详细的原始土壤图、土壤详图数据库、稻田和旱地土样分析等信息；农场信息技术系统主要向农场主、农户发布作物生长条件、农场全方位技术、害虫预测信息、农业标准设备的设计规划、特殊地点农户实用技术和农村生活等信息；农场生产环境信息系统提供实时天气预报信息；农民信息管理系统主要开发和提供农业管理项目。此外，韩国农业电子商务也极为发达。

韩国农业信息化的一个突出特点是利用多媒体远程咨询系统培训农民。政府采用先进的便携式摄像机和无线通讯设备进行田间演示教学，对农民进行技术培训，由专家现场解答农民提出的问题。政府还利用 Internet 会议系统，实施农村夜校教育计划，每年有 1 万左右的农民参加培训。10%以上的农民通过高速网络专线上网，设备费用由政府资助，上网费用由农民自己承担。没有家庭上网条件的农民，可以到附近的农业技术推广机构进行网上咨询。在振兴农业的过程中，农业信息技术发挥了重要作用，农作物的单产得到了较大幅度的提高。

（六）印度

印度是一个农业大国，拥有耕地面积 1.6 亿 hm^2，印度农业中小农经济占绝对优势，每个农户的经营规模较小，平均经营的土地规模为 1.68hm^2，但占农户总数 57.8%的边际农户的平均规模只有 0.39hm^2。为了解决耕地过于分散的问题，印度政府通过制定调

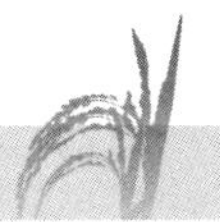

整土地、发展合作组织和扩大土地经营规模等政策使农民的所有资源得以充分利用。农业合作社是印度政府实现农业发展的重要手段。农民通过合作社，组织起来保护自己的利益，类型主要有农业信用、销售、耕种、牛奶、渔业、农产品加工、消费及住宅合作社等。印度农村也有从事工业生产的合作社，它们主要生产农业投入品和机械，对农业生产起到了积极作用。

20 世纪 60 年代，印度以扩大农业种植和浇灌面积、提高肥料使用率、提高农业机械化水平和提高粮食单产为重点，开展了农业的第一次绿色革命，收效明显。20 世纪 90 年代以来，印度加快农业机械化步伐，积极采用拖拉机进行耕地、播种、收割、机械排灌、手动与机动植保机械防治病虫害、机械脱粒等作业。但总的看来机械化水平还较低，只相当除美国外其他经济发达国家 20 世纪 50～60 年代的水平。印度政府采取贷款政策鼓励农机制造业发展。发动机、动力耕耘机、拖拉机、配套农具等产品制造都被置于优先位置，银行向拖拉机等农机制造厂贷款，年利率一般是 10%～15%。银行向农户提供年利率为 10%～12.5%购机贷款，90%以上的农民可通过贷款购买拖拉机、水泵等农机具，贷款额度可达购机款的 80%；同时在贷款方式上还采用“产品抵押”方案，农民将自己的农机具抵押给银行，即可从银行获得相当于产品价值 75%的贷款额，在贷款制度上限制经营面积在 0.8hm^2 以下的农户获得购机的贷款。

印度为了提高拖拉机和农机具的使用率，开展联合购置和出租经营活动。一般拥有 6～8hm^2 水稻田的农户联合起来购买 1 台拖拉机，除联合购买的农户自己使用外，还可租借给其他农户使用。印度政府在每个邦都设立了一个农机公司，农机公司除销售农机具外，也向农户出租农机具。

印度农业、农业机械化科研工作由印度农业研究委员会领导，隶属农业部农业研究和教育司。农业研究委员会下属 38 个中央级专业研究所、11 个国家研究中心、5 个科研项目指导委员会。研究所设置有水稻、棉花等作物研究所，以及农机研究所与农产品加工研究所等。地方科研系统以农业大学为中心，因此各邦不再设立地方性农科院，避免了重复研究和科研经费分配不均等现象。农机科研设计的重点是提高农机性能，研发能耗低、作业效率高的新机具，使之适合于印度的农业条件。在农业机械化研究方面，开展农机具适应性试验改进，研制配套农具；大规模推广大型农机具的出租，建立农机技术服务网；通过政府的农业机械化推广示范作用，加快农业机械化进程，提高农业生产效率。

印度在发展本国农业机械化过程中，充分利用外资和外援。印度在发展农业和农业机械化方面接受的外援数量之大、范围之广在第三世界各国中都是名列前茅的。外援的主要来源是世界银行和国际开发协会及美国、英国、法国、加拿大、日本、联邦德国、前苏联等 13 个国家。根据资料统计，世界银行和国际开发协会从 1949～1981 年对印度提供了 127.66 亿美元的贷款，占这 2 个机构对世界各国贷款总额的 13.8%。另外，印度还采用与国外合作生产方式和生产许可证制度，发展本国农机工业。目前，印度农业机械的进口主要来源于中国、日本、韩国、德国、意大利、西班牙、英国和美国。据估计，印度农业机械设备市场总金额大约为 66 亿美元，大部分采用国内生产的设备，进口的农用机械设备大约为 4.5 亿美元。印度农业信息化起步较晚，目前，印度人均信息基础设施水平比世界人均水平低，电话普及率为 4%，仅有 5%的农民拥有电脑。农业发展还

没有完成从传统农业向现代农业的转变，农业市场也没有形成，但是印度软件业呈高速发展态势。印度精准农业技术的应用处于起步阶段，但精准农业技术研究成为其国家农业创新工程的重要组成部分。该项目预计投资 2.85 亿美元，重点开展农业技术方面的创新性研究。分布在印度不同地区的 17 个精准农业发展中心（PEDC）正以不同方式在印度开展精准农业技术应用示范工作。

自“绿色革命”后，印度农业虽然经过了几十年发展，但农业现代化程度仍然不高。在农业内部，先进技术的应用大都局限于小麦和水稻，而其他粮食作物和经济作物仍被排斥在现代化的大门之外。在地域范围上，先进技术的应用仅限于西部少数几个条件较好的邦，在全国范围内的推广速度缓慢，成效并不明显。在生产方式上仍以传统的生产工具和手工劳动为主，机械化程度很低，现代化投入较少，85%的耕地依靠人畜力耕作，60%的耕地无灌溉设施，靠雨水灌溉。改良种子、化肥、杀虫剂等还没有得到广泛的运用，土地的生产率和劳动生产率远远低于世界平均水平。

（七）国外先进养殖业的概况

1. 生猪养殖

机械化及设施设备方面，国外生猪栏舍基本配套了较完善的自动喂料、自动清粪和自动环控设备。配种怀孕舍、分娩舍已基本采用成套饲喂设备。使用自动化送料设备既可以节省劳动力、降低劳动强度，又可以节约饲料，而且可以对下料量进行设置，控制母猪的采食量。

在国外机械化养猪中，猪舍环境控制自动化、饲料自动饲喂线、脂肪测定仪、妊娠测定仪和种猪个体饲喂技术得到了推广应用。猪舍清粪机械化趋向于采用缝隙地板下深粪沟或缝隙地板下水冲除粪等设施，经过多次沉淀分离后，清液经氯化消毒后排入水体或循环作畜舍清粪的水冲液。

2. 鸡养殖

国外白羽肉鸡养殖设备设施与国内差不多，均配置有水线、料线、散装料系统、环境控制系统、自动清粪等自动化设备设施，设备性能好，单栋鸡舍的养殖量、人均饲养量、建设投资都比国内高出很多。国外平养模式的单栋养殖量大概在 4 万只鸡，配置 1 名饲养人员，笼养模式的单栋养殖量在 5 万只鸡左右，配置 1 名饲养人员。马来西亚有一个养殖场，采用笼养模式，单栋养殖量 8 万只鸡，1 人管理 2 栋鸡舍，即单人饲养量达 16 万只鸡。

蛋鸡饲养趋向于高密度大型化。采用 6～8 层叠层笼养，实现了喂料、饮水、灭菌、光照、清粪和拣蛋自动化，全封闭鸡舍和饲养环境自动监测调节，并且配备蛋品自动化收集、分级、计数、装箱设备。肉鸡饲养机械化以环境调控、高速定量精确饲喂设备和消除应激反应为主。

3. 牛养殖

发达国家奶牛饲养的机械化程度很高，饲草收割、加工、饲喂、清粪、挤奶机械化程度几乎达 100%，环境控制机械化和我国类似，为 50%左右。

发达国家奶牛饲养的信息化程度总体比我国高，饲料给喂系统、育种繁育系统、疫病诊断与防控系统、奶牛场管理系统、自动挤奶系统、质量追溯系统应用率接近 100%，环境监控系统应用率较低，为 10%～20%。

发达国家肉牛饲养多以自繁自育为主，与我国架子牛集中育肥不同。发达国家机械化程度很高，饲草收割、加工、饲喂、清粪机械化程度几乎达 100%，但环境控制机械化较低。

4. 羊养殖

澳大利亚和新西兰是世界上主要的羊肉生产及出口国，2012 年澳大利亚生产约 65 万 t 羊肉，新西兰生产约 46 万 t 羊肉，两国 80%的羊肉都用于出口。由于发展中国家羊存栏数量的增加，以及全球养羊业生产效率的普遍提高，羊肉产量从 1965 年的 500 万 t 提高到了 2011 年的 820 万 t。但供需（主要为发展中国家市场）矛盾仍然突出，羊肉价格近年来增长迅速。以我国为例，目前羊肉价格约为 60 元/kg，为历史最高水平，基本与美国、加拿大羊肉价格相当。

在北美、大洋洲及欧盟的发达国家，养羊业基本实现了机械化，从粗饲料收获、青贮制备到全混合日粮（TMR）的投送都全程使用了机械，手工体力劳动很少。奶用山羊及奶用绵羊使用了与奶牛相似的挤奶设备。

机械技术、信息技术在畜牧场管理中的系统应用：整合计算机技术、电子技术、无线传感技术及机械硬件设备对养殖场进行全方位管理与控制已经成为近十几年来发达国家畜牧业发展的新特点。

通过信息化管理，以实现远距离信息传输：广泛应用于遗传育种过程中各种家畜数据采集、产品质量追述等。

畜舍加装监视系统：无需与家畜接触，就可以了解舍内动态，避免人畜接触形成交叉感染。

建立有担保的网上家畜交易平台：推广信息技术在畜牧业生产中的应用。

国家级、省级或地区级畜牧业信息平台建设：通过网络及视频传输与监控进行各种数据采集、疫情监控与行政管理。

5. 水产养殖

世界发达国家在水产养殖方面都具备了较高的机械化和信息化管理水平，如挪威三文鱼养殖机械化和信息化达到 100%；美国主要水产养殖品种虹鳟、斑点叉尾鮰，机械化和信息化接近 100%。

（八）典型国家与地区农业机械化和信息化的发展经验对我们的启示

1. 根据国情、因地制宜发展农业机械化

世界各农业发达国家和地区并不一定都是农业资源优越的国家，关键是根据自身条件发展农业。美国地域广阔，但他们并不盲目发展高附加值的农产品，而是靠机械化和信息化发展大宗低值农产品，取得了巨大成功，这对我国如何提高农民的种粮积极性是有参考价值的。澳大利亚的自然条件并不优越，土地荒漠化严重、水资源短缺，但他们依靠出口农产品使澳大利亚发展成了一个集生态农业、加工农业、出口农业和服务农业为一体的新型农业发达国家。日本、韩国和我国一样，人多地少，他们同样靠发展适合自身条件的农机化和信息化技术，发展中小规模农业机械化，成为了农业发达的国家。

2. 在全面完成农业机械化以后，向高水平机械化和信息化农业发展

纵观国外发达国家的农业机械化发展历程和取得的成就，不难发现，他们都是在发展机械化的同时，大力发展信息化建设，在全面完成机械化后，加速向农业信息化发展，取得了很好的效果。

2014 年中央一号文件提出要加快推进我国农业现代化，要求坚持传统精耕细作与现代物质技术装备相辅相成的原则。根据我国地少人多的特点和国外的经验，农业机械要实现现代化的精耕细作，信息化和智能化是关键。如前所述，我们要在 2020 年达到小康的目的，人均耕地需达到 24 亩，在此前提下保持精耕细作，没有高度信息化武装的精准农业机械是不可能的。精准农业的核心思想是采用信息技术，用变量作业方式来解决农田作物时空差异性，按需作业，达到节能减排、保护环境的要求。自从 100 年前开始推行农业机械化以来，整齐划一的大规模作业一直是农业机械化的标志。而精准农业技术将由大规模整齐划一作业转变到按需变量作业的阶段，这是一场农业机械化技术的革命。英国专家提出的用小甲壳虫智能型小拖拉机精耕细作的设想，值得我们学习。

3. 应对气候变化及环境保护等新形势，对农业机械提出绿色和节能减排要求

自 20 世纪末以来，发达国家开始注重在发展农业生产的同时，加大对资源和环境的保护。对农业机械及其使用提出了绿色和节能减排的要求，探索以绿色、智能和可持续为特征的新型农业机械化技术。

发达国家的经验表明，发展新型高效的发动机、大力开发复式作业机具以提高单位动力的工作效能，采用太阳能和风能等清洁能源，提高生物质材料的综合利用，发展精准农业以减少对化肥农药的使用，利用生物技术改造作物使农业机械能更高效节能地工作，等等，都是使农业机械能更好地实现绿色和节能减排的有效途径。

4. 交叉深入，农业机械与其他领域、技术结合发展

农机农艺结合向纵深发展，生物技术的应用可使农作物实现标准化生长，将为农业机械创造出新的工作方式。例如，将苹果树都培育成二维形态，为机械化高效生产创造了条件。

5. 人口老龄化，需要新的机器

随着人口寿命延长，农村劳动力老龄化，日本等国已开始重视开发适应的机具。我国农业也将出现这种情况，非常值得我们注意。

6. 其他

1）当前我国农村耕地丢荒的现象严重，欧美国家的耕地休闲与复耕技术值得我们学习。

2）荷兰在有限的土地资源上大力发展设施农业，采用信息技术，使该国的设施农业产品在世界上有广泛的市场，值得我们在发展设施农业时学习。

3）我国是一个严重缺水的国家，以色列发展节水农业的经验，值得我们学习，但它们是高投入的技术系统，如何根据我国国情发展，值得我们思考。

（九）小结

以机械化为基础和手段实现农业的现代化，在发达国家已是不争的事实。农业机械化是农业现代化不可逾越的必经之路，信息化是提升农业机械化水平的重要途径，发达国家的农业在机械化的基础上，借助信息化发展科学技术含量高的现代农业，实现了“精耕细作”和高产高效，非常值得我国的农业生产借鉴学习。不论是人少地多的北美洲和大洋洲，还是人多地少的日本和韩国，机械化与信息化的形式和道路可能不一样，但是用机器代替人畜力进行农业生产是一致的。因此，只有加快农业机械化与信息化的发展，才能使先进的农业科技成果得到大面积应用，才能加快农业现代化的进程。

五、可持续发展战略构想

（一）战略思路

围绕新形势下“以我为主、立足国内、确保产能、适度进口、科技支撑”的国家粮

食安全政策和可持续发展战略，按照“稳粮增收、提质增效、创新驱动”的要求，适应我国由粮食和经济作物为主的“二元结构”向粮食作物、经济作物、饲料作物的“三元结构”调整的需要，以转变农业发展方式、提升发展质量效益为主线，以机械化和信息化相结合、农机农艺相融合为抓手，协同推进食物生产机械化与信息化发展。

充分发挥农业机械化的引领带动作用，采用两步走战略。第一步实现主要粮食作物、主要环节的机械化生产向食物生产全程全面机械化推进，粮食安全向食物安全的转变；第二步完成机械化农业目标，进一步转变生产方式，大力发展高效、优质、合理利用资源、环境友好的可持续发展的机械化和信息化农业，向农业机械及生产管理的深度信息化发展，从资源低效利用的粗放型机械化生产方式向资源高效利用和环境友好型机械化、信息化生产方式转变。

（二）战略目标

加速食物生产方式向机械化和信息化转变，以机械化发展引领和带动农艺制度的改革，带动农业现代化发展和农业生产方式改变；以信息化技术提升农业机械化水平，实现食物生产技术和装备的智能化和节能环保，最终实现生产手段智能高效、生产资源节约持续、食物供给安全优质的目标，促进农牧结合，提升农业可持续发展能力。

1. 第一阶段（2020年以前）

到2020年，主要农作物耕种收综合机械化水平提高到70%以上（表31），充分发挥机械化生产方式的优势。主要粮食作物、主要环节的机械化生产向农业生产全程全面机械化推进，大力提高园艺和经济作物耕种收综合机械化水平，实现粮食安全向食物安全的转变。

表31　2020年和2030年农业机械化水平（%）

发展产业/项目名称			2013年	2020年	2030年
农作物耕种收综合机械化水平			59.48	70	80
粮食	水稻	耕种收综合机械化水平	73.14	75	85
	小麦	耕种收综合机械化水平	93.71	95	98
	玉米	耕种收综合机械化水平	79.76	85	90
	马铃薯	耕种收综合机械化水平	37.34	50	60
	大豆	耕种收综合机械化水平	62.93	75	85
棉油糖等主要经济作物	棉花	耕种收综合机械化水平	61.06	65	75
	油菜	耕种收综合机械化水平	39.18	50	60
	甘蔗	耕种收综合机械化水平		40	50
	花生	耕种收综合机械化水平	50.49	55	65
	果茶桑	耕种收综合机械化水平		40	50
	设施园艺	耕种收综合机械化水平		40	50
养殖业	畜牧业	综合机械化水平		40	50
	水产养殖业	综合机械化水平		50	60
农产品初加工		综合机械化水平		45	60

1）粮食生产主要环节基本实现机械化。水稻耕种收综合机械化水平总体达到 75%，田间管理机械化水平得到快速发展，干燥机械化得到大面积推广应用，基本实现水稻生产全程机械化。小麦耕种收综合机械化水平保持 90%以上，播种机械和收获机械实现升级换代。小麦优势发展区域的黄淮海区域、长江中下游区域和大兴安岭沿麓区域实现全程机械化；西北冬春麦区耕种收综合机械化水平达到 85%以上、西南冬小麦区耕种收综合机械化水平达到 80%以上，西北冬春小麦区和西南冬小麦区基本实现田间作业全程机械化。玉米耕种收综合机械化水平达到 80%，基本实现全程机械化。马铃薯和大豆耕种收综合机械化水平分别达到 50%和 75%（表 31）。

2）棉、油、糖等主要经济作物生产机械化水平大幅度提高。棉花、油菜、甘蔗、花生、果茶桑、设施园艺耕种收综合机械化水平分别达到 65%、50%、40%、55%、40%和 40%（表 31）。麻类作物生产机械化有明显进步。

3）养殖业生产机械化快速发展。畜牧业综合机械化水平达到 40%，饲草生产、智能饲喂、机械挤奶、机械清粪得到快速发展；水产养殖业综合机械化水平达到 50%，增氧、投饲、清淤和捕捞环节机械化快速发展（表 31）。

4）农产品初加工机械化取得明显进展。加快推进农产品初加工机械化，农产品初加工综合机械化水平达到 45%（表 31），促进农产品加工业持续健康发展，有效保障农产品品质和安全。

5）饲料作物生产机械化取得突破性进展。大力推进青贮饲料、牧草、饲料玉米生产机械化，特别是饲料作物收获及储藏加工机械化水平。

6）农业机械化发展布局进一步优化。构建并不断完善不同区域的机械化农业生产技术体系，大力推进丘陵山区机械化；强化农机化科技创新，全面提升农机工业生产制造能力和自主创新能力；完善农机社会化服务体系，探索适合不同经营规模的机械化和信息化服务模式，提高农业生产效率和综合能力。

7）信息化技术在食物生产中的应用水平得到进一步提升。进一步提高信息化技术在主要粮食作物、经济作物、畜禽水产、设施园艺生产中的应用，积极发展精准农业技术，提高精准播种、精准施肥、精准施药、节水灌溉、环境控制、作业管理等方面的信息化水平，加快由粗放经营、资源低效利用的生产方式向高效、低碳、循环、环保的资源高效利用和环境友好的机械化、信息化生产方式转变。

2. 第二阶段（2030 年以前）

到 2030 年，农作物耕种收综合机械化水平提高到 80%（表 31）。实现由农业机械化高级阶段向机械化和信息化农业的转变，农业机械装备加工制造、生产作业、监管服务实现信息化。

1）主要作物机械化生产全面发展。粮食作物生产基本实现全程机械化。水稻、小麦、玉米、马铃薯、大豆耕种收综合机械化水平分别达到 80%、95%、85%、60%和 85%；田间管理机械化、干燥机械化水平大幅提升。棉、油、糖等主要经济作物生产关键环节机械化水平显著提高，棉花、油菜、甘蔗、花生、果茶桑、设施园艺耕种收综合机械化水平分别达到 75%、60%、50%、65%、50%和 50%（表 31）。

2）养殖业生产关键环节基本实现机械化。畜牧业、水产养殖业综合机械化水平分

别达到50%和60%，自动喂食、机械挤奶、机械清粪、环境控制，以及增氧、投饲、清淤和捕捞环节机械化全面发展（表31）。

3）农产品初加工机械化水平显著提升。农产品初加工综合机械化水平达到60%（表31），大幅提升粮食烘干储存、果蔬商品化处理能力，实现农产品规模化、标准化、专业化生产，打造一批农产品知名品牌，大力提升农产品附加值和农产品安全保障能力。

4）区域农业机械化全面推进。形成适合不同作物、不同区域机械化生产的机械化农业生产技术体系，丘陵山区机械化体系初步形成，机械化水平显著提高。

5）形成完善的政产学研推农业机械化科技创新体系。农机企业的自主创新能力和制造能力显著增强，与国外农机产品的差距显著缩小，逐步形成适合不同作物、不同区域机械化生产的农机系列产品。

6）信息化技术在食物生产中广泛应用。信息化技术在农业全产业、全过程、全系统得到普遍应用，实现信息获取实时化、信息传输网络化、管理决策智能化、田间作业精准化，动物饲养精细化，农产品供应链管理与质量安全监管数字化，提升农机智能化水平，有效提高水、肥、药利用效率和降低机械化作业损失率，进一步促进节能降耗，努力提高资源有效利用。

（三）发展重点

1. 第一阶段（2020年以前）的发展重点

探索和建立主要作物全程机械化生产模式，实现生产技术初步集成、资源要素配置与利用水平显著提高，生产力和生产关系协调发展，社会、经济及生态效益明显提高。

1）主攻大宗作物薄弱环节机械化。构建主要农作物机械化生产技术体系，积极推动农机农艺融合；重点解决水稻、玉米、马铃薯、棉花、油菜、甘蔗、水果、蔬菜8种作物生产薄弱环节的机械化，特别是水稻种植、玉米收获、马铃薯种植与收获、棉花采摘、油菜种植与收获、甘蔗种植与收获、水果与蔬菜种植与田间管理机械化、蔬菜设施化生产等。

2）大力发展精准农业技术。重点解决种、肥、药精准施用，推广激光平地和农业航空应用技术，提升农机信息化和田间作业质量效率，实现化肥农药减施与资源高效利用。

3）大力提升新型高效农机装备生产制造能力。重点突破多功能、智能化、经济型高效节能动力和配套农具技术，全面提升数字化设计和高端制造能力。

4）加快发展丘陵山区农业机械化技术及装备。重点解决适应丘陵山区机械化作业的轻简化动力底盘和作业机具。

5）大力推进畜禽与水产养殖业机械化。重点解决环境控制、智能饲喂、疫病防控、废物处理、信息化管理和饲草生产机械化。

6）促进大宗粮食作物和鲜活农产品初加工机械化。重点发展粮食烘储和果蔬商品化处理等产地加工技术和运输冷链技术，在农产品初加工和冷链运输机械装备重大关键技术创新能力和推广应用能力上实现重大提升，实现减少损失、保证品质、增加效益的目标。

7）大力推进设施园艺机械化。大力发展基于清洁能源的设施园艺机械，特别是种、管、收和土壤处理机械。

8）完善农机社会化服务体系。大力发展农机物联网技术，建立农机作业工况监测服务平台；培养新型职业农民，探索适应不同经营规模的农机化与信息化服务模式。

2. 第二阶段（2030 年以前）的发展重点

围绕新形势下国家粮食安全和可持续发展战略，形成科学、合理的机械化农业区域布局，完善机械化农业生产技术体系和适合不同作物、不同区域机械化农业生产模式及装备配备方案；进一步加强农机农艺融合和机械化信息化融合。大力发展智能化农机装备，特别是农业机器与农艺融合互作机制及配套装备、现代种植业智能化农机化技术与装备、现代畜禽水产业健康养殖设施与技术装备、农产品产地商品化处理关键技术与智能装备，建立全行业农业和农机信息服务体系，全面提高农业机械的设计、制造、作业、管理等环节的信息化水平，努力实现农业生产提质增效和培养新型农民。

（四）发展战略路线图

发展战略路线图如图 21 所示。

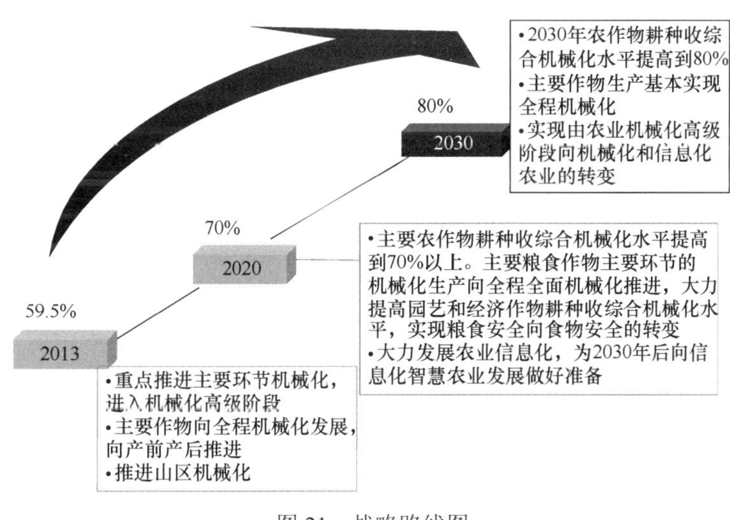

图 21　战略路线图

六、发展对策与政策建议

（一）发展对策

围绕实现食物生产全程全面机械化，大力推进食物生产的规模化、机械化、信息化、

专业化、标准化、社会化和安全化。规模化是提高食物生产效率的基础，机械化是食物生产的技术保障，专业化和标准化是机械化的基本要求，社会化是食物生产的组织保障，安全化是食物生产的要求，信息化是“六化”的重要支撑。“七化”协调推进，是实现新形势下国家粮食安全和可持续发展战略的重要基础。

1. 大力发展农田建设机械化装备，促进农业基础建设

大力发展农田建设机械化装备，推进高标准农田建设。在规模化农田整治的基础上，开展大规模农田水利设施建设，提升田、土、水、路、林、电、管的整治水平，为新增千亿斤*粮食生产能力提供技术支持；着力构建不同经营主体需求的机械化生产模式，促进新型农业经营主体发展，推进土地流转。

2. 加快食物生产全程全面机械化，促进产业结构调整

围绕粮、棉、油、糖等主要作物和主要生产区域，探索主要农作物生产全程机械化模式并推广应用。以连片示范、全面提升为目标，加快普及应用成熟的主要粮食作物全程机械化生产技术；以突破瓶颈、探索模式为目标，示范推广棉、油、糖等经济作物全程机械化生产技术；大力推进饲草机械化生产，以食物生产的产业化和规模化促进粮食作物、经济作物二元结构向粮食作物、经济作物、饲料作物三元结构调整的需要，实现“三元结构”全程全面机械化。

3. 加强农机化科技创新，支撑农业现代化发展

进一步明确农业机械化科技创新的公益性、基础性地位，构建支持农业机械化科技创新的稳定投入机制，支持相关科研机构和院校加强农业机械化科学技术研究，开发先进适用的农业机械；建立以政府为主导、项目为纽带的政产学研推的农业机械化协同创新机制，设立农机科技重大专项，围绕产业链，完善资金链，构建价值链，提高农业机械化协同创新水平；支持农业机械科研、教学与生产、推广相结合，促进农业机械与农业生产技术的发展要求相适应；做好农业机械化科技创新的顶层设计，实现主要粮食作物和经济作物全覆盖、产前产中产后全环节、平原地区丘陵地区机械化都兼顾的协调推进格局，促进粮食增产、农业增效、农民增收。

4. 加强农机信息化建设，提升农业机械化水平

以信息化技术进一步提高农业机械化水平，包括采用智能农业机械和以信息化为特征的农业机械化生产和管理方式。大力提高水稻、小麦、玉米等大田作物生产的主要环节、设施园艺和畜禽水产生产全程信息化水平；促进农业信息获取、智能决策，以及农业物联网、精准技术装备等在农业产前、产中、产后各环节的应用；大力提升农业企业、

---

* 1 斤=0.5kg。

家庭农场、农民专业合作社等农业生产经营主体信息技术应用能力；快速发展农产品电子商务，显著提高农产品质量和效益。

5. 支持农机工业发展，提升农机企业创新能力

坚持自主开发和引进、消化、吸收、再创新相结合的发展道路，逐步建立以企业为主体、市场为导向、产学研相结合的农机工业技术创新体系，加快产业升级和产品更新换代，增强农机工业自主创新和核心竞争力；优化农机工业产业组织结构，提高农机产业集中度，形成若干个具有先进制造水平和较强竞争力的大型企业集团和产业集群。提升关键基础性技术的创新能力，提高农机产品的先进性、适用性、安全性、可靠性、科技含量和售后服务水平。

6. 创新农机社会化服务体系，提升农业综合生产能力

推进农机服务组织建设，提高社会化服务水平，创新农业机械化服务组织形式，大力发展农机专业合作社，培育发展一批设施完备、功能齐全、特色鲜明的示范农机合作社，带动大型、复式、高性能农机和先进农业技术的推广应用。鼓励发展农机合作社、家庭农场、专业大户和联户合作，促进农机服务主体多元化。培育农机作业、维修、中介、租赁等市场，扶持引导各类农机服务组织购置先进适用的农业机械，提高农机购置补贴资金使用效率、农机作业效率和农机具利用率。建立农机社会化信息服务平台，提升监管、调度和服务水平。

（二）政策建议

1. 加强顶层设计，加大对农机化科技创新的支持力度

1）加强农机化科技创新的条件建设，发挥高等院校、科研机构和生产企业的各自优势，分工协作，提高自主创新能力。加大对农业机械化学科群建设及基地平台建设，增加基于农机农艺融合的机械化生产技术体系、基础性共性技术的研究投入。建议增设土壤-机器-作物系统的互作规律、农机载荷谱、设计理论基础研究、基础工艺/材料/部件、电控、液压等共性技术研究国家级重点实验室，为基础性共性技术研究和人才培养创造条件。

2）加强农机化科技队伍建设。建议：一是增加农业产业体系中的农机岗位专家，将目前体系中的农机岗位专家由现在的不到3%增加到10%，包括农机化技术研发、管理运用及技术经济方面的专家，加强基于全程化、全面化的农机装备区域与布局研究；二是加强农机化技术推广队伍建设，鼓励高校毕业生从事农机化技术推广工作，并提供相应待遇；在高校和科研机构增设农机化推广研究员岗位，充实农机化技术推广力量。

2. 强化农机化财政扶持力度

优化制度设计，加大补贴力度，完善农机化财政扶持体系和强化扶持力度。一是创新农机购置补贴机制。进一步发挥和强化市场在资源配置中的作用，全面推行重点补贴机具类型下的普惠制，强化补贴高性能、先进的农业机械，集中引导和推广粮、棉、油、糖等大宗农作物关键环节生产机械及产后处理机械，提高生产效率，降低生产成本，提高产品附加值，提高政策的指向性和针对性。二是推进相关配套政策措施的出台，共同构建完善的政策扶持体系。加大农机作业补贴支持力度，由目前已实施的农机深松整地作业补贴，建议延伸至其他作业领域，如秸秆还田、高效植保、工厂化育秧和机插秧、油菜种植与收获、甘蔗/棉花机械化收获等作业补贴；实施农用燃油补贴和农用燃油税减免制度；对农业生产急需的新产品、新技术，以及农机化基础设施建设（如农机库、棚建设等）实施补贴政策；此外，配套政策扶持体系有待进一步完善。对农业机械化技术试验示范推广、安全监管、技术培训、农机企业技改和科技创新等给予进一步的倾斜政策。

3. 加快农机金融体系建设

推动农机金融信贷发展并将其作为农业机械化配套扶持政策的重要组成部分。构建完善的农机化金融信贷体系。开展农机租赁、贷款、贴息、保险等金融服务，创新抵（质）押担保方式，并将农机相关的金融活动制度化，逐步建立健全农机交易市场，使农机拥有者在食物生产中的经营方式更加灵活。通过农机金融租赁业务加强农机购置者的购机能力，通过创新型抵（质）押担保方式，建立支农惠农过程中的良好金融秩序，解决现阶段购机中部分购机者购机款项不足而造成的无法购机问题。鼓励农村信用社、相关金融机构设立农机信贷、租赁业务，财政对农机信贷、租赁、保险等予以贴息补助，增强农机合作社等服务组织的发展潜力，促进现代农业发展。

4. 加强农业工程人才培养和职业教育

一是在农林院校实施卓越农林教育培养计划，进一步办好涉农学科和专业。加大高等学校对农村经济落后地区的定向招生力度和优惠政策，对攻读农业工程的定向培养学生实施减免学费的政策，鼓励毕业生到农村工作。二是农业工程招生名额向生产一线倾斜，向村干部、农民专业合作社负责人和农机大户等农村发展带头人倾斜，在当前农村农机人员匮乏及文化素质偏低的情况下，创建这些人员的特种班，破格培养农村农业机械化急需的高等人才。三是恢复和扶持农机职业教育，加快中等职业教育免费的进程，鼓励涉农行业兴办职业教育，努力使每一个农村后备劳动力都掌握一门技能。四是广泛开展基层农技推广人员分层分类定期培训，加大农村教育投资力度，建立农民教育培训补贴制度，保证农民免费接受教育，壮大农机推广队伍。五是加强基层农机站建设，强化基层农机化技术推广人才队伍建设。

专题研究

专题一

粮食生产方式向机械化和信息化转变战略研究

一、引　　言

（一）本研究在项目中的作用和粮食在食物安全中的地位

本研究是中国工程院“国家食物安全可持续发展战略研究”咨询项目课题八（专题1）中“食物生产方式转变战略研究”专题。

我国粮食作物主要包括水稻、小麦、玉米和马铃薯等，大豆通常视为油料作物。本研究从机械化和信息化共性的角度考虑，将大豆作为粮食作物一并进行研究。因此，本研究中的粮食包括水稻、小麦、玉米、马铃薯和大豆。本部分的研究是在对各种作物的生产方式转变问题分别进行研究的基础上，再汇总归纳后形成的综合报告。

1978～2012年，我国三大主要粮食作物（水稻、小麦、玉米）的播种面积和产量情况如图1.1所示。

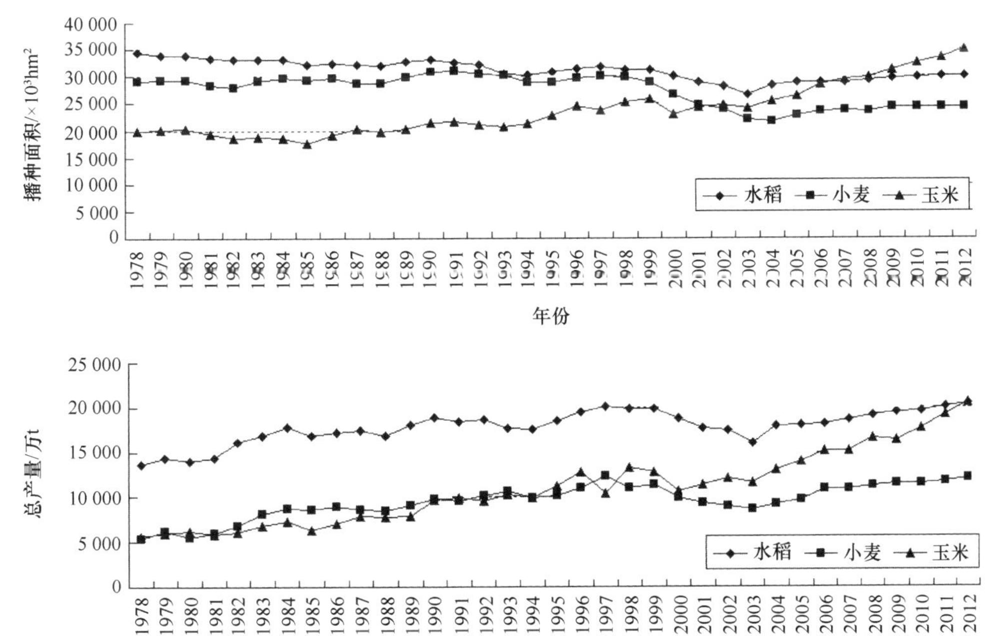

图1.1　中国主要粮食作物面积和产量比较（1978～2012年）（《中国统计年鉴2013》）

图 1.1 表明，过去 30 多年中，中国水稻和小麦产量增加，但面积稳中有降，只有玉米产量和面积均稳步增长，且年均增长幅度高于小麦和水稻。1978～2012 年，中国水稻和小麦产量分别从 1.37×10^8t、5.384×10^7t 增长到 2.04×10^8t、1.21×10^8t，年均增长率分别为 1.4%和 3.56%，低于玉米年均 7.64%的产量增幅。2012 年中国玉米产量首次超过稻谷产量，成为产量最大的粮食作物。从种植面积来看，中国玉米种植面积 2002 年超过小麦种植面积，2007 年超过水稻种植面积。玉米种植面积占粮食种植面积的比例从 1980 年的 17.13%提高到 2012 年的 29.60%。从表 1.1 可看出，2012 年，全国粮食总种植面积为 9.5165×10^7hm^2，粮食总产量为 6.13×10^8t。其中玉米总面积和总产量位居第一，但玉米单位面积产量依然低于水稻。

表 1.1　2012 年全国粮食生产情况（《中国统计年鉴 2013》）

作物	播种面积/hm^2	总产/t	单产/（t/hm^2）
玉米	3.5030×10^7	2.06×10^8	5.88×10^3
水稻	3.0137×10^7	2.04×10^8	6.73×10^3
小麦	2.4268×10^7	1.21×10^8	4.99×10^3
马铃薯	0.5730×10^7	0.82×10^8	14.4×10^3

中国粮食产区分布很广，从南到北，从东到西，跨度很大，适宜种植的地区十分广泛。总体上来说，小麦生产已经形成黄淮海、长江中下游优势主产区；玉米除东北和内蒙古优势主产区外，由于旱作节水技术的应用，西北地区玉米已发展成为全国玉米第三大主产区；水稻生产初步形成东北单季稻、长江中下游稻麦轮作区和华南双季稻三大优势主产区；黑龙江和吉林为大豆优势主产区；长江中下游地区为油菜籽主产区；新疆、黄河中下游为棉花优势主产区，广西、云南、粤西琼北为三大甘蔗优势主产区等。

粮食生产的广泛性，决定了我国粮食生产方式的多样性，各种作物之间的差异也较大。从粮食种植制度上看，主要分一年一熟制、一年两熟制和一年多熟制。从粮食种植方式上看，主要有直播和移栽两种形式，其中水稻以移栽为主，玉米、小麦、马铃薯、大豆以直播为主。

近年来，随着社会经济的发展，农村劳动力不断减少且日趋老龄化，粮食生产成本逐年提高，劳动力成本已成为粮食生产成本的主要部分之一。虽然我国以人畜力为主的粮食生产方式已经开始改变，但生产效率还不高，种植粮食的比较效益较低，农民生产粮食的积极性不高。这些因素都对我国粮食安全构成了威胁。因此，转变粮食生产方式、减少劳动力投入、减轻劳动强度、减本增效、提高粮食综合生产能力和效益、促进粮食产业可持续发展是摆在我们面前的重要课题。机械化和信息化代表了当今世界农业先进生产方式的发展方向，因此，研究粮食生产方式向机械化和信息化转变的必要性及如何转变的战略构想具有十分重要的意义。

（二）本研究的具体研究内容

本研究是粮食生产方式转变战略研究分专题（包括水稻、小麦、玉米、大豆和马铃

薯)。主要围绕如下两个问题开展研究。

1)我国粮食生产方式为什么要向机械化和信息化转变?

2)我国粮食生产方式如何向机械化和信息化转变,即如何由低水平的生产方式向高水平的生产方式转变?

具体研究内容如下。

第一,粮食生产方式向机械化和信息化转变的必要性。

第二,粮食生产方式现状,包括成绩、经验、存在的问题和面对的挑战等。

第三,粮食生产方式未来 10 年、20 年,甚至更远的发展趋势和需求分析。

第四,国际上,粮食主要生产国在粮食生产方式方面的经验及为我国生产方式发展提供的借鉴。

第五,粮食生产方式如何向机械化和信息化转变的战略构想,包括至 2020 年、2030 年的发展目标和战略对策。

第六,重大保障措施和政策建议。

二、我国粮食生产方式向机械化和信息化转变的必要性

(一)提高劳动生产率要求粮食生产方式向机械化和信息化方向转变

以信息技术武装的机械化生产方式是社会生产方式发展到一定阶段的产物,代表着当前人类生产方式的最高阶段,极大地提高了社会生产水平。发达国家和先进地区的发展经验表明,伴随着机械化和信息化的发展与完善,农业劳动生产率得到了很大提高,如美国的劳动生产率,从 20 世纪初到 21 世纪初,发生了巨大的变化,如表 1.2 所示。

表 1.2 美国历年农业劳动生产率相关数据

年份	劳均负担耕地面积/hm^2	劳均生产粮食/t	劳均生产粮食可供养人/人
1886	—	—	2.5
1910	12	8	—
1940	17.87	9.8	—
1960	28	—	—
1975	—	68.25	—
1980	41	—	79
2004	61.42	137.15	128
2012	64.36	148.11	—

数据来源:杨敏丽(2015);沪农(2004)

在我国,农垦是农业的重要组成部分,我国农垦的农业机械化发展水平相对较高,人均负担粮食播种面积相对较大,劳动生产率较高,农民人均纯收入也都高于全国其他地区的水平。据《中国农垦统计年鉴》和《中国统计年鉴》,2013 年,全国农垦人均负

担粮食播种面积为 2.03hm^2，其中黑龙江农垦和新疆（兵团）农垦人均负担粮食播种面积为 6.21hm^2 和 0.78hm^2，远高于全国 0.344hm^2 的平均水平。全国农垦、黑龙江农垦和新疆（兵团）农垦的人均纯收入分别为 12 318 元、22 891 元和 14 313 元，都远高于全国 7916.58 元的平均水平（国家统计局，2013）。

因此，从提高劳动生产率的角度看，我国粮食生产方式必须向机械化和信息化方向转变。

（二）提高资源利用率要求粮食生产方式向机械化和信息化方向转变

粮食生产需要特定的资源，包括土地、水、种子、化肥、农药等。资源的利用效率反映了生产水平的高低，体现了生产方式是否可持续。

从国际比较看，我国农田化肥施用量是美日等国的几倍甚至十几倍，而每吨化肥生产的谷物则远低于这些国家（表 1.3）。

表 1.3　我国农田化肥施用量与美国、日本、澳大利亚的比较

	中国	日本	美国	澳大利亚
2009 年化肥用量/（kg/hm^2）	503.9	291.0	109.4	35.0
2010 年谷物产量/化肥用量/（万 t/万 t）	49 773.5/5 739.8	1 136.3/112.0	40 167.0/1 965.6	3 350.6/239.9
每吨化肥生产谷物/t	8.67	10.15	20.43	13.97

注：2010 年，世界平均每吨化肥生产谷物为 13.77t

数据来源：《国际统计年鉴 2013》

可见，现阶段我国农业生产的资源利用效率不高，农业生产可持续能力还需大力改善和提高，国外发展经验表明发展农业机械化和信息化是改变这种状况的根本手段。

国内的发展经验也证明了这一事实。20 世纪中叶以后，我国农业科技取得了一系列重大突破，技术先进的播种机能一次性完成开沟、播种、施肥、覆土、镇压等工序，不但比一般播种机省种 30%～50%，提高了出苗率和出苗整齐度，并可节省 60%的化肥；控制灌溉技术可节约 30.5%左右的水资源，提高约 9%的水稻产量；采用智能型喷雾机喷雾，在空隙处自动停止作业，可节省 30%～40%的费用，并减少无效喷雾对空气和环境的污染；先进的联合收割机上装有自动监视和调节系统，作业中机器能根据地形和作物情况自动调节前进速度和割茬高度等，保证了收割质量，大大减少了收割损失。

因此，发展机械化和信息化，转变粮食生产方式，是提高我国粮食生产中资源利用率、促进可持续发展的必然之路。

（三）提高土地产出率要求粮食生产方式向机械化和信息化方向转变

中国是人口大国，人均耕地面积远低于世界平均水平。因此，提高土地产出率是保

障粮食安全的根本。

据 FAO 数据，2011 年，我国水稻、小麦、玉米、大豆和马铃薯的单产在世界中的排名分别为第 12 位、第 23 位、第 39 位、第 34 位和第 85 位。就水稻而言，2011 年我国水稻单产为 6686kg/hm^2，远低于埃及（9567kg/hm^2）和美国（7920kg/hm^2）。整体而言，我国粮食生产的单产水平都相对较低，还有很大的发展空间。

据研究，我国粮食单产较低的一个最根本的原因是农田整体质量较差。例如，我国水稻生产面积 60%以上为中低产田，难以满足水稻生长对水肥与精耕细作的要求，严重影响水稻高产的发挥。发达国家农业现代化的经验表明，高水平的现代农业生产都是建立在高水平的农田基本建设基础之上。因此，要提高土地产出率和实现我国农业现代化，就必须对农田进行全面整治，改造中低产田，这些只有靠机械化才能实现。

通过发展机械化提高单产，国内已有一些成功的先例。1949 年，北京地区粮食单产为 1500kg/hm^2，20 世纪 60 年代解决了灌溉问题后单产成倍增加，70 年代后期通过推进机械化生产，改为两年三熟后单产增至 6759kg/hm^2，90 年代基本解决主要生产环节机械化问题后，实现了一年两熟，单产增加至 15 000kg/hm^2，单产比 1949 年增加了 10 倍。如果没有机械化的生产，这是无法想象的。

因此，从提高土地产出率的角度看，发展粮食生产机械化和信息化也是历史的必然。

（四）保证食物安全要求粮食生产方式向机械化和信息化方向转变

粮食安全问题是世界性问题，自从加入 WTO 以后，中国的粮食安全问题除了从国内的角度考虑外，还必须从国际的角度考虑。站在国际视野的高度来审视，食物安全包括数量安全、质量安全和国际竞争力安全。对我国而言，这三者都面临着巨大的挑战。

数量安全方面，中国是人口大国，中国粮食市场的稳定对世界粮食市场的稳定起着重要的支撑作用。近年来，中国各主要粮食品种的进口量都在逐年增加。这无疑是在给我们一个信号，我国的粮食生产在数量方面还存在着安全隐患。

调研发现，现阶段，我国农民，特别是种植规模偏小地区的农民的种粮积极性不高。以水稻为例，据湖南和广东等地的实地调研发现，尽管政府大力限制“双改单”，但由于比较效益低下，水稻“双改单”的现象依然存在且比例不小。据湖南宁乡的调查，农民种 1hm^2 水稻，在正常条件下，早稻可获纯收益 1500 元左右，一季中稻 4500 元左右，晚稻 3000 元左右，如果遇到气候灾害或市场不利，农民种稻还要亏本。而一个 3 口之家农户水田的总面积还不到 0.2hm^2，一年种稻的纯收益充其量不到 1000 元。如果外出务工，工酬通常为 150～200 元/日。也就是说，一个农民外出务工大约一周时间，就能赚到一家（3 口人）种稻一年的纯收益。如此微薄的收益，使农民不愿种稻，即便种稻也不愿意种双季稻。龙国项（2009）对湖南衡阳的调研结果表明，每公顷双季稻纯收入为 5175 元，而每公顷一季稻纯收入为 6000 元，种双季稻不如种一季稻划算。广东省农业科学院科技情报研究所对广东汕头、江门、茂名、惠州、韶关等 5 个地市 152 个调查

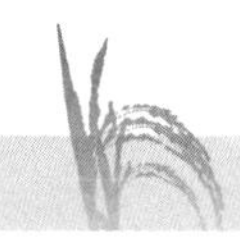

户的调查数据显示（万忠等，2012），2008 年、2009 年和 2010 年广东每公顷稻谷总产值分别为 12 904 元、14 065 元和 15 506 元，总成本分别为 15 247.95 元、16 063.95 元和 16 642.95 元，净利润分别为–2343.9 元、–1998.9 元和–1077.9 元，都为负值，农民种稻普遍存在亏损现象。由此可见，我国水稻种植的比较效益低下已严重影响农民水稻生产的积极性，不仅稻谷产量存在潜在的数量安全问题，而且其他粮食作物在种植规模偏小的地区也都存在这个问题。粮食是人民生活的最基本保障，世界各国的粮食都是低值农产品。在贫穷国家，靠低资源投入的人工粗犷生产来保持低产出但低价的粮食生产；发达国家则主要依靠大规模高效的机械化生产，达到粮食生产高产低价的效果。我国目前进入了粮食生产劳动力短缺价高，但又必须保持土地高产出的发展阶段，唯有规模化经营、机械化作业才是解决我国粮食生产问题的根本出路。

质量安全方面，随着生活水平的提高，人们对粮食的品质要求更高。人们对食物的消费需求已逐渐从满足温饱向满足美味和吃得营养等方向转变。这就给粮食生产提出了新的要求，即粮食品质要好、结构要合理。例如，市场上，优质有机大米的价格约 30 元/kg，而普通的大米价格为 6 元/kg。从泰国进口的优质香米比国内的普通大米价格高 2 倍。这些都说明，质量安全是消费者更关注的问题。

然而，人工作业往往很难保证农产品在生产过程中的质量。仍以水稻为例，目前我国水稻生产中的种植、田间管理和干燥等环节还是以人工作业为主。在种植环节，杂交稻、超级杂交稻和双季稻区的连作晚稻的机械化育插秧技术还没有得到有效解决，需人工完成，而杂交稻的种植面积约占我国水稻种植面积的 60%，双季稻和单双混作种植区的面积也超过水稻总种植面积的 60%。在田间管理环节，由于人工操作的粗放性和随意性，化肥和农药的利用率不高，大量残留物遗留在土壤和水体中，对环境造成了污染，高浓度的农药和重金属等被稻谷吸收，对稻米质量构成了威胁。据分析，在 2013 年湖南“镉大米”事件中，水体污染是主要原因之一。在干燥环节，由于主要采用自然晾晒的方式，霉变、鼠害、鸟害等减损了稻谷产量。据统计，我国粮食收获后在脱粒、晾晒、储存、运输、加工、消费等过程中的损失高达 18%左右，远远超过了联合国粮食及农业组织规定的 5%的标准。在这些损失中，每年因气候导致谷物来不及晒干或未达到安全水分发生霉变、发芽等造成的损失比例高达 5%。

国际竞争力方面，我国粮食的国际竞争力正在逐渐减弱。据《国际统计年鉴 2013》和 FAO 数据库，我国稻谷产量占世界稻谷产量的比例已由 1978 年的 36.4%递减到 2012 年的 22%。近年来，随着农村劳动力成本的增加，我国原有的低生产成本下的稻谷和大米价格竞争优势已逐渐减弱。据业内人士反映：“进口大米加上运费、关税等的到岸价格才 2.8～3.4 元/kg，进口普通米比国内普通米的价格平均每千克低 0.6 元，多的甚至低 1 元”。海关数据显示，越南、巴基斯坦等地的大米到岸价格约 3.2 元/kg，而我国南方地区早稻米出厂价约 3.6 元/kg，中晚稻米出厂价在 3.8 元/kg 左右。

综上所述，无论是从粮食的数量安全、质量安全，还是国际竞争力安全，都警示我们必须加快生产方式的转变，而大力发展机械化和信息化则是适应当前粮食生产方式转变的必然选择。

（五）培育新型农业经营主体要求粮食生产向机械化和信息化方向转变

未来谁来种粮？这是我国粮食生产方式转变必须考虑的问题。自家庭联产承包责任制实施以来，以一家一户为单位的生产方式，曾经为我国的粮食生产作出了巨大的贡献。但随着时代的变化，这种小规模分散经营模式的弊端逐渐显露。培育新型农业经营主体，转变生产方式，稳定和发展水稻生产已是关乎粮食安全的重要问题。

综上所述，用现代机械装备和信息技术，可以从根本上改变我国粮食生产增长方式，提高劳动生产率，解决劳动力结构性矛盾问题；可以提高土地产出率，大幅度提高粮食的市场竞争力；可以提高资源利用率，确保我国有限的农业资源的有效利用，保护生态和环境，保障农业可持续发展；培育新型农业生产经营主体，解决今后谁来种地的问题；确保播种面积，进而提高粮食的总产、品质和附加值，保障国家粮食安全。总之，机械化加上信息化，在促进粮食生产的集约化、规范化和标准化，增强粮食综合生产能力，提高抗御自然灾害的能力，实现稳产高产的同时，将从根本上改变我国粮食生产中高投入低效率的粗犷发展方式，走节水、节油、节肥、节种、节药和农业资源高效综合利用的现代农业发展道路。

三、我国粮食生产机械化和信息化现状及问题分析

目前，我国粮食生产正处在人畜力、半机械化和机械化作业并存的阶段，耕整地、播种环节主要由机械完成，水稻种植和田间管理、玉米和马铃薯的收获则主要由人力完成。粮食生产主要以家庭为经营单位，规模小，效益不高，商品率低，抵御自然灾害和国际竞争的能力不强。

（一）粮食生产机械化发展现状和问题分析

1. 主要粮食作物耕种收综合机械化基本概况

自 2004 年《农机机械化促进法》颁布以来，我国粮食耕种收综合机械化水平有了很大提高。截至 2012 年年底，我国粮食耕种收综合机械化水平为 57.17%，其中机耕水平达 74.11%，机播水平 47.37%，机收水平 44.40%。

我国粮食生产机械化发展存在两个不平衡。一是粮食生产各作业环节之间的机械化发展不平衡，二是全国各地区之间的机械化发展不平衡。2011～2012 年粮食生产机械化水平变化情况如表 1.4 所示。在机耕、机播、机收 3 个主要环节中，耕整地机械化水平已超过 70%，而机播和机收机械化水平不到 50%。

表 1.4　2011～2012 年全国粮食生产机械化水平（%）

作物	年份	综合	机耕	机播	机收
粮食	2011	54.82	72.29	44.93	41.41
	2012	57.17	74.11	47.37	44.40
水稻	2011	65.07	91	26.24	69.32
	2012	68.82	93.29	31.67	73.35
玉米	2011	71.56	93.77	79.9	33.59
	2012	74.95	93.79	82.3	42.47
小麦	2011	92.62	98.79	85.95	91.05
	2012	93.21	98.9	86.52	92.32
大豆	2011	69.81	76.44	71.21	59.58
	2012	63.2	68.56	63.96	55.3
马铃薯	2011	32.25	52.64	19.65	17.67
	2012	34.2	54.71	21.42	19.64

数据来源：历年《全国农业机械化统计年报》

值得关注的是，随着大豆种植面积和种植效率的降低，大豆生产机械装备投入的积极性也在降低，2010 年后，我国大豆生产各个环节的机械化水平一直呈下降趋势（图 1.2），应引起高度重视。

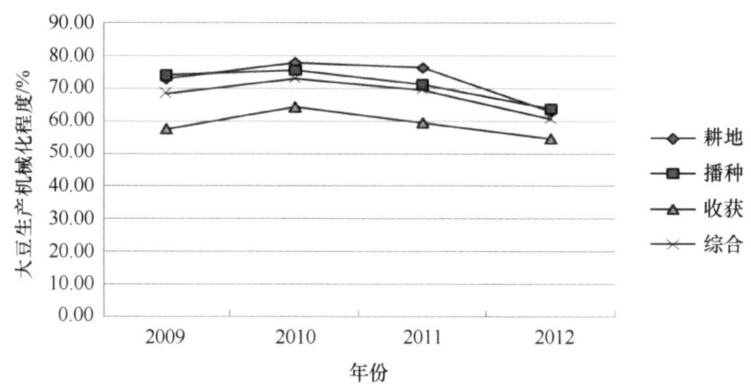

图 1.2　全国大豆生产机械化水平（历年《全国农业机械化统计年报》）

2. 粮食生产各作业环节之间的机械化发展不平衡状况分析

（1）耕整地环节

2012 年我国耕整地机械化水平达到 74.11%，是主要生产环节中最高的。但与发达国家高水平机械化耕整地技术相比，还存在很大差距。我国很多地方由于长期使用中小型拖拉机带旋耕机进行土壤耕作，导致耕层变浅，对土壤的压实和破坏严重。据国家玉米产业技术体系 2009 年对我国玉米三大主产区耕地质量的调研，目前全国玉米地土壤耕层深度平均只有 16.5cm，与美国 35cm 的平均耕深相差甚远（图 1.3），尤其是长期旋耕严重破坏了土壤的团粒结构，严重制约了作物的抗灾减灾能力和土地的生产效率。

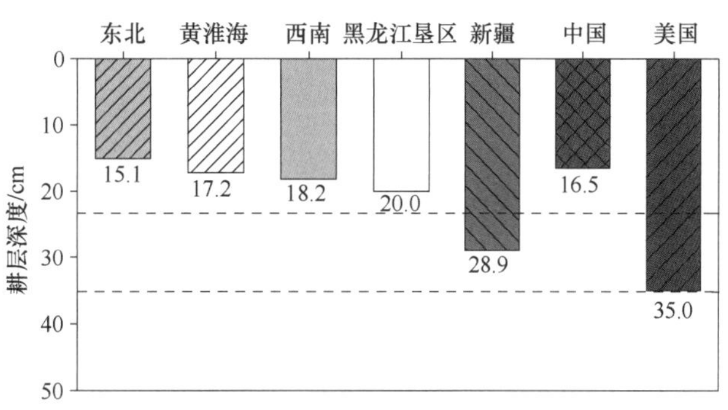

图 1.3 全国玉米主产区土壤平均耕层深度
数据来源：玉米产业技术体系 2010 年度报告

（2）种植环节

目前我国水稻和马铃薯种植机械化水平分别为 31.67%和 21.42%，是我国粮食生产机械化发展中的“瓶颈”。

近年来，全国大力推广水稻机械化育插秧技术，但受品种熟制复杂、各地自然禀赋和社会经济发展水平差异较大，以及农机农艺不协调等多种因素的影响，机插秧技术只在我国以种植常规粳稻为主的黑龙江和江苏得到了较好的推广应用，在我国南方大部分地区，特别是以种植杂交稻和双季稻连作晚稻的地区，机插秧技术推广缓慢，目前主要采用人工插秧和抛秧，机械化水稻直播技术在气候适宜的地区悄然兴起。

玉米机播水平虽然超过 80%，但普遍使用小型播种机，其机械式排种器不能满足高速作业需求，漏播严重，无法真正实现单粒精量播种，半精量播种还需要人工间苗；无单体仿形机构，造成播深不一致；无防堵机构，茬地作业易堵塞，从而造成缺苗断垄，出苗整齐度差。为了解决堵塞问题，农民在小麦收获后大量焚烧秸秆，使“秸秆禁烧”处于“禁而不止”的尴尬境地，严重污染环境。

（3）田间管理环节

田间管理机械化一直是粮食生产全程机械化的一大技术难题。田间管理中的施肥、化学除草和病虫害防治等作业，目前主要靠人工或小型机械人机结合完成作业。存在劳动强度大、安全隐患多、作业效率低、质量得不到保障等问题。

施肥方面。很多地方还是人工作业为主，如水田施肥一般由人工撒施完成。作业劳动强度大、效率低、施肥均匀度差、位置浅、化肥利用效率低。目前我国氮肥利用率仅 35%，而世界粮食生产先进的国家多在 50%以上，高的可达 70%。从粮食产量、肥料利用率、粮食品质和减少环境污染等方面综合考虑，推广粮食生产机械化深施肥技术，加大秸秆还田的力度和有机肥的投入量，是我国粮食生产施肥技术的发展方向。

植保方面。我国植保机械化水平，特别是化学除草和病虫害防治机械化水平较低。粮食生产中的植保机械仍以小型背负式手动喷雾器为主。从防治面积来看，约 78%的面积是手动药械，20%的面积为中小型机动植保机械，2%为拖拉机配套喷雾机。现有机具的雾滴大，雾滴附着性差，“跑、冒、滴、漏”严重，对靶喷施性能差，劳动强度大。

未来粮食生产植保机械应向杆喷、高效、宽幅、远程、均雾、风力辅助和车载式及农业航空植保等精确喷施技术方向发展。

（4）收获环节

40%的玉米机收率、19.64%的马铃薯机收率已成为制约我国粮食生产机械化整体水平提升的最关键的“瓶颈”问题。

我国玉米生育期普遍偏长，收获时籽粒含水率高达 30%～40%，不能直接脱粒收获，剥皮时籽粒破损率高；种植行距复杂多变，收获机难以适应，作业效率低，损失率高；收获机械技术落后，可靠性、适应性差，远不能满足玉米生产需求。

收获是马铃薯生产中劳动强度最大的作业环节，也是由人工转向机械提效的关键。目前我国马铃薯收获依然以人工收获为主，机械式收获采用挖掘、铺放、人工捡拾分段收获方式。收获的薯块脱皮、碰撞受损加重，储存易腐烂变质，降低了商品率。与欧美发达国家已实现马铃薯挖掘、分离、检选、标准装箱、立体储藏一体化，形成了从田间到商品处理上市过程中的产业化还有很大差距。

（5）干燥环节

粮食机械化干燥是实现粮食丰产丰收、保障品质、减少霉烂和损失的主要途径。在我国粮食产区，特别是南方地区，粮食收获时常出现阴雨天气，含水率往往高达 24%～35%，谷物来不及晒干或未达到安全储存含水率而造成霉变发芽，以及在晾晒过程中抛洒，造成的损失每年高达 10%以上。而日本、美国等发达国家粮食干燥机械化水平达95%以上，粮食产后损失不到 1%。

我国粮食种植主体单位是家庭，经营规模小，收获的粮食主要采用自然晾晒，机械化干燥主要是在一些种粮大户、专业合作组织、农场等规模化种植经营者中应用，随着粮食收获机械化技术的推广，粮食大面积集中收获，自然晾晒缺场地、缺劳力、缺晴天，对干燥机械化提出了发展需求，亟需加快干燥机械化技术的推广步伐。机械化干燥要大力发展产地烘干，降低设备成本，并多种热源可选。

3. 全国各地区之间的机械化发展不平衡状况分析

（1）农机总动力

图 1.4 是 1980～2012 年全国农机总动力变化趋势图，表明近年来全国农机总动力呈快速上升趋势。

（2）全国各省（自治区）大中型拖拉机总动力

图 1.5 为 1980～2012 年全国各主要省（自治区）大中型拖拉机总动力变化趋势。由图 1.5 可见，各省（自治区）之间的大中型拖拉机总动力发展不平衡。黑龙江一直居全国前列，仅在 2004 年河南曾与黑龙江持平。还可以看出，2004 年是全国及各省（自治区）大中型拖拉机发展的分水岭，2004 年前增幅缓慢，甚至萎缩。但 2004 年之后，各

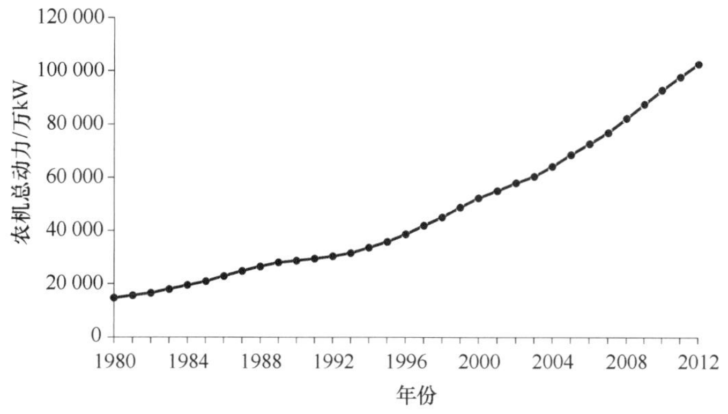

图 1.4　全国农机总动力变化趋势图

数据来源：《中国农业年鉴》（1982～2013）

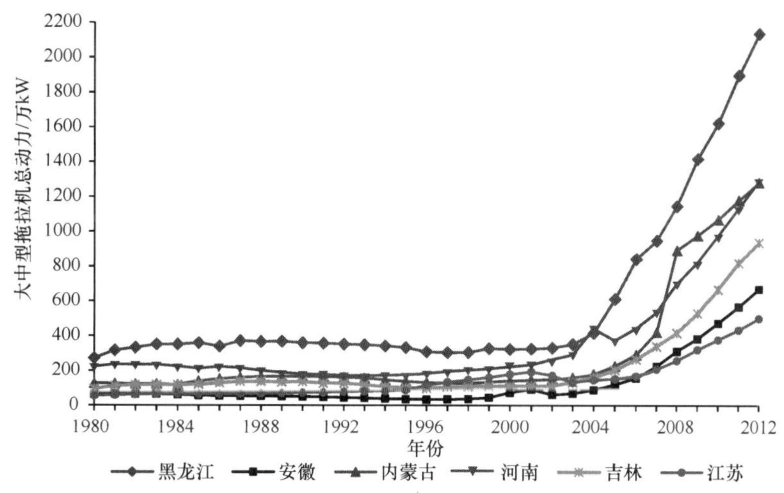

图 1.5　全国各主要省（自治区）大中型拖拉机总动力变化趋势

数据来源：《中国农业机械年鉴》（2000～2004）、《中国农业机械工业年鉴》（2005～2013）、《中国农业年鉴》（1982～2013）

（彩图请扫文后末页二维码）

省（自治区）大中型拖拉机总动力快速增加，黑龙江增幅最为明显。有关数据表明，黑龙江农机总动力并不高，但农业机械化水平很高，其主要原因就是大中型拖拉机及其配套农具比例高。

（3）小型拖拉机总动力

图 1.6 是 1980～2012 年全国各主要省（自治区）小型拖拉机总动力变化趋势。小型拖拉机多说明该省（自治区）机械化以小规模机械化为主，由图可见各省（自治区）发展也不平衡。河南一直处于各省（自治区）最高水平，其次是安徽，但明显低于河南水平，其他几个省（自治区）小型拖拉机总动力有所增加，但幅度明显小。黑龙江是以大规模机械化为主，小型拖拉机总动力在 6 个省中居第四位。

（4）联合收割机总动力

图 1.7 为 1981～2012 全国各主要省（自治区）联合收割机总动力变化趋势。由图可见，

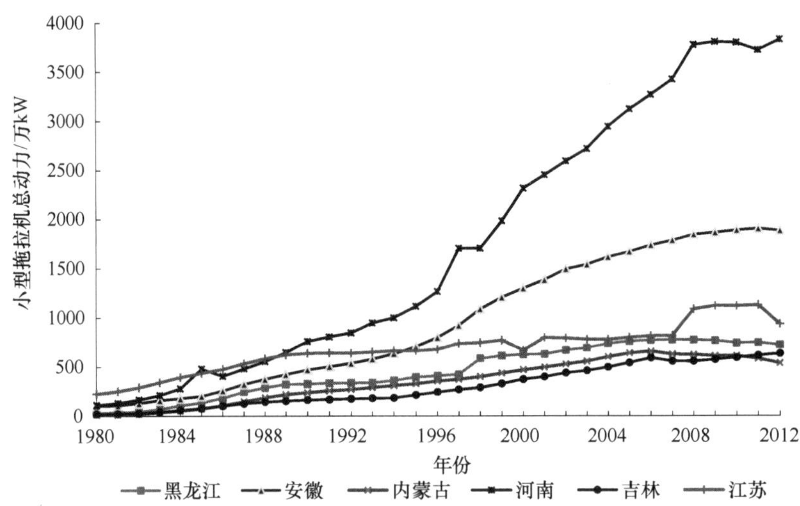

图 1.6　1980～2012 年主要省（自治区）小型拖拉机总动力变化趋势

数据来源：《中国农业机械年鉴》（2000～2004）、《中国农业机械工业年鉴》（2005～2013）、《中国农业年鉴》（1982～2013）

（彩图请扫文后末页二维码）

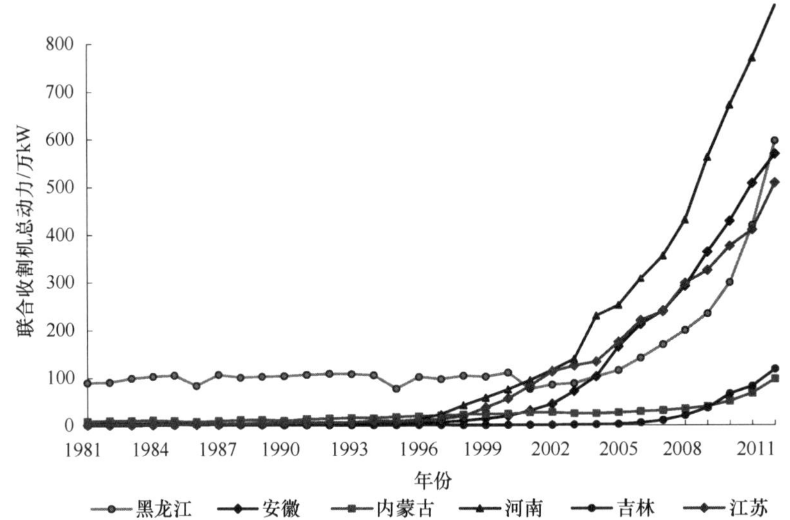

图 1.7　1981～2012 年主要省（自治区）联合收割机总动力变化趋势

数据来源：《中国农业机械年鉴》（2000～2004）、《中国农业机械工业年鉴》（2005～2013）、《中国农业年鉴》（1982～2013）

（彩图请扫文后末页二维码）

2001 年左右，全国各主要省（自治区）联合收割机总动力呈明显上升趋势，差距也拉大。上升幅度最快为河南，其次是安徽和江苏，黑龙江再次之，内蒙古和吉林变化不大。此数据没有分大中型和小型收割机的动力比例，所以只是反映了收获机械化水平的发展态势。例如，黑龙江的联合收割机总动力并不是最高的，但它的高效率的大型收割机多，它的收割机械化水平仍是最高的。

（5）大中型拖拉机配套比

图 1.8 为全国及各主要省（自治区）大中型拖拉机配套比变化趋势。由图可以看出，

全国大中型拖拉机配套比 1980 年最高，为 1.84，以后持续下降，1988 年滑至最低谷，为 1.12。1988 年后受国家政策影响，全国大中型拖拉机配套呈增长态势，1999 年增至 1.75，其后在振荡中稳定发展。至 2012 年，全国大中型拖拉机配套比平均为 1.58，主要省（自治区）中最高为 2.4，最低为 1.3，差距很大。大中型拖拉机配套比低严重影响了其作用的发挥，降低了拖拉机的效率和经济效益，影响了机械化水平。

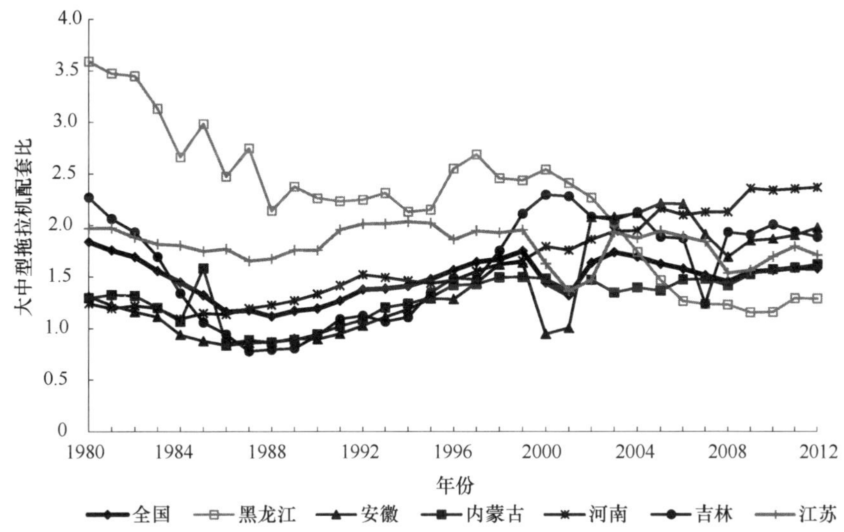

图 1.8　1980～2012 年全国及主要省（自治区）大中型拖拉机配套比变化趋势
数据来源：《中国农业机械年鉴》（2000～2004）、《中国农业机械工业年鉴》（2005～2013）、《中国农业年鉴》（1982～2013）
（彩图请扫文后末页二维码）

（6）小型拖拉机配套比

图 1.9 为小型拖拉机配套比变化趋势图。由图可见，1980 年，全国小型拖拉机配套比为 1.17。由于 20 世纪 80 年代初期实行联产承包责任制，农民大量购置小型拖拉机，

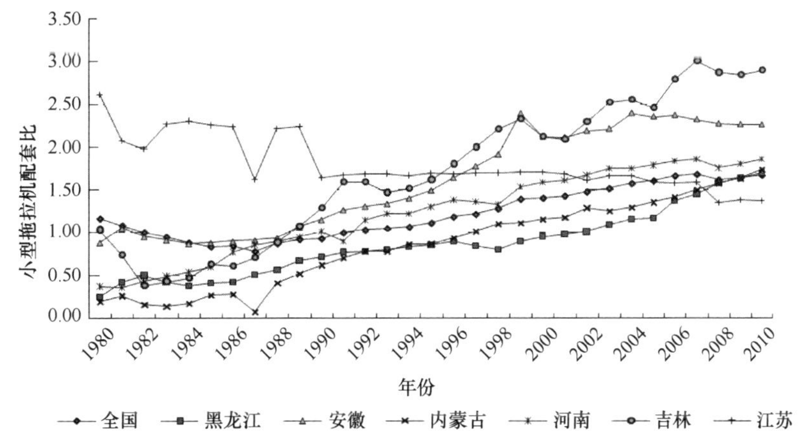

图 1.9　1980～2012 年全国及主要省小型拖拉机配套比变化趋势
数据来源：《中国农业机械年鉴》（2000～2004）、《中国农业机械工业年鉴》（2005～2013）、《中国农业年鉴》（1982～2013）
（彩图请扫文后末页二维码）

但农具保有量的增长极为有限，至 1985 年全国小型拖拉机配套比下滑至 0.78。其后呈上升趋势，至 2012 年，全国小型拖拉机配套比为 1.71，主要省（自治区）中最高为 2.9，最低为 1.4，差距很大。同上，拖拉机配套比低严重影响了拖拉机作用的发挥，降低了拖拉机的效率和经济效益，影响了机械化水平。

（7）单位面积拥有农机动力情况

2011 年我国每公顷地拥有农机动力 7.95kW，2012 年为 8.40kW，各省发展也不平衡。我国的单位面积农机动力远远高于世界发达国家过去基本实现机械化时的农机动力值，但我们依然没能基本实现粮食生产机械化。究其原因，与我们的农机动力与农具配套比低有很大关系。我国现在的农机市场动力价格远远高于机具价格，农业装备行业大多趋向于动力部分的制造，不重视作业机具的生产，造成我国拖拉机与农具的配套比仅为 1∶1.6，远远低于发达国家 1∶6 的水平。

（二）粮食生产信息化发展现状和问题分析

1. 粮食生产信息化技术应用现状

粮食生产信息化技术应用，广义来说包括在粮食生产、流通、消费及管理等各个环节运用现代信息技术和智能装备，实现生产、经营、产品营销和消费全过程的信息化和智能化运作。其核心是信息技术和智能装备在粮食生产中的应用。

从 20 世纪 80 年代以来，我国就开始进行农业生产信息化技术的研究。国家“十五”和“十一五”时期，在 863 计划中已列入了精准农业的内容，开展了“智能化农业信息技术应用示范工程”“精准农业技术与装备”等重大项目的研究。2004 年，我国组织实施“数字农业科技行动”，目标是突破一批“数字农业”关键技术，建立数字农业技术平台，开发国家农业信息资源数据库，研究开发一批实用性强的农业信息服务系统，初步构建中国“数字农业”的技术框架。主要包括现代空间信息采集和信息处理技术（以卫星遥感、地理信息系统和全球定位系统为核心），基于多媒体和计算机网络的农情信息服务，智能化模拟和信息技术（包括模拟模型、虚拟现实、人工智能等），智能装备研制等。

（1）信息采集技术

常见的农情信息采集主要包括土壤环境、作物长势、作物产量分布、病虫害和杂草信息的采集等。

目前，对土壤环境信息的采集，主要关注的是土壤养分、水分、电导率、pH、耕作层深度和耕作阻力等。对土壤养分的采集，常见的有基于光电分色的土壤养分速测仪、基于近红外技术的农田肥力水平快速评估仪、基于离子选择场效应晶体管（ISFET）集成元件的土壤主要矿物元素含量测量仪器等。对土壤水分的采集，主要有基于时域反射仪（TDR）的测量方法、基于频域反射仪（FDR）的测量方法、基于土壤水分张力的测

量方法和基于电磁波原理的测量方法等。对土壤电导率的采集，主要有电流–电压四端法和基于电磁感应原理的测量方法等。对土壤 pH 的采集，主要有试纸目测法、酸碱滴定法和电位分析法等。对土壤耕作层深度和耕作阻力的采集，主要包括非连续（stop-and-go）测定方法和连续（on-the-go）测定方法。

在作物长势信息采集方面，主要是采用遥感和传感器完成相关的工作。其中，遥感技术适合于大面积广域范围的监测与采集，传感器则能在近距离和小范围内对作物的根茎、高度、生理、作物水分胁迫指数和营养缺素胁迫等方面进行检测。

在作物产量分布信息采集方面，国外已商品化的产量检测系统产品集中于谷类作物收获机械方面，主要有美国 CASE IH 公司的 AFS（advanced farming system）系统，美国 AGCO 公司的 FieldStar 系统，美国 John Deree 公司的 Greenstar 系统，美国 AgLeader 公司的 PF（precision farming）系统及英国 RDS 公司的产量检测系统等。这些系统都具有功能较强的 GIS 综合功能，能自动完成产量检测和生成产量分布图。这些系统都已引进我国，在我国作物产量分布信息采集和分析方面发挥作用。

对病虫害的检测，主要有声特征检测法、雷达观测法、图像识别法和光谱监测法等；对杂草的识别，则主要是采用机器视觉识别和光谱分析技术等。

（2）3S 技术

3S 技术指的是对地观测的 3 种空间高新技术系统，即全球定位系统（GPS）、地理信息系统（GIS）和遥感（RS）。3S 技术集成在农业生产上的应用形成了一种崭新的农业生产管理理念和生产方式，即精准农业。随着 3S 技术的研究不断发展，精准农业已经成为 21 世纪合理利用农业资源、提高农作物产量、降低生产成本、保护环境和提高市场竞争力的前沿性研究领域。1999～2003 年，国家农业信息化工程技术研究中心在国家计委的支持下，率先在北京市小汤山进行了精准农业的示范，并在关键技术上取得了重大突破，为我国实施精准农业从技术上奠定了基础。

利用 3S 技术，可绘制气象卫星云图，预测风暴、冰雹、暴雨等灾害性天气，提早制定预防措施，把灾情降到最低程度。

3S 技术在粮食生产中的应用在我国还处于试验研究阶段，还没有进行大面积推广。1999 年，西北农林科技大学土壤肥料研究所和中国农业科学院土壤肥料研究所合作，在陕西扶风揉谷乡新集村的 200 多公顷农田上，采用网格定点、定时取样，将往年的土壤测试结果、化肥和农药使用，以及历年产量等信息做成 GIS 图层，然后分析历年产量图，以及产量图和其他相关因素图层的比较分析，找出影响产量的限制因子。在此基础上，制定出该村的优化管理信息系统，指导当年的播种、施肥、除草、病虫害防治和灌溉等农田管理措施，取得了成功。在 GIS 的应用方面，贵州山地气候研究所的郑小波等利用 GIS 技术确定巴西陆稻 IAPAR9 在贵州的适宜的种植区域。江西省气象科学研究所魏丽等利用 GIS 对江西的优质早稻进行种植气候区划，确定了该省优质早稻的适宜种植区，利用 GIS 对两系杂交稻制种基地进行了风险评估研究。中国科学院动物研究所王正军等尝试建立二化螟 GIS 数据库，通过对浙江早稻二化螟卵块密度从 1981～1987 年历史资料的分析，确定了二化螟在这一时段的高风险区和安全区，结合 GIS 的图层叠和功能进一步确定冬后残留量为导致二化螟暴发的关键因子。南京农业大学植保系王海扣等将我国各地褐飞虱夏季北迁的灯诱资料用 GIS 进行图形化处理，分析其迁飞动态，为中小区域的迁飞动态监测和预测奠定了基础，并比较分析了 1976～1997 年江苏每年 7 月中旬前后褐飞虱主迁入峰的迁入虫量与当年发生程度的关系。

（3）基于多媒体和计算机网络的农情信息服务

在农情信息系统方面，主要包括农情信息系统的综合规划、网站建设、农情信息的发布与运营等。常见的有基于 SJH 和 Web 服务的农情信息服务系统、基于组件的农情遥感监测信息系统的集成开发、基于虚拟仪器的土壤信息采集系统和基于“物联网”架构的土壤墒情实时检测及灌溉预报系统等。

粮食生产信息化服务。我国建起了一批农业综合数据库和应用系统。例如，利用计算机技术对选种、灌溉和施肥等不同环节进行优化处理后，向农民提供信息服务，指导农民科学种田；对病虫害、产量丰欠等进行预测预报，帮助农药企业合理安排生产，辅助农民科学调整生产结构。近年来，部分科研院所探索用计算机视觉及图像处理技术对作物长势进行检测，有些已取得一定的效果。农业部利用网络协议信息发布与查询等技术，建成了信息存储、处理及发布能力较强、信息资源丰富和更新量大的中国农业信息网，供农户和科研人员查询。

（4）专家系统

专家系统是一个智能程序系统，系统内部集成了大量专家水平的领域知识和经验，利用专家知识、解决问题的方法解决相关领域问题。我国自 20 世纪 80 年代初期开始农业专家系统的研究。“七五”期间，开发了不少粮食生产和科研方面的农业专家系统。20 世纪 90 年代以来，专家系统在广度和深度方面均有了很大的进展。中国科学院沈阳计算技术研究所运用神经网络在粮食育种专家系统中进行知识获取等，在技术水平上有了明显的提高。辽宁省利用国家农业信息化工程技术研究中心研发的 PAID 平台，根据辽宁省粮食和工厂化高效农业生产实际，进行深度开发，扩增功能模块，丰富系统功能，使系统不仅可在单机和网络环境条件运行，而且适应辽宁省生产实际，具有较强的应变性、实用性和可操作性。系统和网络建成后，可为项目示范区各生产单元提供粮食品种布局、栽培技术选择，合理施肥、节水灌溉、病虫草害综合防治等，实现了决策和管理的科学性、针对性和实用性。贵州省的科技人员根据贵州当地的粮食生产实际情况，以及粮食超高产技术栽培特点（寡日照、低辐射等），利用中国科学院合肥智能机械研究所研发的雄风开发平台，建立了粮食气候和施肥模型、品种选择、育秧技术和大田栽培技术等知识库，开发了贵州粮食超高产栽培专家系统，该系统的一个显著特点是将多个决策集合在一起，为稻农提供多方面的综合决策咨询服务。这一系统在贵州各地的应用效果明显。

（5）生产决策支持系统

决策支持系统（decision support system，简称 DSS）是在农业信息系统、作物模拟模型和农业专家系统的基础上发展起来的，能够支持半结构化和非结构化决策、允许决

策者直接干预，并能接受决策者的直观判断和经验的动态交互计算机系统。

国家科技攻关计划开展了“农业决策支持信息系统研究”和“农业信息化关键技术的研究”，已经开始为国家宏观决策和农业科技信息传播发挥作用。国家 863 计划启动了“智能化农业信息技术应用示范工程”项目，开展了“网络农业”“精确农业”“虚拟农业”等探索研究。近年来，在小麦-玉米生产智能决策系统、土肥信息管理系统、农机信息系统等方面取得了一定进展。中国农业科学院作物科学研究所以玉米生产信息化为对象，利用现代信息技术手段，系统研究获取和整合玉米产业所需的各种信息和技术，建立了服务于玉米生产全过程的 14 个数据库及其管理系统，开发了专家在线咨询服务系统和玉米生产可视化远程咨询服务系统等远程应用软件，构建了玉米生产信息化咨询服务平台，为玉米产业的信息化提供支持。

20 世纪 80 年代，江苏省农业科学院高亮之和金之庆等科学家在大规模粮食生态试验的基础上建立了粮食计算机模拟模型（RICEMOD），1992 年又将作物模拟技术与粮食栽培的优化原理结合起来，建立了粮食计算机模拟优化和决策系统（RCSODS），其中的优化模型包括粮食最佳季节模型、最佳叶面积模型、最佳茎蘖数模型和最佳施肥模型等。该系统曾是国内影响较大、系统性较好的基于粮食生长模拟模型的决策系统，在粮食生产中得到了很好的应用。计算机模拟技术与小麦、粮食栽培的优化原理结合起来，根据模拟作物栽培的播种期、用种量、种植密度等参数，再输入种植地气候资料等数据，从而得出适合种植地的作物最佳种植模式，包括水分管理、适宜施肥量、各个时期可能出现的病虫害等内容。

近年来，南京农业大学农业信息工程技术中心在继承前人研究成果和相关实验的基础上，研制了“粮食管理智能决策支持系统”，可以帮助稻农进行有关品种的选择、播期的确定、秧田播种量的计算和本田基本苗运算等单项方案设计，同时也可以根据当地实际情况，为稻农生成一套播前方案及相应的阶段发育指标等综合方案设计。

随着地理信息系统和遥感技术的广泛应用，生产决策支持系统的研制向更深层次的方向发展。

（6）智能装备研制

在智能装备研制方面，主要有智能导航拖拉机、智能激光平地机、无人驾驶插秧机、精准播种机械、智能化浸种催芽机、智能联合收获机、智能化干燥机，以及与作物营养和病虫害检测相匹配的智能变量施肥机及施药机，这些装备正引导粮食生产向机械化和信息化方向发展。

i. 粮食田间生产中的精准农业技术应用

目前在我国粮食田间生产中的精准农业智能装备研究得最多的是精准变量施肥机械。

目前国际上变量施肥主要的实现方法有两种：基于电子处方图方法和基于实时传感器方法。基于实时传感器方法的变量施肥技术还处于研究阶段。而基于电子处方图方法的变量施肥技术则处于研究应用阶段。我国现阶段所进行的变量施肥主要是基于电子处方图方法。在一些地方建立了精准农业基地 DGPS 差分基准站，通过 GIS、RS、DSS 技术和智能设备的有效集成，进行精密播种和变量施肥。北京农业技术信息研究中心提出了基于多维空间变异分析的自适应农艺处方单元策略，建立了精准农业智能决策支持平台，可为用户精准播种和精准施肥提供技术支持；福建省农业科学院土壤肥料研究所提出了三元肥效模型非典型式的计算机随机解的方法及编程技术；中国农业科学院土壤肥料研究所建立了相应的计算机农田养分管理和精准施肥计算机系统等。

在粮食生产中，通过精量播种、精准施肥、精准施药、精准收获等技术的集成应用，可节肥 15%，节种 10%～30%，提高生产效率 20%，使粮食产量增产 6%～11%，提高经济效益 15%以上。

ii. 产量预测智能装备及应用

对于粮食生产来说，只有获得准确的产量数据，才能对翌年的播种、灌溉、施肥等工作进行有效的决策，以取得更好的生产效果。近年来，吉林大学等将 PFA 产量监测系统与 GPS 系统结合，利用 SMS（spatial management system）软件生成产量分布图，并且对产量分布图进行分析。黑龙江八一农垦大学精准农业研究中心利用带有 GPS 接收信号的收获机，完成了友谊农场作物产量监测，并利用精准农业软件绘制出产量分布图、水分图、田间高程图、田间作业生产率图等。

2. 粮食生产信息化存在的问题

（1）农业生产产业化程度不高，难以形成正常的信息需求

产业化是信息化的基础，产业化意味着生产规模的扩大。生产规模大，产业化程度高，则必然产生对信息的大量需求及采用信息技术的强烈愿望。但目前我国粮食生产基本上以家庭为单位，生产规模小，对信息技术的需求少；另外采用信息技术需要一定的投入，如购买信息技术设备、支付获取信息费用，这对于生产规模小，生产效益不高的粮食生产户来说，显然不可能在信息方面有大的投入。

（2）精准农业实施的基础支撑技术不成熟

尽管国内很多专家学者已经研发了变量施肥机、播种机、喷药机及带有产量监测的收获机，为精准农业推广和应用提供了硬件条件，但相关软件或基础数据库不健全，如土壤肥力信息数据库、生产过程需水量及需肥量规律数据库等。在这种条件下，即使联合收割机可以生成准确的产量图，也无法制定出符合要求的播种、施肥、喷药等作业的处方图。精准农业的真正推广应用还需要一个很长的过程。

（3）农民信息化意识和利用信息的能力不强

目前我国农业信息化技术的开发及应用主要局限在高等院校及条件比较好的农场，基层单位或种植户还没有意识到粮食生产及流通信息化可能带来的潜在效益，信息化意识弱，利用信息的能力不强。

（4）信息服务技术实用性差，与实际需求有很大差距

目前国内一些研究机构结合粮食生产需求研发了一些信息化软件系统，但这些系统

大部分还停留在科学研究阶段，尚难以有效指导粮食实际生产，数据库建设数量不少，但质量不高、实用性差，离推广应用还有很大距离。支持粮食生产决策的相关原始信息及相关理论还有待于进一步丰富和完善。再加上从事粮食生产应用软件开发的人员比例较少，开发的技术品种不多，更加影响了粮食生产信息化的普及。

（5）生产信息化基础建设水平低

基层单位缺少收集信息、处理信息、传播信息的软硬件设备，信息网络体系不健全；信息服务中介组织少，基层单位缺少能够主动、科学地进行信息管理的人员；缺乏大型实用数据库。土壤养分、杂草样本及密度等信息采集装置，是为实施精准农业提供原始数据的硬件技术保证，目前因采集土壤肥力费时费力，这些信息的获取需投入大量资金，造成相关采集工作滞后，采集的信息量及信息的精度远不能满足精准农业需求。因此研发快速、低成本信息采集方法及设备是促进粮食生产信息化的前提。

四、我国粮食生产方式的发展趋势与需求分析

粮食生产对我国食物安全起着决定性作用，粮食生产方式是决定粮食生产与产出的关键。

2004 年国家颁布实施了《农业机械化促进法》，中国农业机械化和农机工业发展经历了“黄金十年”快速发展机遇期。农业机械化综合水平快速提高、农机化行政编制增加、国家农机科研项目增加。随着农村经济条件的改善和农机补贴政策的实施，各种农业机械的生产和销售全面快速增长；各地基本建设规模扩大，挖掘机、装载机和吊装设备等农村工程机械需求量成倍增长；保护性耕作支持政策使保护性耕作机具得到了快速发展；设施农业装备和节水设备在各地示范项目的带动下需求不断增长。已初步建立了从科研、开发、制造到销售、服务比较完整的农机工业体系。国际间的农机技术交流与合作得到加强。

目前我国粮食生产机械装备供给与需求的矛盾较突出，市场急需的大功率拖拉机及配套农具，玉米收获机械、马铃薯播种、收获、加工装备等供给不足，一些高端农机具和关键技术还要依赖从国外引进。另外，产品可靠性低，智能化、信息化等方面的差距进一步拉大。因此，加大研发力度，加强基础性和应用性技术研究，加速粮食生产机械化、信息化研发进程，尽快提升我国粮食生产机械化和信息化水平，缩小与国外发达国家的差距已成为当务之急。

（一）粮食生产机械化发展趋势及需求分析

1. 粮食生产机械化发展趋势

我国粮食种植模式多种多样，各地都有适合当地的农艺技术。例如，马铃薯生产中

的东北地区大垄双行、西北地区全覆膜垄侧播种、中原二作区双膜覆膜种植，南方冬作区的高厢覆盖种植、西南区的间套作播种等。粮食作物需要的机械种类多种多样，同一种功能的机械因地域土壤、地貌差异等机型上也是多种多样。所以近期的市场需求仍会是以区域的差异性、技术的多样性为特征的机械化技术和相应的中小型机械为主。这类机型结构和功能相对简单，价格也相对便宜，推广应用较为方便，与我国目前国情相适应。丘陵山地的轻简化种植和收获机具，需要在原理上有突破，必须下工夫解决好，做到重量轻、操作方便。适合山地的节水灌溉设施、适合不同植保方式的施药器械都需要形成合理配套。

2. 粮食生产机械化发展需求分析

从发展趋势上看，虽然大型多功能粮食耕作、种植、收获机械价格高，但具有作业效率高、功能完备等特点，随着生产规模的扩大和技术的进步，我国粮食生产机械将朝着大型多功能集成的方向发展。

（1）耕整地

粮食生产耕整地机械将向深松、免耕和精准平整方向发展。对激光平地机械的需求将逐渐增加；松耙结合等多功能复式耕作机械将受到更多用户的青睐而稳步发展。

（2）种植

粮食作物播种机械将向宽幅、高速、精量播种方向发展。需要大力发展气力式精密播种技术、种肥播施监控技术、中央分配式气力输送技术、免耕播种技术和相应机具。作业质量、效率将进一步提高，提高种子、化肥和农药等资源的使用效率，且无需人工间苗等作业，降低作业成本，增加效益。

水稻种植依然是制约水稻生产全程机械化的“瓶颈”问题。“十一五”以来，在农业部的指导下，全国水稻主产省将机插秧作为种植机械化的主攻方向，促进了机插秧技术的快速发展，机插秧的主体地位进一步确立，但发展还不尽如人意。未来一段时间水稻种植机械化发展的任务依然十分艰巨。水稻直播技术和机械将在适合的地区得到快速发展。

（3）田间管理

专业化中耕除草、施肥、施药机械具有广泛的市场需求。适于各类田间管理作业需求的高地隙通用底盘技术，按需喷施精量施药和按需施肥机械化技术，以及农业航空植保技术在我国具有广泛的发展前景。

（4）收获

我国主要粮食作物的机收水平近年来提高较快。水稻机收水平已由 2008 年的 51% 提高到 2012 年的 73%，但仍有进一步提高的空间。适宜西南丘陵山区的中小型收获机械还有待提高，南方的水稻收获机械需要进一步向中大型高效机型发展。小麦机收水平 2012 年已达 92%，需要向高效优质的机型发展。随着玉米育种技术的发展，适宜机收，

尤其是适宜直接脱粒收获的品种的出现，目前高损低效的摘穗辊式收获方式将逐步由高速高效摘穗板与拉茎辊组合式收获方式及直接脱粒收获方式所取代，届时将大大提高收获速度，尤其是会省去果穗晾晒后再脱粒等高劳动强度环节，节约劳动成本，减少收获损失。马铃薯收获的瓶颈需要破解，一是适合南方丘陵山地的收获机械，二是适合规模农场的联合收获机械。

（5）产地烘干

目前我国每年因粮食烘干不及时造成的损失在 10%以上，即 5000 万 t 左右，这一问题已经引起政府有关部门的高度重视，并开始着手进行粮食收获后烘干与储藏系统研究与构建，将进一步推动我国干燥机械化的发展。

（二）粮食生产信息化发展趋势及需求分析

1. 粮食生产信息化发展趋势

在我国粮食生产中，信息技术已得到了一定应用。但由于我国农业一家一户的小规模生产方式，信息化整体发展相对落后，主要还是停留在研究和试验层面上，处于发展的起步阶段。随着高科技在农业中的纵深发展，以及我国土地流转和适度规模经营的发展，信息化将在我国粮食生产和管理中扮演越来越重要的角色，需求前景十分广阔。信息技术在粮食生产上的应用将表现出如下一些趋势。

1）普及化。即在粮食生产的各个地区，以及粮食生产的各个环节和领域，信息技术将得到广泛应用。

2）实用化。即信息技术在粮食生产中的应用，不仅是试验研究的一些理论成果，而且是能广泛地让老百姓接受使用，成为实际生产的一部分。除了经营规模较大的单位，也需要能适用农户家庭经营规模较小、地块较小而且分散的特点的粮食生产的信息化技术。

3）专业化。即对粮食生产或粮食的农艺栽培措施通过计算机应用系统进行科学的生产管理，特别是推广相对简单但对粮农很有实用价值的专业成果，是信息技术在粮食生产中容易产生效益的一个切入点。

4）智能化、集成化。随着信息技术的发展，遥感、地理信息系统、全球定位系统、虚拟技术、作物生长模拟，以及智能化装备和各种数据库等技术在农业领域的应用日趋成熟，多项技术的结合与集成将越来越广泛。

5）网络化。信息技术应用于农业，不但能及时解决农业发展中的技术问题，而且能有效降低农业信息化的成本。采用因特网，处于不同地域的生产者均可使用网上的信息资源，包括网上的专家系统和决策支持系统等。

2. 粮食生产信息化的需求分析

未来粮食生产信息化的需求主要包括如下几方面。

（1）多源信息采集和集成技术

粮食生长环境、个体和生长过程信息是粮食生产管理决策中最为重要的信息，其来源的可靠性、时效性和准确性直接影响粮食生产决策。现阶段我国粮食生产信息采集技术相对落后、可操作性差、费用高，严重制约了信息技术的应用。研究适合我国国情的粮食生长环境、个体信息和生长过程信息采集技术，研制相应的信息采集技术产品、数据传输和数据融合系统是我国粮食生产信息化和智能化的重要基础，具有十分重要的意义。

（2）作物模拟模型和辅助决策系统

粮食生长模拟模型是数字化粮食生产的核心组成部分。从粮食个体出发，通过对粮食个体结构与功能，以及相关属性关系、群体结构与功能进行定量分析，并确定粮食个体和群体与环境的互反馈作用机制，实现对粮食生长状况与过程的精细描述，从而建立我国粮食作物的生长模拟模型，对于实现粮食生产的精细化管理具有十分重要的意义。

（3）精细化生产管理

粮食生产过程精细化管理是数字化粮食生产的主要目标，是粮食数字化生产水平的综合体现。目前，在我国的粮食生产中，依靠传统农作经验，盲目增加化肥、农药投入的生产模式，导致了农业生产环境的严重污染。在农业信息采集、粮食生长模拟模型和服务决策技术的基础上，研究开发精细化生产关键技术和系统平台，对于提高粮食生产、提升资源利用率具有十分重要的意义。

（4）产品质量安全保障和追溯

研究开发粮食生产—粮食加工—粮食流通全过程质量安全追溯关键技术和系统平台，实现“生产有记录、流向可追踪、信息可查询、质量可追溯”，对于保障我国粮食质量安全具有十分重要的意义。

（5）农业装备智能化和精准农作

以智能装备和控制技术为核心，实现精准作业，是改造传统农业的关键。研究粮食生产机械的智能化、水利灌溉的精细化技术，并在粮食生产中推广应用，对提高农业资源利用率和劳动生产率、优化农业生产环境将起到关键的推动作用，具有十分重要的意义。

研究粮食优质高产高效生产的定量化、规范化和集成化技术，建立以农业专家系统和智能型粮食生产管理决策支持系统为重要手段的新型农业技术推广体制，重点解决粮食生产实用技术中的良种推广、合理施肥、节水灌溉和病虫草害的综合防治，以及栽培管理需求和各种适时的单项技术的普及等，加速科研成果的推广应用，提高粮农和农业技术人员科学种田水平。

（三）基于产需平衡视角研究粮食生产方式转变研究

本节从产需平衡视角，对粮食生产方式转变进行研究。首先对 2020 年和 2030 年我国粮食的需求量进行预测，然后对 2020 年和 2030 年我国粮食生产能力目标进行设计，对比现有生产方式下我国的粮食生产能力，最后从产需平衡角度论证我国粮食生产方式向机械化和信息化转变的必要性。

1. 2020 年和 2030 年我国粮食需求量预测及生产目标设计

（1）水稻

表 1.5 给出了 2001～2012 年我国稻谷产量及其自给率数据。

表 1.5　2001～2012 年我国稻谷产量及自给率

年份	总产量/×10^4t	消费量/×10^4t	进口量/×10^4t	出口量/×10^4t	自给率/%
2001	17 757.90	19 500.00	30.40	177.00	91.07
2002	17 454.00	19 390.00	23.62	194.80	90.02
2003	16 065.60	18 860.00	25.70	260.00	85.18
2004	17 908.70	18 370.00	77.00	85.00	97.49
2005	18 058.90	17 740.00	51.42	67.20	100.00
2006	18 171.80	17 973.00	71.90	123.70	100.00
2007	18 603.50	18 575.00	65.00	132.60	100.00
2008	19 189.50	18 360.00	47.00	140.00	100.00
2009	19 510.20	18 375.00	45.00	110.00	100.00
2010	19 576.10	19 390.00	50.00	75.00	100.00
2011	20 100.00	19 510.00	90.00	75.00	100.00
2012	20 423.60	19 555.00	335.00	35.00	100.00

数据来源：中华粮网数据中心

由表 1.5 可知，我国稻谷的自给率很高，2001～2012 年的自给率在 85.18%～100%，自 2005 年起自给率都达到了 100%。这就表明，从产需平衡的角度看，2000 年以来，我国水稻生产基本能满足自给。

国家卫生和计划生育委员会的预测结果显示，到 2020 年和 2030 年，中国人口总数分别约为 14.3 亿人和 15 亿人。根据国家食物与营养咨询委员会提出的中国食物安全目标，2020 年我国达到全面小康社会时人均粮食占有量为 437kg，2030 年向富裕阶段过渡时人均粮食占有量为 472kg（许高峰和王运博，2013）。由此测算 2020 年和 2030 年我国粮食需求总量的估计值如表 1.6 所示。

2010 年，我国粮食不同品种的消费量及其比例结构如表 1.7 所示。

表 1.6　2020 年和 2030 年我国粮食需求总量测算值

年份	人口/亿人	人均粮食占有量/kg	总需求量/×10^8t
2020	14.3	437	6.25
2030	15.0	472	7.08

表 1.7　2010 年我国粮食不同品种消费量及其结构

不同粮食品种	稻谷	小麦	玉米	大豆	其他
消费总量/×10^4t	18 468	11 049	15 970	6 536	4 496
百分比/%	32.68	19.55	28.26	11.56	7.95

数据来源：聂振邦（2011）

假定 2020 年和 2030 年，各粮食品种及其消费比例结构保持在 2010 年的水平，则根据 2020 年和 2030 年粮食需求总量预测值，可以预测 2020 年和 2030 年我国稻谷的需求量分别为 2.0425×10^8t 和 2.3137×10^8t。考虑到粮食生产面临的风险越来越大，保障较高的自给率是保障粮食安全的基础，且随着人口的增加，粮食需求有增加趋势。由此，我们确定 2020 年和 2030 年我国水稻生产能力目标规模如表 1.8 所示。

表 1.8　2020 年和 2030 年全国水稻生产能力目标规模

项目	2020 年	2030 年
全国水稻需求量/万 t	20 425	23 137
目标自给率/%	100	98
全国水稻综合生产能力目标规模/万 t	20 425	22 674.26

（2）玉米

从中长期来看，中国玉米需求增长速度将明显超过产量增长，玉米进口量将进一步增加。由于中国畜禽和水产品需求还将持续增长，饲用玉米的需求还将保持较快增长。预计到 2020 年和 2030 年中国饲用玉米需求将分别达到 1.5313×10^8t 和 1.8791×10^8t，比 2012 年的饲用玉米需求量分别增长 27.6%和 56.6%。深加工玉米需求在 2020 年和 2030 年将达到 8.045×10^7t 和 1.0202×10^8t。玉米的其他需求（包括直接消费需求、种用需求和损

表 1.9　2020 年和 2030 年玉米供需预测

项目	单位	2020 年	2030 年
玉米总产量	10^4t	23 037.54	25 463.35
播种面积	10^3 hm^2	35 940	36 850
单产	kg/hm^2	6 410	6 910
玉米总需求	10^4t	24 802	30 272
饲料粮需求	10^4t	15 313	18 791
深加工需求	10^4t	8 045	10 202
其他需求	10^4t	1 444	1 279
净进口量	10^4t	1 764.46	4 808.65

数据来源：仇焕广等（2013）

耗等）在 2020 年和 2030 年变化不大，分别为 1.444×10^7t 和 1.279×10^7t。由于需求增长高于生产增长，2020 年和 2030 年中国玉米的净进口量将分别达到 1.76446×10^7t 和 4.80865×10^7t，中国玉米自给率将分别下降到 93%和 84%（表 1.9）。

（3）小麦

按 2020 年我国人口达到 14.3 亿，小麦播种面积不再减少，每人年均小麦按 96kg 计算，小麦总产需要 1.3775×10^8t，即在目前的基础上，增加 1.717×10^7t，产量提高的幅度为 14%，从 2013～2020 年，每年递增 2%。按 2030 年我国人口 15 亿，小麦播种面积不再减少，每人年均小麦 97kg 计算，小麦总产需要 1.4550×10^8t，即在目前的基础上，增加 2498 万 t，产量提高的幅度为 21%（表 1.10）。从 2020 年到 2030 年，需要每年递增 0.6%。

表 1.10　2020 年和 2030 年全国小麦生产能力目标规模

项目	2020 年	2030 年
全国小麦需求量/万 t	13 775	14 550
目标自给率/%	100	100
全国小麦综合生产能力目标规模/万 t	13 775	14 550

注：以上人口数字来自参考文献《国家统计局公布的我国城市化率逐年增长数字分析》；人年均小麦、全国小麦播种面积，是设定的；其余是推算的

（4）大豆

通过预测大豆播种面积、大豆单位面积产量，可以测算 2020 年、2030 年大豆总产量，再通过预测大豆进口量测算我国大豆需求量，进而测算大豆自给率（表 1.11）。

表 1.11　2020 年和 2030 年大豆供需预测

测算指标	单位	2011 年观测值	预测模型	测算值	
				2020 年	2030 年
大豆总面积	$\times10^3\text{hm}^2$	7 888.5	$y_1=107\,935-1.986\times10^{-8}\frac{1}{x}$	9 618.18	10 000
大豆单位面积产量	t/hm^2	1.8	$y_2=e^{35.375-\frac{69\,648.92}{x}}$	2.45	3.0
大豆总产量	10^4t	1 448.5	$y_3=y_2\cdot y_1$	2 356.45	3 000
需求量	10^4t	6 972.3	$y_4=1\,189.39-79.23x+24.25x^2-0.35x^3$	11 264.14	14 600
进口量	10^4t	5 523.8	$y_5=y_4-y_3$	8 907.69	11 600
自给率	%	20.78	$y_6=\frac{y_3}{y_4}$	20.92	20.55

由表 1.11 可见，由于大豆比较效益低等，大豆播种面积增幅不大，至 2020 年达 $9.61818\times10^6\text{hm}^2$，2030 年可达到 $1\times10^7\text{hm}^2$；根据以往发展趋势，2020 年大豆单产可达 2.45t/hm^2，2030 年可达 3.0t/hm^2；2020 年大豆总产可达 2.35645×10^7t，2030 年达 3×10^7t。大豆的自给率仍将很低，但会稳定在 21%左右。

（5）马铃薯

采用 SAS9.0 软件，通过 OLS 估计法可计算出 2020 年和 2030 年各要素投入（即农机投入、资金投入、劳动投入、种植面积）及马铃薯产出预测值（表 1.12）。

表 1.12　2020 年和 2030 年马铃薯供需预测

年份	马铃薯总产量 /×10⁴t	机械装备投入 /×10⁴元	资金投入 /×10⁴元	劳动力投入 /×10⁴人	种植面积 /×10⁴hm²
2020	9045.12	335.01	2093.78	50.01	558.34
2030	9078.58	336.24	2101.52	50.19	560.41

2. 实现 2020 年和 2030 年我国粮食生产目标的生产方式转变分析

根据以上分析，对比 2012 年我国粮食的实际生产能力，到 2020 年和 2030 年，我国粮食生产还存在较大的缺口，如表 1.13 所示。

表 1.13　实现 2020 年和 2030 年粮食生产目标的对比

生产目标	水稻	玉米	小麦	大豆	马铃薯
2012 年生产能力/×10⁴t	20 423.6	20 561.4	12 102.4	1305	9 276
2020 年生产目标/×10⁴t	20 425	24 802	13 775	11 264.14	9 045
2030 年生产目标/×10⁴t	23 137	30 272	14 550	14 600	9 078
实现 2020 年生产目标的缺口/×10⁴t	−1.4	−4 240.6	−1 672.6	−9 959.14	231
实现 2030 年生产目标的缺口/×10⁴t	−2 713.4	−9 710.6	−2 447.6	−13 295	198

注：表中最后两行的数据，负数表示缺口，正数表示过剩

由表 1.13 可见，除了马铃薯外，现有生产方式下的粮食生产能力不能完全实现 2020 年和 2030 年我国粮食的生产目标，还存在较大的缺口。要填补这一缺口，保障粮食安全，主要有两个途径。一是扩大粮食种植面积，二是提高单产。随着城镇化的发展，我国耕地面积已接近 18 亿亩的红线，且有逐渐减少的趋势。因此，通过扩大种植面积提升粮食生产能力已不可行，未来提高粮食生产能力的途径主要是提高单产。也就是说，只有通过转变生产方式，提高单位面积的粮食产出，才能从根本上保障未来的粮食供给，才能确保我国的粮食安全。国内外的经验表明，采用机械装备改造中低产田和进行土地整治，以及通过机械化进行规模化生产能提高生产效益、增加农民收入、增强粮农的生产积极性，通过信息技术优化农机装备和生产管理过程，能提升机械装备作业性能，实现粮食生产效益最大化。因此，从产需平衡视角看，为确保未来我国粮食安全，加强粮食生产方式向机械化和信息化转变，已成为大势所趋。

五、国际经验分析与借鉴

世界上粮食生产技术较先进的国家和地区主要有美国、澳大利亚、日本、韩国和欧

洲等，这些国家和地区的粮食生产都有自己的特点，借鉴这些国家和地区粮食生产发展的经验，对转变我国粮食生产方式具有重要的意义。

（一）北美

1）美国是世界上农业最发达、技术最先进的国家之一。高度发达的资本主义商品生产，促使美国在21世纪40年代领先世界各国最早实现了粮食生产机械化。60年代后期，实现了包括土地耕翻、整地、播种、田间管理、收获、干燥等全过程机械化；70年代初完成了棉花、甜菜等经济作物从种植到收获各环节的全面机械化。在种植业、工厂化畜禽饲养、设施农业、农产品加工等方面保持着世界先进水平。高度机械化水平和科学有效的管理，大大提高了农业劳动生产率。农业机械化有力地促进了美国农业的快速发展，也使美国成为世界上第一农产品出口大国。

美国约翰迪尔、凯斯纽荷兰、Double L、Lockwood 等大型跨国农机公司生产的农业机械生产率高，性能先进，标准化、系列化、通用化程度高，制造质量好，使用可靠，调整方便，驾驶舒适性好，居世界领先水平。

为了在提高农业劳动生产率和农产品商品率，保持农业在国际上的竞争力的同时，实现农业的可持续发展，美国特别重视保护农业生态环境，最有效地利用和节约农业资源。美国为农业提供了大量农业机械、化肥、农用飞机等先进生产资料和装备，使农业几十年以来一直保持为主要出口产业，同时高度重视农业保护性耕作技术与机械的推广和使用。为了适应农业保护性耕作技术的需要，农机厂商向农业提供了大量保护性耕作用的少耕、免耕农业机械。美国的玉米大豆轮作制度使其土壤肥沃，因而能够保持较高的产出率。

近年来，美国在谷物联合收割机、喷雾机、播种机等农业装备上开始采用卫星全球定位系统，农业生产迈向精准发展的阶段。

2）加拿大是一个人少地多，农牧并重的发达国家。其种植业和畜牧业的产值大致相等。加拿大主要农作物为小麦、玉米和马铃薯，畜牧业以牛、羊和猪为主。加拿大农业机械的特点是粮食生产和畜类生产机械与设备配备成套性强，田间作业机械从拖拉机到农机具及自走式联合收割机大部分为大功率、宽幅、高效机具。这和美国的农业机械化基本相似。

加拿大在农业上采用夏季休闲水土保持耕作与冬季秋雪管理的机械化作业。其耕作技术正向保护性耕作技术方向发展。适应耕作技术的变化，近年来普遍推行双列圆盘犁和偏置式圆盘犁耕作。在作物生长过程中使用双翼铲中耕机、翻转式中耕机或双翼杆式中耕除草机防治杂草并增施肥料。与美国的免耕法不同的是，加拿大每隔6年左右都将土壤深耕一次。深耕大多采用铧式犁，既可翻动表层土壤也可疏松底层土壤。休闲地耕作常用圆盘耙或弹齿耙，有的地块则用联合作业机进行一次性覆盖镇压。

北美的经验表明，规模越大的农场产量越高，机械化自动操作程度越高，收益越大。现阶段，美国和加拿大的农场规模越来越大，且现代农业机械化技术已经渗透到了粮食

生产的各个方面。因此，发展规模生产，运用机械进行生产是我国粮食生产方式值得借鉴的发展方向。

（二）欧洲

1）法国农业发达，为世界粮食出口大国之一，农业机械化水平高，小麦、玉米等谷物生产、畜禽饲养均已实现了全过程机械化。粮食作物从整地、播种、中耕、病虫害防治、收获、运输、加工、储存等环节均有相适应的农业机械。法国在作物育种机械和葡萄园机械方面较发达。作物育种从种床准备、播种、田间管理、收获及收获后清选、分级、包装、包衣等有一整套机械供应，特别是种子加工厂，各种设备配套齐全，自动化程度也较高。

拖拉机、柴油机、联合收割机、铧式犁、葡萄园机械、大型喷雾喷粉机等皆为法国重要农机出口产品。

2）德国耕地面积 1.197×10^7hm^2，农业人口约占全国总人口 7.6%，农业就业人数约 2×10^6 人。农业以畜牧业为主、农牧结合。农场较小，次于法国和美国。农业机械化水平也很高，农业和畜牧业均已实现全程机械化。

德国的农机工业高度发达，每年的出口量约占该国农业机械产量的 50%，出口额占西欧各国前列。农机产品制造水平高，农机企业对市场需求反应及时，适应能力强，因此在世界上占有较高份额。大型农机企业主要有约翰迪尔公司、凯斯纽荷兰公司、克拉斯公司、雷肯公司、福格森公司和 Grimme 等跨国公司，主要农机产品有：拖拉机系列、播种机、收获机、农业机械系列。德国克拉斯公司的联合收割机、雷肯公司的耕作机械、Grimme 公司的马铃薯作业机具均较有名。克拉斯公司为欧洲三大收割机公司之一，除谷物联合收割机外，该公司的玉米收获机、青饲收获机、牧草捡拾压捆机等也很有名。

（三）日本

日本是一个工业高度发达、农业也很发达的国家。人口密度大，耕地面积少，全国人均耕地只有 0.044hm^2，按农业人口计算，人均占有耕地仅 0.274hm^2，田间作物产值占种植业（水稻、小麦、蔬菜、水果等）总产值的 47%，田间作业从耕整地、播种、植保、收获等全部实现了机械化。1996 年，日本的水稻采用联合收割机收获就达到了机收的 85%（其余为割捆机收）。水稻育秧、插秧、半喂入联合收获机械居世界领先水平。日本能在水稻育秧、移栽方面很快实现机械化，有赖于高度重视农艺和农机的有机结合和高度发达的工业所提供的高质量设备。

日本的农机生产企业有近千家，但小企业多，农业机械主要生产供应集中在久保田、洋马、井关、三菱四大农机公司。久保田和洋马等公司生产从水稻育秧到拖拉机、插秧机、植保机械、水稻收获、脱粒、干燥、运输等各类农业机械。

刘恒新等（2007）将日本的粮食生产机械化发展分为如下 4 个阶段。

第一阶段：农业机械的导入期（1947～1964 年）。这一时期是日本农机化的起步阶段，1949 年 7 月日本开始实施以促进农机具改良为目的的“农机具依赖检查制度”，这是日本实行发展农机化政策的开端。1958 年 3 月，日本制定了《农业机械化促进法》，促进了农业机械化的发展。1955 年后，日本的工业发展很快，超过了农业，带动了农业人口向工业和其他产业部门的转移，农业人口明显减少，对农业机械化的要求更强烈，从而极大地带动了农机化的发展。1956 年日本制定了《机械工业振兴临时措施法》，促进了农机制造业大发展，新型、适用的农业机械不断涌现。1964 年年底，国家的农机补贴政策开始实施。其间，日本基本实现了水田作业的耕耙、排灌、除草、喷药、运输及加工等项目的机械化。

第二阶段：农业机械的发展期（1965～1974 年）。随着日本经济的高速增长，这一时期的农村劳动力快速向第二、第三产业转移，从事农业的人员更少，机械化得以快速发展。1970 年，日本开始推广机械插秧，当年机插面积仅占 3%，但到 1977 年，机插面积已占 80.8%。其中插小苗占 52.7%，插中苗的占 28.1%。1969 年开始推广机械收割，到 1977 年机收面积已占 91.4%。其中割捆机收割面积占 43.2%，联合收割机于 1967 年开始研制，到 1977 年，其收割面积已超过割捆机，占到 48.2%。这一时期，水稻插秧机和收获机解决了农民“大弯腰”和“小镰刀”的问题，基本实现粮食生产作业从耕耘、选种、育秧、插秧、管理、收获、干燥到加工的全程机械化。农业机械的广泛使用，也带来了农机使用中道路和田间行驶的安全问题。1965 年日本农林省开始实施了《农机作业安全对策事业》，1969 年又制定了《农机作业安全基准》和《农业机械安全装备基准》，农业机械化整个体系健全，从制造到使用和管理比较规范，农机化健康发展。

第三阶段：农业机械的成熟期（1975～1984 年）。从 1975 年开始，由于不断促进插秧作业、收割作业的驾驶化，生产力水平进一步提高，解放繁重劳动的步伐又向前迈进了一步。农业机械不仅在性能和耐久性方面进一步提高，还在电子、液压技术的应用上取得了快速发展，提高了农机驾驶操作性，改善了乘坐性，完善了安全措施。1976 年，农林省制定了《农业机械安全设备确认对策实施纲要》，开始对农业机械进行安全鉴定和安全管理。为了普及机电液一体化技术的农业机械，日本于 1984 年还对购机者在税收上给予优惠政策。

第四阶段：农业机械的多样化时期（1985 年以后）。到 1985 年，日本基本上实现了农业生产机械化，开始向使用方便、配套作业和省力等方面发展。为此，大型拖拉机开始配备驾驶室，驾驶室内安装有与汽车相同的空调设备、收音机、音响装置等装备。为操作者提供舒适的作业环境，农业机械向更高级方向发展。

目前，日本田间作业从耕整地、播种、植保、收获等全部实现了机械化。粮食生产全过程机械化水平高，产品质量好。水稻育秧、插秧和半喂入联合收获机械居世界领先水平。对小规模经营适应力强，是日本农业机械化发展的突出特点，但也因为经营规模小，每公顷农用地拖拉机功率比美、英、法等大规模机械化国家投入多，粮食产品的成本也高得多。近几年来由于老龄化问题，日本农业从业人员急剧减少，后继乏人的问题日益突出。为解决这一问题，日本农业一方面酝酿改变经营模式，进行集团化规模化生产，另一方面加大农业方面的科技创新，力争开发出更加节省人力的农业机械，农业由

机械化转为自动化成了大势所趋。

总体而言，日本经过近 40 年发展，粮食生产已全部实现了机械化，并处于世界最高水平之列。

（四）启示

国外粮食生产的发展经验对我们有如下启示。

1）粮食生产的现代化都是建立在粮食生产机械化的基础上，并朝着信息化发展实现的，我国的粮食生产也必定要走机械化和信息化的道路。

2）以美国和加拿大为代表的大规模农业生产经营，在我国合适的地区具有推广价值。例如，我国北方和新疆等平原地区，地势平坦、土地肥沃、气候条件与美国相差不大，可以采用大型机械化作业技术。

3）以日本为代表的国家，发展中小型农机和适度规模经营，对我国南方地区生产方式的转变具有很好的借鉴作用。

4）种植制度要合理，应该种养结合，以保障农业的可持续发展。

六、我国粮食生产方式向机械化和信息化转变的战略构想

中国改革开放 30 多年，人民生活水平显著提高，但农业生产和生态环境遭到了严重的破坏，食品安全问题亟待解决。今后我国的粮食生产，应紧密围绕农业可持续发展和食物安全开展。

（一）粮食生产方式向机械化和信息化转变的战略思路

1）我国的粮食生产正在发生重大变革，以一家一户超小规模生产方式为主的状况正在逐渐改变，家庭农场、种粮大户、农业合作社等规模化生产模式正在兴起，并呈现快速发展态势。机械化和信息化技术要适应农业生产经营模式转变发展的需求，为规模化生产提供高效、优质、低耗、安全的农业装备和信息化技术，提升粮食产业的生产能力。

2）有计划、分区域、分步骤推进粮食生产全程机械化发展，先易后难，因地制宜，分类指导。

3）构建农机农艺融合粮食生产工程模式，通过机械化技术的提升促进各项农艺技术措施的推广。

4）在注重提高粮食生产机械化和信息化技术水平的同时，向产前和产后延伸，提高粮食生产、储运、加工产业链技术水平。

5）依靠自动化和信息技术，提升粮食产业综合管理水平，在保障产品安全性的同时，增强粮食的商品化率和市场竞争力。

（二）粮食生产机械化战略目标

我国粮食生产机械化的发展战略目标可分为两步：第一，实现粮食生产的全程机械化，即从粮食主要生产环节的机械化到全部生产环节的机械化；第二，在全程机械化的基础上，充分发挥信息技术和生物技术的作用，用现代信息技术提升农业机械装备，实现粮食生产的自动化、智能化和精准化。从资源低效利用的粗放型机械化生产方式向资源高效利用和环境友好型机械化、信息化生产方式转变。我国 2020 年和 2030 年粮食生产机械化的发展目标如下。

1. 水稻

2020 年基本实现水稻生产全程机械化。耕种收综合机械化水平达到 76%，机耕水平达到 96%，机械种植水平达到 45%，机收水平达到 80%；田间管理和收获后干燥机械化得到快速发展，构成适合不同稻区自然条件和社会经济条件的水稻生产机械化技术体系；形成水稻生产机械化技术支撑体系、示范推广体系和社会化服务体系，完善水稻生产机械化资金投入长效机制。

2030 年，水稻生产机械化技术支撑体系、示范推广体系和社会化服务体系得到进一步完善。耕种收综合机械化水平达到 86%，机耕水平达到 98%，机械种植水平达到 65%，机获水平达到 90%；田间管理机械化水平达到 40%，干燥机械化水平达到 60%。

2. 小麦

2020 年耕种收综合机械化水平保持在 90%以上，收获机械实现升级换代。

2030 年，小麦耕种收综合机械化水平达到 97%以上，主要作业机械装备基本实现智能化。

3. 玉米

2020 年耕种收综合机械化程度达到 80%，其中机耕程度和种植机械化程度达到 90%，机械收获程度达到 75%。

2030 年，玉米耕种收综合机械化程度达到 90%，其中机耕程度和种植机械化程度达到 95%，机械收获程度达到 85%。

4. 大豆

2020 年耕种收综合机械化水平总体达到 70%，其中机耕水平超过 80%，机械种植水平达到 70%，机械收获水平超过 60%。

2030 年耕种收综合机械化水平总体达到 80%，其中机耕水平超过 90%，机械种植

水平达到80%，机械收获水平超过70%。

5. 马铃薯

2020年综合机械化水平达到40%，其中机耕水平达到70%，机播和机收水平达到25%。

2030年综合机械化水平达到50%，其中机耕水平达到90%，机播水平达到40%，机收水平达到40%。

（三）粮食生产信息化战略目标

1）结合粮食生产信息化实际需求，大力加强粮食生产信息化关键技术研究，加强田间信息采集技术研究与系统开发，着力推广信息技术的应用范围和领域，加快信息技术与粮食生产的深度融合，为粮食生产信息化提供技术支持。

2）到2020年，确定国家粮食生产信息化服务体系框架。包括初步建立国家粮食生产信息基础数据库，为粮食生产指挥和宏观决策提供基础信息支持；初步建立农情信息监测体系和农产品质量追溯体系；加快信息技术与粮食生产的深度融合，提高粮食生产信息化智能化水平；大力发展农产品电子商务和建立国家农产品电子商务服务云平台框架。

3）到2030年，建成规范化高效率粮食生产信息化服务体系。建立完备的粮食生产信息基础数据库，为信息平台建设及实施提供基础；进一步完善农情信息监测体系；实现信息技术与粮食生产的深度融合，全面开展现代物联网、精准农业、农业智能装备技术等集成应用，实现种植业耕整、播种、施肥、灌溉、喷药的精准投入和科学管理；建立较完备的粮食生产管理综合服务平台，使现代化信息技术和信息管理充分地应用于粮食生产、流通和管理的全过程，包括资讯、粮食品种及生产物资供应、粮食生产技术及管理、产品流通等模块，集产供销于一体的综合的网络平台；大力发展电子商务，实现粮食生产与市场的有效对接，拓展粮食电子商务模式；建立示范区，做好推广实施精准农业相关信息收集、信息管理等基础工作，为示范推广精准农业奠定基础，同时完善精准农业实施后信息处理及管理技术及开发相关软件；建立粮食生产网络信息平台，消除信息的地域、时间阻隔；建立和完善粮食产品追溯体系，保证粮食质量安全。

七、重大对策措施与政策建议

（一）粮食生产机械化战略对策措施

1. 运用系统工程思想，开展机械化系统研究，构建粮食生产机械化体系和工程模式

运用系统工程思想，通过对不同地区经济与自然条件、不同作物各作业环节的配套

农艺措施，各种规模机械化生产中不同机器的组合、不同机械化生产作业工艺规程，以及经营方式的研究，因地制宜地构建适应不同地区的粮食生产机械化体系和工程模式。

2. 从装备设计制造入手，夯实粮食高产高效可持续发展机械化技术物质基础

在注重研究基于适度规模经营的农机农艺融合粮食生产关键共性技术和农业机械装备的同时，适应我国粮食生产机械将朝着大型多功能集成方向发展的趋势，注重研发资源节约型、环境保护型、大型多功能机械化技术和装备，以及自动化和信息化精准农业装备。

研究基于间套作栽培模式适宜丘陵山地的微小型多功能机具，夯实丘陵山区粮食高产高效可持续发展机械化技术物质基础。

3. 提高农业机械化技术内涵，改进和扩大农业机械化水平评价体系

改进和完善农业机械化发展水平评价体系与标准，改变用农机总动力和农业机械化耕种收综合机械化水平评价农业机械化发展程度的局限性，引导粮食生产机械化健康有序发展。

4. 发展精准农业装备，机械化和信息化同步发展

在条件成熟地区建立精准农业示范区，引导、推动精准农业发展，包括两个方面：一是机组田间作业定位精准化；二是种肥药水等投用量精准化。同时，要注重开展精准农业支撑技术或数据的试验研究工作。

5. 促进实现粮食生产全程机械化

耕整地、播种、田间管理、收获和干燥是粮食生产过程的重要环节，对其机械化要予以重点关注，随着农村劳动力的转移和农村经济的发展，要注重结合各地区粮食生产工艺过程实际需求，研发各型适用粮食生产装备，发展粮食生产全程机械化。

（二）政策建议

1）在我国当前家庭承包的经营方式下，粮食生产规模过小，是种粮效益不高的主要原因，这种方式短期内不会发生根本改变，因此，应加大对种粮的补贴，确保各项补贴政策实施到位，制定切合实际的科学补贴实施方案，加强监督和技术服务，促使财政补贴能真正发挥作用。

2）组织专业队伍调研和确定各地区各种粮食作物适度规模经营面积，按此标准积

极稳妥地推进土地流转，改变粮食分散种植的落后生产力现状，通过适度规模经营，提高粮食生产综合效益，提高农民种粮积极性。扶持种植大户进行更大规模化生产，进一步降低生产成本，增加利润。发展协会和合作社的机械化专业服务、建立和完善稳定的销售网络，积极发展企业加农户模式，建立企业与农户之间利益共享、风险共担的利益共同体。

3）加强农田基本建设，加大坡改梯和土壤改良投入，实施农地水田规划整治，兴修水利，改造中低产田。

4）支持农机企业转型升级，提高自主创新能力，加大全程机械化技术和装备研发力度，研制适用的大中小型农机装备，加快研发适合丘陵山地机械化的机具装备。将信息技术融入机械装备，提高农业机械的现代化水平。

5）健全自然灾害和病虫害的预测和预警机制，定期向农户发布自然灾害和病虫害信息；因地制宜地建立自然灾害应急预案和病虫害防控预案，减少自然灾害病虫害造成的经济损失。

6）大力发展粮食生产信息化，将现代信息管理技术用于粮食生产管理，实施粮食绿色生产，建设信息交流平台，完善信息发布与信息指导，引导农户科学种田，保持产需平衡，降低种植风险，提高粮食品质和市场竞争力。

专题二

园艺与经济作物生产方式向机械化和信息化转变战略研究

一、引　　言

园艺与经济作物是农作物的重要组成部分，是人们日常生活中重要的食物，棉麻虽然不是食物，但它们要占用农田，容易产生与粮争地的情况。据 2012 年国家统计局和国土资源部统计数据（http://data.stats.gov.cn/；http://www.guancha.cn/economy/2013_12_30_196338.shtml），我国耕地总面积为 135 133.33×10^3hm^2，其中甘蔗、油菜、棉花和麻类等主要经济作物种植面积为 14 015.87×10^3hm^2，占全国耕地面积的 10.37%；蔬菜和水果等主要园艺作物种植面积为 32 492.5×10^3hm^2，占全国耕地面积的 24.04%，两者合计占全国耕地总面积的 34.41%。本专题研究“园艺与经济作物生产方式的转变战略”，主要涉及在我国农业发展中占有重要地位的水果、蔬菜、甘蔗、油菜、棉花和麻类等六大类作物，是研究食物生产方式转变的重要组成部分。

园艺与经济作物生产多为劳动密集型产业，大量的农村劳动力进城务工，严重制约了园艺与经济作物的可持续发展（中华人民共和国农业部，2011，2012）。本专题围绕我国园艺与经济作物的生产方式向机械化和信息化转变的必要性和生产现状及存在的问题、我国园艺与经济作物产业的需求和发展趋势，以及国际产业发展经验与借鉴等方面展开调研与分析，并在此基础上，提出转变园艺与经济作物发展方式，促进产业可持续发展战略构想及重大对策措施和政策建议。

二、园艺与经济作物生产方式向机械化和信息化转变的必要性

发达国家和地区农业发展的经验表明，机械化和信息化作为农业先进的生产力，是发展园艺与经济作物产业的物质基础，是提高产业土地产出率、资源利用率和农业劳动生产率的重要手段，园艺与经济作物产业生产方式向机械化和信息化转变是必经之路。国务院 2014 年中央一号文件明确提出要“建设以农业物联网和精准装备为重点的农业全程信息化和机械化技术体系”“加快推进大田作物生产全程机械化”，这为我国园艺与

经济作物机械化和信息化发展指明了方向，提出了新的更高要求。

（一）提高劳动生产率要求园艺与经济作物生产方式向机械化和信息化转变

随着我国工业化、城镇化的进程，农村劳动力向第二、第三产业大量转移，农业生产劳动力短缺、劳动力价格快速上涨已成新常态。园艺与经济作物生产属劳动密集型生产，劳动生产率较低，劳动力成本在生产成本中占了很大比例，劳动力价格上涨引起生产成本大幅上涨，拉大了国内外园艺与经济作物产品的价差，影响了产业稳定发展。据测算，2013 年油菜生产成本中劳动力成本占 60%以上，1hm^2 田耗工 150～180 个，劳动力成本 4800～5250 元，加上种子、化肥、农药等物化成本，种植油菜比较效益低；加拿大、澳大利亚、德国等发达国家，油菜生产均已实现全程机械化作业，每公顷用工 9 日左右，劳动力成本低，生产效益高，如加拿大的油菜生产成本只有 0.90 元/kg，远远低于我国。又如，我国甘蔗人工费用比例占 40%～50%，而发达国家由于农业机械化的高度发展，人工费用比例不到 10%。

在当前农村劳动力大量转移的新形势下，园艺与经济作物生产方式必须向机械化转变，增加劳均负担耕地面积，大幅度提高劳动生产率，降低生产成本，才能确保园艺和经济作物产业持续发展。

（二）提高土地产出率要求园艺与经济作物生产方式向机械化和信息化转变

机械化和信息化是提高园艺和经济作物土地产出率的重要途径。以蔬菜生产为例，受生产规模小、蔬菜品种多、栽培农艺复杂、生产环节繁杂等多方面因素影响，目前我国蔬菜生产机械化整体水平为 25%左右，按国际标准，仍处于生产机械化的初始阶段。大多数蔬菜种苗生产基地采用人工穴盘播种，部分购置播种机进行机械化播种作业后，仍采用人工搬运穴盘，其他蔬菜作业环节的生产设备不配套，难以形成规模化生产。与蔬菜生产先进国家荷兰相比，我国温室黄瓜、番茄产量只有 100～300t/hm^2，荷兰的温室黄瓜产量为 600～1000t/hm^2、番茄产量为 500～700t/hm^2，远高于我国蔬菜土地产出率水平。

随着人们生活水平的提高，对园艺和经济作物的需求会不断增加。国家统计局统计数据显示，2010 年我国人口为 13.41 亿，专家预测 2020 年人口将达到 14.3 亿。蔬菜供给方面，据《全国蔬菜产业发展规划（2011—2020 年）》数据，2010 年我国人均蔬菜占有量为 370kg，预计到 2020 年，人均蔬菜占有量在现有基础上增加 30kg，蔬菜加工品增加 1000 万 t，届时我国蔬菜总需求量为 58 950 万 t，比 2010 年增加 8950 万 t；食糖供给方面，2011 年我国人均食糖消费水平约为 10.03kg，为全球平均水平（24kg）的 42%，也明显低于亚洲国家的平均水平（12.75kg），由此可推断，我国食糖消费水平将进一步保持增长态势，2020 年食糖消费量可能达到 1800 万～1900 万 t，供给缺口为 370 万～

630 万 t；食用油供给方面，根据与中国大陆消费结构类似的中国台湾地区和中国香港地区食用植物油需求的增长趋势，考虑到我国食用植物油需求量在达到一定数量后，增长速度出现降低的情况，预计 2020 年食用植物油消费量为 3340 万 t，其中以大豆、花生、油菜籽为原料的国产食用植物油供给为 1355 万 t，自给率为 40.57%（http://www.guancha.cn/economy/2013_12_30_196338.shtml）。

由于我国是土地资源紧缺的国家，园艺和经济作物又不能与粮食作物争地，为了适应不断增长的需求，园艺与经济作物生产方式必须向机械化和信息化转变，提高土地产出率。

（三）提高资源利用率要求园艺与经济作物生产方式向机械化和信息化转变

提高耕地资源利用率需要发展机械化和信息化。机械化和信息化是保护耕地资源的有效措施之一。例如，开展蔗叶、油菜秸秆、棉花秸秆等粉碎还田保护性耕作技术，可以降低地表径流，减少土壤流失，保护生态环境；山地果园应用轨道运输机，可以减少因修路造成的土地浪费和水土流失，提高水土资源利用率。

提高水资源利用率需要发展机械化和信息化。我国农业生产长期采用土渠、水泥渠输水及大水漫灌等不科学灌溉方式，灌溉用水的有效利用率只有 30%～40%，每年灌溉浪费的水相当于全国总用水量的 40%；而采用肥水一体化的滴灌技术，水流顺滴孔直达作物根部，使土壤始终保持最佳含水状态；采用地膜覆盖可使水分蒸发大大减少；水肥同施，能节水 60%以上，节地 5%，节约种子、肥料 40%，降低人工费用 70%，作物增产 30%以上，人均管理耕地面积从 $1hm^2$ 提升至 $8hm^2$。因此，大力发展节水灌溉机械化和信息化技术是保护和提高我国农业水资源利用率的迫切需求。

提高化肥农药利用率、保护农业生态环境资源需要发展机械化和信息化。由于长期不科学施用化肥和农药，对农业生态环境造成了严重的污染，机械化和信息化是提高化肥农药利用率，减少化肥农药施用量，保护农业生态环境行之有效的方法之一。例如，采用精准喷雾技术，根据探测到的目标实施精准喷雾作业，可节约 30%～40%的费用，并减少农药对环境的污染和残留；采用机械化和信息化肥水一体化滴灌技术，可以使化肥的利用率从人工撒施的 30%左右提高到 60%以上，同时可节水 1/3～1/2。因此，改变传统田间管理方式，大力发展机械化和信息化深施肥技术、农药精密喷施技术、秸秆粉碎还田技术，是提高化肥农药利用率、切实保护农业生态环境的有效手段。

（四）提高园艺和经济作物国际竞争力要求园艺与经济作物生产方式向机械化和信息化转变

提高园艺和经济作物的国际竞争力，关键在于提高农产品的品质和降低生产成本、提高经营效益。

机械化和信息化是提高园艺和经济作物产业农产品品质的重要途径。例如，我国蔬菜生产中时有发现产品中农药残留、重金属等有毒、有害物质超标等问题。其原因在于：一是伴随着工业化和城市化的快速推进，工业“三废”（废水、废气、废渣）的随意排放；二是当前蔬菜生产分散，规模化程度低，标准化生产技术推广困难；三是由于存在重产量轻质量，产品质量安全水平不高。近年来，因食用有毒、有害物质超标的蔬菜产品而引发人畜中毒的事件时有发生，导致群众对农产品质量安全的不信任感，特别是对于日常消费量最大的蔬菜，常常会发出“我们到底该吃什么菜”的疑问，机械化和信息化是降低生产成本、提高经济效益的重要途径。

以油菜为例，表 2.1 为中国和欧美发达国家油菜生产投入产出效益的比较（陈志，2001），普遍采用机械化和信息化生产手段的欧美国家的油菜生产收益远远高于机械化水平低下、少有应用信息化技术的我国油菜生产效益。

表 2.1　2007 年中国与欧美主要油菜生产国投入产出效益比较

项目	国家			
	中国	加拿大	美国	德国
种植规模/hm^2	<0.5	>100	>100	>50
栽培模式	育苗移栽	机械化	机械化	机械化
种子/（元/hm^2）	108.00	328.30	112.40	547.20
肥料/（元/hm^2）	1750.50	544.30	625.60	1771.90
农药/（元/hm^2）	173.50	393.80	617.10	1406.20
机械作业/（元/hm^2）	675.00	762.50	495.10	1372.80
劳动力/（元/hm^2）	2498.50	244.80	750.00	944.60
其他/（元/hm^2）	158.00	433.40	402.20	956.90
总成本/（元/hm^2）	5183.50	2707.10	3002.40	6999.60
单产/（kg/hm^2）	1990.65	1400.00	1725.00	3470.00
价格/（元/kg）	2.75	2.50	2.60	2.65
毛收益/（元/hm^2）	5474.29	3500.00	4485.00	9195.50
净收益/（元/hm^2）	290.79	792.90	1482.60	2195.90

再以棉花为例，新疆是我国重要的优质棉基地，据国家统计局数据，2012 年新疆棉花种植面积为 $1720.83\times10^3hm^2$，占全国棉花种植面积的 36.71%。目前新疆建设兵团普遍使用的采棉机价格为每台 200 万元，投入成本约 1800 元/hm^2；引进一套 15 吨级清花设备和配套的部分基建设施约 1000 万元，投入成本约 330 元/hm^2，而人工收获成本约为 10 500 元/hm^2，采用机械化和信息化收获技术可降低采摘成本 8370 元/hm^2，降幅达近 80%。表 2.2 为 2001～2011 年的 11 年间，采用机械化作业可以实现的增收节本效益，累计达 74.17 亿元。

表 2.2　2001～2011 年兵团机采棉机械化生产可节本效益

年份	2001	2001	2002	2003	2004	2005	2006	2007	2008	2009	2010	2011	合计
采收面积/$\times10^3hm^2$	2.00	18.80	25.40	17.20	28.10	50.00	54.00	68.70	78.00	116.00	171.30	256.67	886.17
节本效益/亿元	0.17	1.57	2.13	1.44	2.35	4.19	4.52	5.75	6.53	9.71	14.34	21.48	74.17

综上所述，机械化和信息化是提高园艺和经济作物国际竞争力的重要手段。

（五）构建和强化现代农业经营和社会服务体系建设、培育新型农业经营主体，要求园艺与经济作物生产方式向机械化和信息化转变

2007年，为全面贯彻落实党的十七大精神，农业部、财政部共同启动了现代农业产业技术体系建设。2008年，党的十七届三中全会进一步指出，“以市场需求为导向，科技创新为手段，质量效益为目标，构建现代农业产业体系”。现代农业产业体系是集现代农业技术体系、服务体系和保障体系于一体的综合系统。水果、蔬菜、甘蔗、油菜、棉花、麻类已被列入现代农业产业体系。

机械化和信息化是完善农机社会服务体系的重要举措。现代化农机技术的研发、集成与示范是现代农业产业技术构建的重要组成。2004年我国颁布实施的《农业机械化促进法》规定，农民、农业机械作业组织可以按照双方自愿、平等协商的原则，为本地或者外地的农民和农业生产经营组织提供各项有偿农业机械作业服务；各级人民政府应当采取措施，鼓励和扶持发展多种形式的农业机械服务组织，推进农业机械化信息网络建设，完善农业机械化服务体系；农业现代物流体系是农业服务体系的重要组成部分，建设农业现代物流体系，必须采用机械化手段，实现农产品的标准化、高效化的高质量生产；同时以提供现代化服务为核心，充分利用信息化网络，如电子商务、期货市场等现代流通手段，连接好生产、加工和销售等环节，促进产业链的可持续发展。由此可见，机械化和信息化是完善农机社会化服务体系、促进现代农业产业技术体系构成的重要举措。

机械化和信息化是培养新型农民、增加农民收入，改善农业生产基础设施，建设社会主义新农村的必由之路。机械化和信息化作为农业先进生产力的发展方向，需要有文化和掌握科学技术的新型农民来推进。我国农村劳动力中初中以上（含初中）文化程度的占68.3%，而从事农机作业、销售和维修的人员约为5200万，其中初中文化以上（含初中）人员为4185万，达到80%（http://data.stats.gov.cn/）。随着国家工业化、城镇化和现代化建设的快速推进，从事农业的青壮年劳动力不断下降。据《中国农业年鉴2012》数据，外出农民工平均年龄为34.5岁，其中1980年后出生的新生代所占比例为49.3%，老人、妇女、小孩从事农业生产成为一种常态。从2009年开始，中国农业大学朱启臻教授等围绕农业劳动力与农业发展的关系问题，对山东、山西、河北、四川、重庆、陕西、黑龙江等10省（直辖市）20个村进行了调研，结果显示目前农业劳动力63.05%为60岁以上的老龄劳动者（表2.3）。2010年农业劳动力流出增加较快，使农业老龄化增长率达到了3.42%。目前，每百名农村劳动力中，小学文化程度以下的占32%、初中文化程度占53%，大部分农民对新机具缺乏基本知识和操作技能，这种现象呈继续发展的趋势（http://data.stats.gov.cn/）。

培育新型职业农民、提高劳动者素质，对解决当前劳动力素质低、解决谁来种地和怎么种的问题具有重要意义。而只有大力推进机械化和信息化，使农业成为一个能挣钱又受人尊敬的行业，才能吸引年轻一代从事这个职业。

表 2.3　20 个村庄农业劳动者老龄化程度

年龄分布/岁	从事农业劳动人数/人	占农业劳动者比例/%	备注
<30	12	0.20	厌学或有一定缺陷者
31～40	165	3.25	多为返乡创业和从事特种种植的青年
41～50	478	9.42	多为照顾老人，不能外出者
50～60	1220	24.04	是目前的主要农业劳动力
>60	3200	63.05	是目前农业生产的主体
农业劳动者总计	5075	100	

三、我国园艺与经济作物生产现状与问题分析

（一）我国园艺与经济作物生产现状

1. 我国园艺与经济作物种植面积

我国园艺与经济作物 2012 年种植面积见表 2.4。

表 2.4　2012 年我国主要园艺与经济作物种植面积

作物		种植面积（$\times10^3 hm^2$）	总产量/万 t	占全国耕地面积比例/%	在世界上的地位
主要经济作物	甘蔗	1 794.66，占常年糖料面积的 85%以上	12 311.4	10.37	位于巴西、印度之后，居世界第三位
	油菜	7 431.86	1400		面积和总产位居世界第一位
	棉花	4 688.13	683.60		面积仅次于印度，居世界第二，产量位居世界第一位
	麻类	200			苎麻和亚麻种植面积居世界首位，亚麻占世界种植面积的 28%以上；黄麻、红麻仅次于印度和孟加拉国，居世界第三位
主要园艺作物	蔬菜	20 352.57	70 000	24.04	世界上最大的蔬菜生产国，蔬菜产量占全世界蔬菜产量的 50%以上，人均 500 多千克，均居世界第一位
	水果	12 139.93	24 057		是世界第一大水果生产国，1993 后水果栽培面积和总产量位居世界第一位。苹果、梨、桃、西瓜的产量居世界第一，香蕉、葡萄、菠萝的产量也位居世界前列
合计		46 508.37		34.41	

数据来源：2012 年国家统计局和国土资源部统计数据，《中国农业统计年鉴》（2012，2013）

2. 我国园艺与经济作物区域布局

我国园艺与经济作物区域布局的情况见表 2.5。

表 2.5 我国园艺与经济作物区域布局

作物名称	作物分类	作物分布	作物种植区域分布
水果	热带、亚热带水果椰子、芒果、菠萝、桂圆、荔枝、柚子、香蕉等	最怕 0℃低温，因而只分布在华南地区	
	亚热带水果柑橘、枇杷等	能耐轻寒，但在–9℃左右及以下低温时仍会造成严重冻害，一般只分布在秦岭—淮河以南地区	
	温带水果苹果、梨、柿子、葡萄	秦岭—淮河以北的温带地区。近年来利用嫁接、杂交等方法，苹果已开始向长城以北和新疆北部等更北地区扩展	
蔬菜	蔬菜品种繁多。按常规来说，南方叶菜和瓜类都很丰富；中原地区瓜类更多；北方则品种较少。但近年来，由于温室大棚和反季节蔬菜的发展，这种格局已发生很大变化	作物产区在辽宁以南，直到广东和海南，分布极广。种植面积的比例超过 10%以上的种植大省为山东、河北和河南。较大的有江苏、湖北、四川、广东、湖南、辽宁和广西等几个蔬菜生产大省（自治区）	2012年蔬菜播种面积比例 山东 14% 河北 11% 河南 10% 江苏 7% 湖北 5% 四川 5% 广东 4% 湖南 5% 辽宁 4% 广西 3% 其他 32%
甘蔗	甘蔗分为榨糖用的糖蔗和作水果的果蔗，其中糖蔗产的糖占我国产糖量的 85%以上，是我国制糖业的最主要原料	我国甘蔗主产区为广西中、南部、云南西南部、广东粤西、海南西北部四省（自治区），面积占全国的 94%。根据农业部发展计划司“甘蔗优势区域布局规划(2008—2015 年)”，在桂中南、滇西南、粤西琼北设 3 个甘蔗优势区域，占全国甘蔗总面积的 74%	
油菜	油菜抗逆性强，适应范围广，按生态可划分为冬油菜区和春油菜区两大类。其中，春油菜主要集中于内蒙古海拉尔地区、西北青海、新疆等。4 月底种植，9 月底收获。冬油菜主要集中于长江流域。面积和产量均占 90%以上，10 月种值，5 月底收获	我国的油菜生产以冬油菜为主，其种植面积和产量均占全国的 90%左右	

续表

作物名称	作物分类	作物分布	作物种植区域分布
棉花		我国棉花生产主要分布在新疆棉区、长江流域棉区和黄河流域棉区三大主产区。主要包括新疆、山东、河北等13个省（自治区）	
麻类	我国麻类作物种类繁多，主要有苎麻、亚麻、大麻、黄麻、红麻、剑麻和青麻等	我国麻类作物分布较广，除剑麻是热带经济作物外，其他麻类全国各省（自治区、直辖市）除西藏以外几乎都有种植	

资料来源：《中国农业年鉴》

3. 随着我国人们生活水平的提高，对园艺和经济作物的需求增加，产量逐年增加

以水果为例，研究发现，城镇化水平越高，居民收入越高，人均水果消费量越大，人均水果消费量增长速度就越快。图 2.1 是中国城乡居民 1990～2012 年的人均消费瓜果量。城镇人口人均水果消费量是农村人口的一倍以上。近几年中国农村人口向城镇转移加速，对水果的需求量增长数倍。

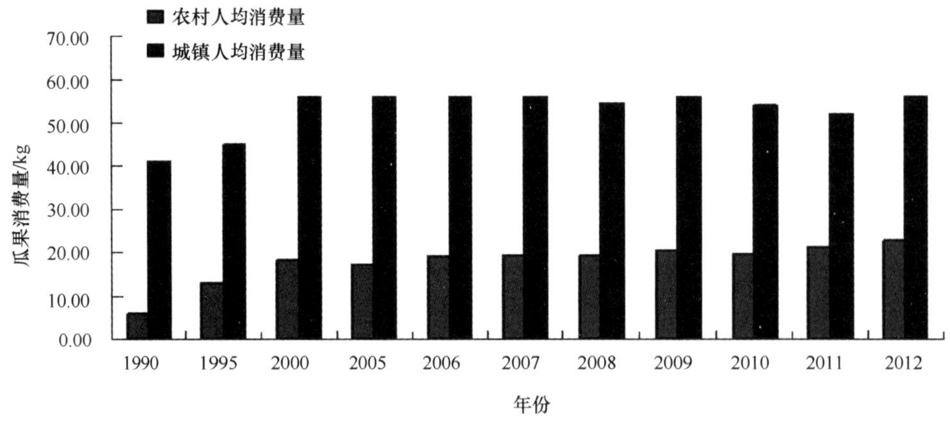

图 2.1　中国城乡居民人均消费瓜果量

中国横跨寒带、温带和热带，气候的多样性使水果品种非常丰富，加入 WTO 以来，中国水果产业得到了政府的大力扶持，虽然水果种植面积近 10 年来变化不大，但水果产量逐年增长，从 2002 年的 6952 万 t 上升到 2011 年的 14 083 万 t。苹果、柑橘、梨、香蕉和葡萄是中国主要的水果品种。图 2.2 表明，这些水果的产量逐年上升。柑橘的增幅最大，10 年间产量提高了 1969 万 t，增长了 164.22%；苹果产量增加了 1928 万 t，增长了 100.21%；梨、香蕉和葡萄的产量分别增加了 777 万 t、600 万 t 和 607 万 t。

根据联合国粮食及农业组织的统计数据，中国自 1978 年改革开放以来，就成为了

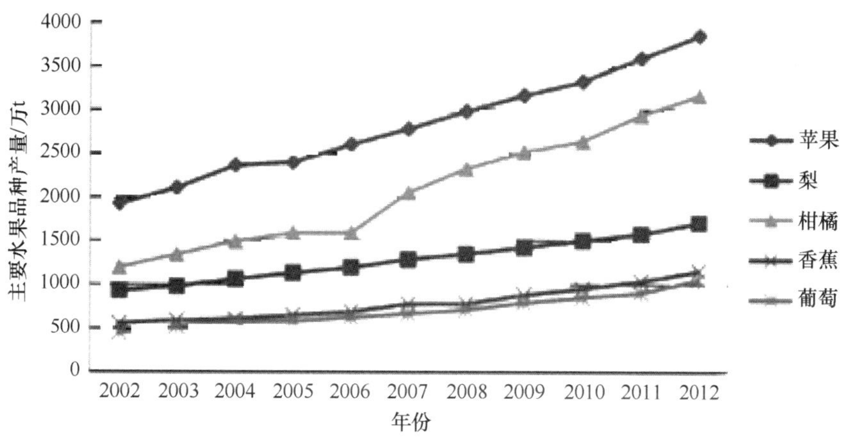

图 2.2　2002～2012 年我国主要水果品种产量

数据来源：《中国农村统计年鉴》（2003～2012）

（彩图请扫文后末页二维码）

世界上最大的蔬菜生产国，此后蔬菜种植面积增幅连年提高，近年来平均增长率达到 $524.4\times10^3 hm^2$/年，远远超过了其他国家，根据 2012 年的统计数据，中国的蔬菜种植面积是位居世界第二位印度的 3.2 倍，是其他国家的 20 倍以上。种植面积的增加带来了蔬菜总产量的大幅提高，年平均增长达到 2284.68 万 t/年，根据 FAO 的统计，2007 年以后，中国蔬菜产量已占全世界蔬菜产量的 50%以上，如图 2.3 所示。2012 年蔬菜总产量 67 929.7 万 t，达到历史性新高，如图 2.4 所示。这种生产粗放，依靠种植面积保持蔬菜产量的模式是难以持续发展的。

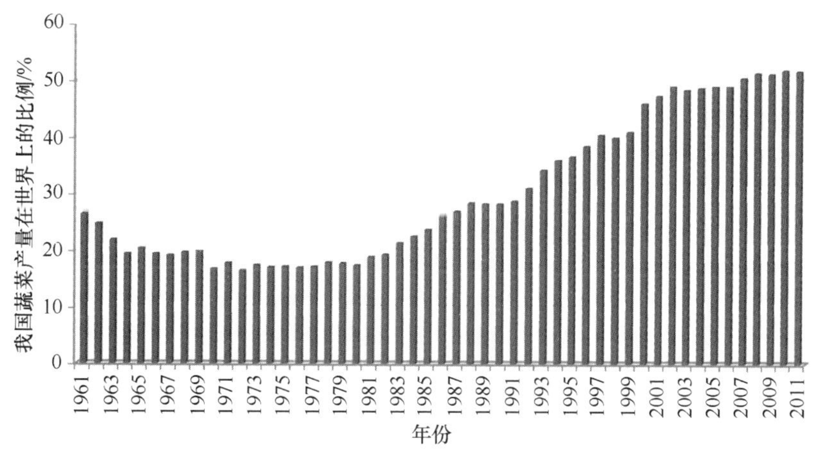

图 2.3　中国蔬菜产量在世界上比例变化趋势

资料来源：www.fao.org

甘蔗单产近年来变化不大，在 60～75t/hm^2，种植面积如图 2.5 所示，在波动中增长。

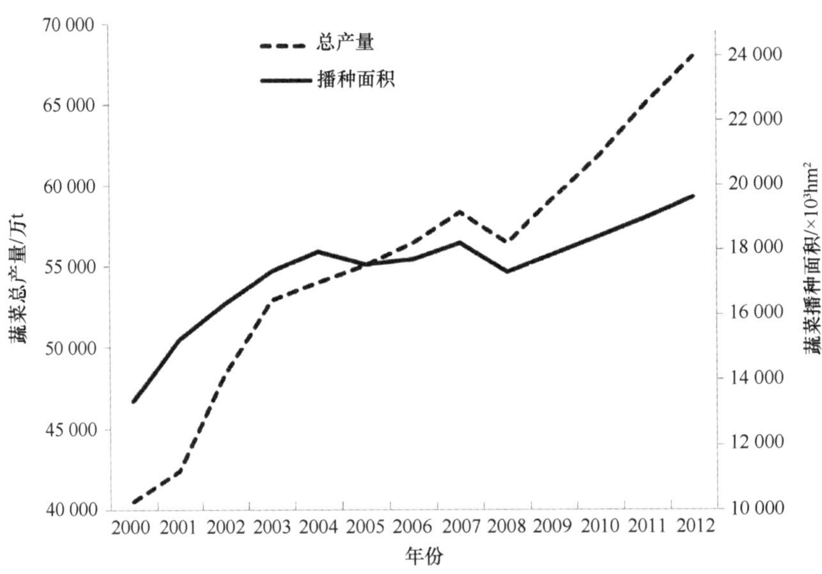

图 2.4　中国蔬菜种植面积与产量变化趋势

资料来源：《中国农业年鉴》

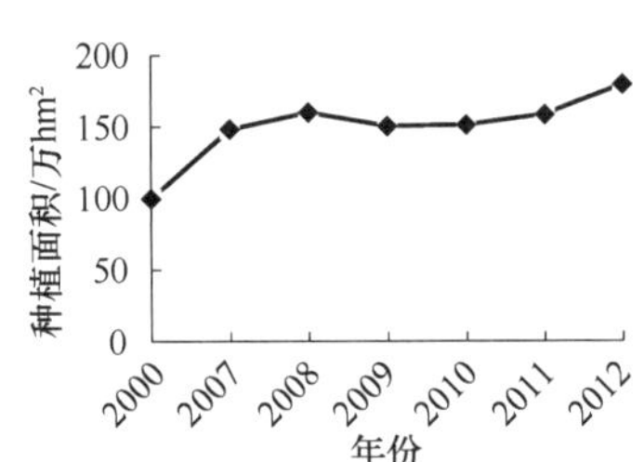

2000~2012年甘蔗种植面积

年份	2000	2007	2008	2009	2010	2011	2012
面积/万hm²	99.7	148.3	160	150.5	151.3	158.6	179.5

图 2.5　甘蔗历年种植面积

新中国成立以来，油菜种植面积大致经历了 4 个阶段：1949～1980 年的低速增长阶段；1981～1995 年的高速增长阶段；1996～2005 年的相对稳定阶段；2006～2012 年的明显波动阶段。在这个过程中，2000 年达到了历史最高的 7494.20×10^3hm^2，2012 年的种植面积为 7431.86×10^3hm^2，仍保持在相对较高的水平。油菜总产量与当年油菜种植面积成正比，即种植面积增加，其总产量也相应增加（图 2.6）。

我国棉花种植区域主要包括新疆、山东、河北等 13 个省（自治区、直辖市）。近 10 年来，新疆棉花的种植面积和产量总体呈波动上升态势，种植面积从 2003 年的 1055.3×10^3hm^2 增加到 2012 年的 1722.07×10^3hm^2，增幅为 63%。长江流域和黄河流域棉区受种植成本上升、比较效益下降等因素影响，植棉面积不断减少，棉花生产萎缩严重；2012 年两大流域的棉花种植面积为 2933.3×10^3hm^2，比 2007 年降低了 28%。各主产省（自治区、直辖市）历年棉花产量变化如图 2.7 所示。

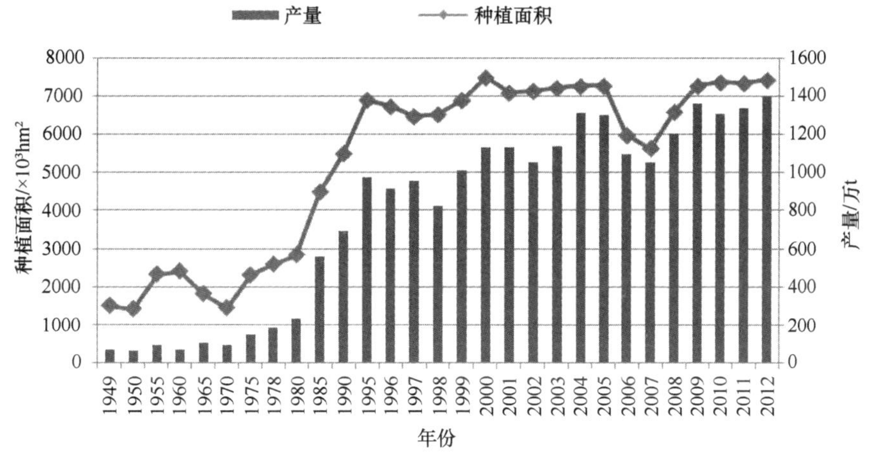

图 2.6 我国油菜种植面积与产量变化趋势
数据来源：国家统计局

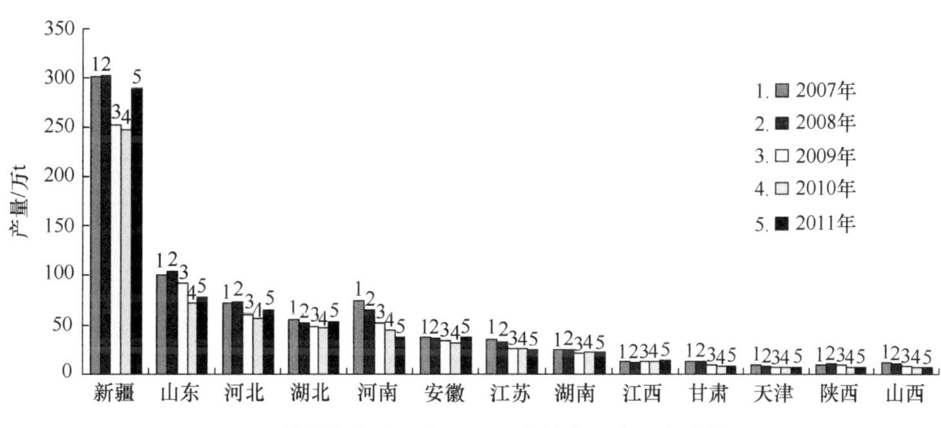

图 2.7 棉花主产省（自治区、直辖市）产量变化情况

4. 我国园艺与经济作物出口现状

我国是水果和蔬菜生产大国，也是出口大国。经济作物方面，蔗糖、食用油、棉花及麻类产品都是需要进口的产品。

（1）我国水果出口现状

随着水果种植技术的提高和优质品种的推广，中国水果产量增幅明显，为扩大水果出口奠定了基础。与中国水果生产持续增长相对应，加入 WTO 以来中国水果出口也呈现快速增长的势头。2009 年中国水果出口量达到历史最高的 525.5 万 t，此后虽有小幅下降，但 2012 年水果出口量仍比 2002 年增长 113.3%，出口额也由 2002 年的 5.5 亿美元上升到 54.5 亿美元。

中国水果的国际市场占有率逐年攀升，2002 年为 1.79%，经过多年稳定增长，2012 年达到 7.37%。但水果出口量仍不到产量的 3%，而且国际市场占有率偏低，与其他国家相比，仍存在较大差距。在世界主要水果出口国中，美国的国际市场占有率最高，2002～2012 年一直保持在 12%以上，2012 年更高，达 17.93%；西班牙紧随其后，尽管近年来国际市场占有率有所下降，但仍保持在 9%以上；荷兰和智利水果的国际市场占有率在2003年以后均保持在5%以上。研究表明，中国水果的显示性比较优势指数均 <1，反映出中国水果在国际市场上仍处于比较劣势的地位。

东盟、日本、俄罗斯、美国是中国水果出口的主要国家和地区。东盟一直是中国水果出口最多的地区，中国对东盟水果出口额占全国水果出口总额的比例基本保持在 20%左右，个别年份超过 30%；中国对日本水果出口比例曾达到 15%以上，但 2008 年后降至约 3%；俄罗斯是中国水果出口增长较快的国家，得益于两国地理位置接近，以及双方水果贸易的互补性，2007 年起俄罗斯取代日本成为中国第二大水果出口市场；中国对美国的水果出口在波动中下降，与美国对中国水果实行严格的检疫标准和反倾销等贸易限制措施有关。总体上看，我国的水果出口量从 1990 年的 49.7 万 t 发展到 2008 年的 484.1 万 t，年均增长 13.56%，呈稳定上升趋势，然而由于信息化管理的滞后，影响了我国水果的出口，我国的水果生产和出口仍然有较大的提升空间。

中国出口的水果包括苹果、柑橘、梨、葡萄、草莓、西瓜、香蕉、菠萝、桃等 10 余个品种，苹果、柑橘、梨是出口量最大的 3 种水果，产品结构比较单一，图 2.8 是 2012 年我国水果出口产品结构，三者的出口量分别占当年全国水果出口总量的 18%、18%和 6%，以苹果和柑橘为原料加工的苹果汁和柑橘罐头占 21%和 7%，而其他水果只占 30%。产品结构单一使中国水果出口的风险较大，一旦苹果、柑橘、梨这 3 种水果出口受阻，水果出口可能出现大幅下滑。

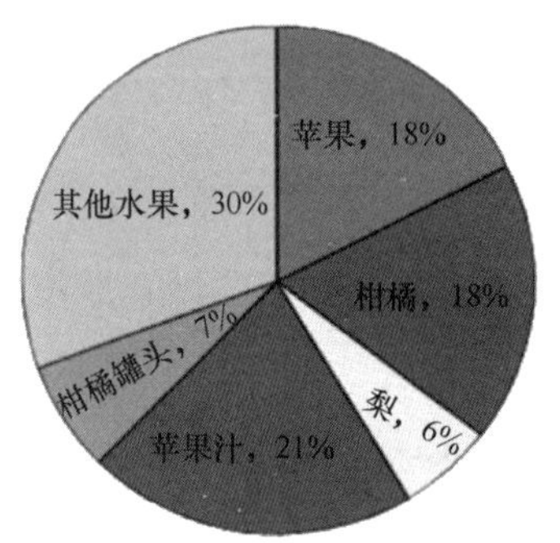

图 2.8　2012 年中国水果出口产品结构

数据来源：《中国农产品进出口月度统计报告 2012》

（2）我国蔬菜出口现状

近年，我国蔬菜出口量逐年增加，已成为我国农业经济和农民收入的新增长点。表 2.6 显示，2005～2007 年我国蔬菜出口量增长幅度比较大，2008 年出口量增长幅度较小，到 2009 年我国蔬菜出口量有所降低，呈现负值，比 2008 年减少 2.2%，但出口额却增加 5.4%；2010 年和 2011 年，我国蔬菜出口量呈持续大幅度上升趋势，无论是出口量还是出口额都有较大突破。我国蔬菜主要出口到日本、美国、欧盟、韩国、中

国香港、东盟、澳大利亚等国家和地区，占我国蔬菜总出口量的65%。

表 2.6　2005～2012 年我国蔬菜出口变化趋势

年份	出口量/t	增加比例/%	出口额/万美元	增加比例/%
2005	6 813 772.2		453 414.4	
2006	7 338 412.1	7.7	548 014.7	20.9
2007	8 188 468.6	11.6	627 868.7	14.6
2008	8 207 857.0	0.2	6 520 04.9	3.8
2009	8 040 339.8	–2.0	687 475.8	5.4
2010	8 446 130.1	5.0	998 344.4	45.2
2011	9 679 265.1	14.6	1 164 069.6	16.62

5. 我国设施园艺发展迅速

设施园艺是蔬菜现代化生产的重要标志，根据表 2.7 的统计数据，从 20 世纪 70 年代末开始，中国以小拱棚开始了设施园艺的发展历程，独创开发出利用日光能源的中国式日光温室，并在国内东北地区、西北地区、华北地区和山东半岛等黄河以北地区得到了广泛推广，在冬季蔬菜生产中发挥了重要作用。目前设施蔬菜 $3347\times10^3\text{hm}^2$，占设施园艺面积 94.7%，设施果树 $89\times10^3\text{hm}^2$，占 2.8%，设施花卉 $64\times10^3\text{hm}^2$，占 2.5%。

表 2.7　中国各类园艺设施面积的发展变化　（单位：$\times10^3\text{hm}^2$）

年度	合计	小拱棚	大中棚	节能日光温室	普通日光温室	加温温室	连栋温室
1978	5.3	3.7	1.3			0.3	
1982	10.3	7.1	1.8		1.1	0.5	
1984	31.6	21.7	5.5	0.1	3.1	1.2	
1986	79.2	53.9	13.7	0.6	8.5	2.5	
1988	120.0	78.7	21.5	2.2	14.3	3.3	
1990	156.7	96.6	33.4	7.5	15.3	4.0	
1992	243.5	143.3	57.3	22.2	15.7	5.1	
1994	434.6	223.1	106.7	62.9	36.3	5.5	
1996	838.1	375.7	255.9	125.3	71.6	9.7	0.1
1998	1388.7	546.6	522.6	207.1	87.1	25.2	0.7
2000	1832.7	691.2	712.7	283.5	116.8	28.5	1.3
2002	2106.3	758.1	824.6	383.1	116.7	23.8	1.1
2004	2577.0	988.7	1066.5	391.9	107.8	14.7	7.3
2006	2741.5	1076.2	1090.7	453.8	95.5	17.7	7.7
2008	3500.0	1306.7	1394.0	643.3	116.0	23.3	17.3
2010	3626.7	1314.7	1455.3	698.7	116.7	23.3	18.0
2012	3864.7	1084.7	1782.0	761.3	168.0	34.7	34.0

资料来源：全国农业技术推广服务中心张真和研究员

设施园艺的发展对蔬菜产业发展具有重要意义：保证了园艺产品周年供应；促进了城乡就业农民增收；我国独创的日光温室推动了设施园艺节能减排；开辟了非耕地高效利用途径；提高了蔬菜秧苗生产防灾减灾能力；促进了蔬菜育苗产业发展壮大；带动了蔬菜育苗产业技术进步。

6. 园艺和经济作物生产对机械化和信息化的需求增加，但机械化和信息化水平总体还很低

（1）农业劳动力紧缺和劳动力成本快速上涨，造成对机械化的需求

如前所述，随着我国现代化和城镇化的快速发展，近年来已有数亿农民进城务工，农业劳动力紧缺，劳动力成本快速上涨。我国的园艺和经济作物传统上都是劳动密集型产业，劳动力短缺和成本上涨，对这些产业的影响很大。

以柑橘生产为例，目前柑橘生产各作业环节主要以人力为主，柑橘园病虫害防治、柑橘采摘和田间运送占果园管理中劳动力投入的60%以上，肥料田间运送及施用占劳动力投入的15%左右，劳动力成本居高不下，导致柑橘生产成本高。据近期在江西寻乌、广东梅州和贵州从江等地调研，采果运果的主要劳动力为大龄妇女，以本次调研对象之一福建漳州平和高磜村为例，山地果园采运果每天每人报酬为 250 元左右，折合采运果每千克柑橘的费用为 0.2～0.6 元。根据坡地的坡度、柑橘果实的大小不同，采摘所收取的人工费用也有较大差异，总的来讲，人工成本非常高，占种植成本的比例较大。

麻类生产：我国麻类生产机械化水平很低，以手工作业为主，劳动生产效率很低、生产成本高。据调查，2013 年苎麻的生产成本中劳动力成本占 70%左右，种植麻比较效益低，种植面积连年下降。要实现麻类生产稳步发展，提高经济效益，实现麻类生产机械化是重要保障。

国外种植的主要麻类作物有亚麻、大麻和黄红麻等，其中亚麻、大麻主要在欧洲国家规模化种植，从作物的种植、田间管理到收获、纤维加工等已经实现全程机械化；剑麻主要在巴西、墨西哥、坦桑尼亚、肯尼亚等国种植，黄红麻在孟加拉国、印度和泰国、马来西亚等国种植，机械化生产程度低，也是主要靠人力收获。

（2）对机械化的需求快速增长

面对园艺和经济作物传统生产方式面临的问题，机械化和信息化是这些产业摆脱困境和持续发展的强大动力，近年来，园艺和经济作物生产对机械化和信息化的需求快速增长。

山地柑橘园急需投入品（如肥料、农药等）和产出品（如果品）的运输机械，挖穴施肥、除草、果枝修剪和粉碎机械，高效施药喷雾、高压注肥、水肥一体化滴灌的机械与设施，沙田柚授粉机械、无病毒柑橘苗木的育苗机械与设施。这些机械的研究正在加紧进行，国家柑橘产业技术体系近年来在山地果园的运输机械研究方面取得了很多成果，已在很多个山区果园试验示范，取得很好的效果，有望很快推广。

蔬菜生产急需机械化信息化提升产业水平。部分农户和菜场购置了播种机进行机械化播种，运输开始采用冷冻车，逐步发展播种、嫁接、采摘、运输、包装等环节的轻简化装备。随着设施种植快速发展，有关部门利用废弃地建设大中型现代化蔬菜种苗工厂

化生产基地，开展规模化、自动化、信息化、智能化蔬菜生产体系的开发研究。

我国甘蔗产业受劳动力数量和成本影响，以及国际上大规模机械化生产的低价蔗糖的压力，对机械化的需求强劲。广西和云南很多县市的甘蔗产业是经济支柱，都很重视甘蔗机械化的发展。目前我国甘蔗生产正逐步由人畜力生产方式向机械化、信息化方式转变。我国甘蔗生产机械化目前的状况可归结为：耕整地、田间管理机械化水平较高，但种植、收获等环节仍以人畜力为主，生产整体效率和效益不高。

油菜生产：2005 年油菜种植面积和油菜产量开始下滑，到 2007 年达到低谷。国家意识到油菜生产问题的严峻性，于 2008 年出台了油菜良种补贴政策等一系列扶持政策，大大促进了我国油菜生产综合机械化水平不断提高。由 2008 年的 23.00%提高到 2012 年的 35.44%，调动了农民生产的积极性。

棉花生产：近年来受劳动力短缺影响，棉花生产对机械化的需求很大。20 世纪 90 年代国家对新疆棉花生产布局作出重大调整，“九五”期间将棉花生产重点向新疆棉区倾斜。过去，新疆的棉花采收都靠大量雇用内地民工完成。近年来这种情况已无以为继，机械化得到大的发展。2013 年棉花收获机械化率超过 70%，收获以外的环节基本上实现了机械化作业。黄河及长江流域两个主要产棉区对机械化的需求也很大。

（3）园艺和经济作物机械化水平

我国园艺与经济作物综合机械化水平总体低下，尤其是机播和机收水平低下，表 2.8 为 2011～2012 年我国园艺和经济作物机械化水平与主要粮食作物机械化水平的比较。

表 2.8　2011～2012 年全国粮食、园艺和经济作物生产机械化水平比较（%）

作物	年份	综合机械化	机耕	机播	机收
粮食	2011	54.82	72.29	44.93	41.41
	2012	57.17	74.11	47.37	44.40
水稻	2011	65.07	91.00	26.24	69.32
	2012	68.82	93.29	31.67	73.35
玉米	2011	71.56	93.77	79.90	33.59
	2012	74.95	93.79	82.30	42.47
小麦	2011	92.62	98.79	85.95	91.05
	2012	93.21	98.9	86.52	92.32
大豆	2011	69.81	76.44	71.21	59.58
	2012	63.20	68.56	63.96	55.30
马铃薯	2011	32.25	52.64	19.65	17.67
	2012	34.20	54.71	21.42	19.64
油菜	2011	29.05	53.44	12.28	13.32
	2012	35.44	65.05	14.51	16.88
棉花	2011	53.88	87.39	57.39	5.68
	2012	59.59	95.72	62.75	8.26
甘蔗	2011	28.5	70	1	1
	2012	34	80	5	1

数据来源：①《中国农业机械化年鉴 2012 年、2013 年》；②甘蔗还未有正式的统计数据，数据来自课题组和产业技术体系的调研

表 2.8 说明，我国园艺和经济作物的机械化水平远低于全国综合机械化平均水平和主要粮食作物的机械化水平。

其中 2012 年油菜耕种收综合机械化水平仅为 35.44%，低于全国综合机械化平均水平 21.73 个百分点。

棉花生产 2012 年综合机械化水平为 59.59%，基本与全国综合机械化平均水平持平，其中耕地和播种两个环节机械化率超过了 60%，分别为 95.72%和 62.75%，但棉花收获环节机械化水平仅为 8.26%，远远低于全国综合机械化平均水平（44.40%）（曹曙明，2013）；喷药、铺膜、施肥环节机械化率分别为 42.5%、33%、24.1%，整枝打顶环节机械化率为 7.5%。三大棉区中，新疆棉花生产机械化水平领先于全国，耕地、播种、铺膜、施肥、喷药、采收、整枝打顶环节机械化率分别为 96.7%、98%、32.1%、56.5%、78.9%、31.3%和 17.1%。黄河流域棉花生产机械化水平与全国相当，其中耕地、播种和铺膜环节机械化率略高于全国平均水平，分别为 87.7%、66.1%、52.4%；施肥、喷药、采收和整枝打顶环节略低于全国水平，分别为 21%、26.8%、10.5%和 6.5%。长江流域棉区，耕地环节略低于全国平均水平，为 77.7%，其余环节机械化率远低于全国平均水平。

甘蔗、麻类、蔬菜和水果生产综合机械化水平更低。

我国甘蔗机械化水平还未列入农业部的统计范围内，根据调查掌握的数据，总体水平还很低。按各项作业综合计算，2012 年甘蔗生产综合机械化水平约为 34%（广西农机局数据：2010 年广西甘蔗生产综合机械化率已达到 38%，2013 年达 40%以上），低于同期我国主要农作物综合机械化水平（57%）20 多个百分点。随着土地流转和规模经营的发展，种植和收获机械化水平有了提高，联合机械化种植已达 20 余万亩。总体上，目前我国甘蔗生产机械化和信息化水平较低，其中收获机械化不足 1%。

20 世纪 80 年代改革开放之后，由于沿海地区经济崛起，农民和地方政府更愿意种植产值更高的农作物，我国甘蔗布局从劳动力价格相对昂贵的福建、广东珠三角向具有劳动力优势的广西、云南、粤西琼北等地转移。蔗区西移，扶持了贫困地区的经济发展，但由于 60%以上是丘陵山区，不利于机械化的发展，加上农民的文化和科技意识相对滞后，对改变生产条件愿望不强，成为制约甘蔗机械化和信息化发展水平的重要原因。

蔬菜机械化水平：据 2012 年年底农业部农业机械化管理司在全国试行的“设施农业机械化水平评价指标体系”中的统计数据显示，目前包括我国设施蔬菜在内的设施种植业综合机械化水平为 26.62%，如果仅考虑设施蔬菜，机械化水平低于 25%；再考虑到占种植总面积 70%的露地蔬菜生产机械化水平略低于设施蔬菜的情况，全国蔬菜生产综合机械化水平约为 20%。

水果机械化水平也未列入农业部的统计范围内。经过几十年的发展，水果生产机械化也取得一定的进展。目前，中国水果生产的状况可归结为：生产仍以人力为主，机械为辅，平地果园的机械化水平高于丘陵山地果园，但生产整体效益不高，抵御自然灾害

和国际竞争的能力很低。

（二）我国园艺与经济作物生产机械化问题分析

经过几十年的发展，园艺和经济作物生产机械化取得了一定进展，但总体水平较低。目前，园艺和经济作物生产机械化的状况可归结为：生产仍以人力为主，机械为辅，平地的机械化水平高于丘陵山地，生产整体效益不高。

1. 园艺与经济作物机械化水平低的主要原因

（1）小户小单元经营为主的模式影响机械化发展

园艺和经济作物都是旱作作物，除了种植在丘陵高坡地的果园、甘蔗地等外，种植在缓坡地或平地的比较适合于采用中型或中大型机械系统。但我国目前的经营模式主要以小规模家庭经营为主，土地流转规模还不大，组织化、集约化、标准化、规模化生产程度低，所以较难采用效率较高的中型或中大型机械系统。即使是农机服务合作社，由于服务对象地块小，难以发挥机器的作业效率，增加了机械化生产成本。主要生产环节多为人工作业，劳动量大、劳动强度大；缺乏合理有效的措施实施标准化、高质量生产，土地、水、肥和农药等资源利用率低，作物品质和市场竞争力不够，且生产过程防灾与抗灾能力差。

以蔬菜为例，目前我国蔬菜生产以家庭经营为主体，生产单元小。我国从事商品蔬菜生产的农户逾 5000 万户，75%的菜农生产规模小于 0.03hm^2，22.6%的菜农生产规模为 0.3～3.3hm^2，仅 1.4%的菜农生产规模超过 3.3hm^2，导致蔬菜生产规模效益差，对设施园艺产业机械化、信息化装备高投入和高风险的承受能力弱；不确定的品种、数量和质量，无法与销区建立相对固定的供货渠道、占有相对稳定的市场份额，很难与大市场、大流通对接；面对千家万户，生产管理、技术推广、质量监管难度大，严重制约了设施园艺产业竞争力的提高；辐射带动能力强的产地批发市场、龙头企业、专业合作组织少，加工、营销、信息等服务跟不上，严重制约了设施园艺产业的发展。

又如，油菜生产，据统计 2012 年冬油菜主产区经营规模在 0.67hm^2 以下的农户占农户总数的 90.85%，春油菜区情况虽然相对较好，但大部分经营规模在 3.33hm^2 以下。

甘蔗属于高秆旱地作物，是大宗低值农产品，只有使用大中型甘蔗生产机械才有较高的效率和效益。但目前我国甘蔗生产仍以家庭经营方式为主，与商品农业、市场农业要求的生产方式还有很大差距，主要表现在：一是我国甘蔗产区大部分地区自然条件差，地块面积小，机械化作业，特别是大型机械作业困难很大；二是适应我国国情的甘蔗种植、中耕，特别是收获机具及其系统还不成熟；三是系统组织和经营管理粗放，不适应机械化生产。

（2）园艺和经济作物主要种植在坡地及丘陵地区，但目前我国丘陵山区机械化还是一个难点

以柑橘生产为例，由于柑橘生产区域多数在丘陵山区，山区丘陵地的果园土块较小，坡度大小不等，平整度差，并缺乏机耕路，生产机械化程度低。目前柑橘生产各作业环节主要以人力为主，柑橘园病虫害防治、柑橘采摘和田间运送占果园管理中劳动力投入的60%以上，肥料田间运送及施用占劳动力投入的15%左右。另外，橘园灌溉以自然降雨为主，橘树树梢剪枝以手工为主。急需适应于坡地和山地工作环境的轻便和多功能机械，科研开发还需进一步加强。

（3）农机农艺融合不足，品种栽培技术有待改善

苹果品种仍以高大树形为主，机械化推进难度较大。目前除喷药为半机械化外，其他各种管理均为人工，从苗圃培育、果园耕作、施肥、灌水、修剪、果实套袋到采摘几乎都要靠人工来完成，严重影响苹果产业的稳定发展。

再以甘蔗为例，中大型农业机械要求1.2～1.6m的宽行距，而蔗农习惯于采用人工作业的0.8～1m的行距，使机器作业困难。另外，目前通用的品种也不太适合机械化种植要求的宽行距、宿根性好、易脱叶和直立性好，也给机械化造成困难。

我国油菜种植制度多样，缺乏规范化的栽培制度尤其是与机械化适应的栽培制度，缺乏与现代生产手段相适应的集中、成片种植和规范化的管理；迫切需要确定与现代生产装备、栽培技术相适应的种植到收获的机械化技术路线和区域模式，给农民明确的方向引导和成功的典型模式示范。另外，目前的油菜品种植株高大，上下油菜籽荚成熟度不一致，使适时收割困难；菜荚成熟后易破裂，造成机械化收获损失大。

（4）产业链各环节发展不均衡，没有形成完整的机械化和信息化产业链，影响了机械化与自动化生产系统的效率

以水果生产为例，无病毒苗木生产、施药、施肥、灌溉、果枝修剪、果实套袋、水果采运和产地加工等各个生产环节的机械与设施发展滞后，且不均衡，从而严重影响水果产业的可持续发展。

目前我国大多数蔬菜种苗生产采用人工穴盘播种，部分购置播种机进行机械化播种，但作业后还要采用人工搬运穴盘，其他蔬菜作业环节的生产设备不配套，造成蔬菜生产作业效率不高，劳动强度大，人均产出率低。

产前准备、产中管理、产后收获及初加工与流通、精深加工与商品化处理等产业链中的机械化发展极不均衡，普遍存在薄弱或缺失环节，一般重视田间生产环节、重视产量，但忽视产后加工，尤其是精深加工，导致产品附加值低；一般作物种植的土地耕整机械化水平都较高，而播种（尤其是精量播种）、收获（尤其是耗损少的联合收获）、产后加工（尤其是附加值高的精深加工）等环节的机械化、智能化作业水平比较低下。例如，适应机械化生产的油菜良种培育、蔬菜和油菜的机械化播种、甘蔗的机械化收获、林果园植保灌溉与信息化管理、生鲜果蔬的生产地处理与商品化流通等发展比较落后，

导致不能形成完整的高效的产业链，整体效益水平较低。

又如，我国麻类产业包括原料生产、纤维加工、纺织和产品的销售等环节，而我国麻业的各环节条块分割，研究原料生产的农业部门与纺织加工、销售机构互不关联且各自为战，制约了麻类产业的发展。

（5）受国际市场价格冲击影响较大

我国的园艺和经济作物很多都是大宗出口或需要进口的产品，受国际市场价格的影响较大。以油菜为例，2013 年国内油菜籽成交价总体维持在 4800～5200 元/t，全年成交均价为 5022.01 元/t，是国际油菜籽收购价格的两倍之多；加拿大作为世界第一大油菜籽出口国，2013 年前 3 个季度油菜籽成交价合 1630～1940 元/t。2013 年我国菜籽油成交价总体维持在 9900～11 000 元/t，全年成交均价为 10 382.30 元/t，而国际菜籽油成交价在 6103～7871 元/t，全年成交均价为 6940.25 元/t，比国内菜籽油价格低 3442.05 元/t。又如，甘蔗，近年来我国蔗糖价格经常为 5000～7000 元/t，比进口糖的税后价每吨高 1000 多元，对我国甘蔗生产影响很大。

（6）科技投入不足，创新能力不强

由于科技投入不足，产学研组织协调不够，先进技术的创新和引进滞后，新技术、新机具和新设施等比较匮乏，生产中使用的技术相对落后，效果较差，影响了机械化的效果。

例如，目前我国果园生产用的病虫害防治药剂类型多为液体和粉状，药剂的使用方法多为喷雾、涂抹，有少数采用注射方法，弥雾方法还很少应用；所用植保机械主要还是各种老式的手动式、背负式和担架式喷雾、喷粉机械，年喷药次数较多，其频率一般为 1 次/月，7～10 次/年，多的达 15 次/年；多数喷雾机跑、冒、滴、漏现象严重，药液的有效利用效率不足 30%，而流失量高达 60%～70%以上，不仅浪费严重，而且造成了严重的农药残留问题和环境污染；与此同时，在这种“淋洗式”喷雾作业方式下，渗漏的农药直接伤害操作者，皮肤溃烂、头晕恶心的情况时有发生，个别地区果农中毒事故较多，极端情况甚至造成人员伤亡。

果园和设施农业环境监控系统及辅助设施不完善。生态环境与生长过程信息化监测与控制水平低，生产作业效率和产出率低。与蔬菜生产先进国家荷兰相比，温室小气候环境调控能力差，机械化程度低，劳动强度大，人均管理面积小，劳动生产率低；我国温室黄瓜、番茄产量只有 100～300t/hm^2，相比荷兰的温室黄瓜产量为 600～1000t/hm^2、番茄产量为 500～700t/hm^2。果园病虫害、果树生长、果园灌溉、土壤养分、水肥耦合等环节的监测、信息化管理急需完善。设施大棚的自动化环境监控系统与智能化控制技术及辅助设施、信息化管理技术不完善。设施栽培有简易设施及高级设施，简易设施包括园艺作物的避雨棚、树冠覆膜、保温大棚、地膜覆盖等，高级设施包括玻璃温室、薄膜连栋温室、薄膜大棚等。简易设施栽培主要起到调控水分、保温、防冻等作用；高级设施栽培可以通过加温、降温、控水、控肥等措施调节作物生

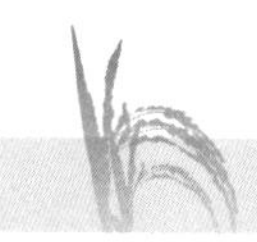

长环境，提高作物品质；并且由于可以调控作物成熟期，错开产品集中上市时间，提高产品销售价格，增加经济效益。我国生产上主要还是使用简易设施，投入少，但效果较差。

产后环节发展滞后，水果、蔬菜、水产品冷链物流不健全，流通损失严重。目前，我国大约 80%的水产品、蔬菜、水果基本上是在没有冷链保证的情况下运输和销售，全国每年蔬菜腐烂损失 1.3 亿 t，按 1 元/kg 计算，经济损失超过千亿元，这一损失大多由于采用不恰当的储运方式所产生的。

果品商品化处理比例低，苹果先进生产国有 99.7%的苹果经过机械化清洗、打蜡、分级、包装才投放市场，而我国经过这种处理的水果仅占总产量的 1%～2%。

目前我国的灌溉多采用畦灌或漫灌，极少使用滴灌节水设备，灌溉用水的有效利用率只有 30%～40%，浪费巨大。

麻类作物生产，因传统生产技术落后，导致我国 90%以上的麻骨、麻叶和麻屑等优质可利用的副产物被遗弃。另外，麻类作物为纤维作物，茎秆粗细不匀，长短不一，纤维长而柔韧，麻骨脆而弯折易断，导致机械化技术难度大。例如，苎麻的自动夹持反拉剥麻和纤维输出这些关键技术难以突破，导致已剥纤维的“鼠尾”（尾部剥不干净）现象难于解决。国内现有的苎麻剥麻机剥麻质量虽能达到麻纺工业要求，但剥麻工效不高（一般为简易刮麻器的 3～5 倍），未达到大规模集中化生产的要求；同时，现有苎麻剥麻机大多为人力反拉剥麻，劳动强度较大，所以未能被广大麻农所接受。黄麻、红麻、大麻收剥加工机械技术性能都有待提高。

（7）生产基础设施落后

水利工程、机耕道路等农田基本建设落后，尤其是丘陵山区基本道路建设严重滞后，导致土地规模化流转困难、新型生产经营模式发展受到严重制约。例如，目前我国棉花主产区除新疆兵团外主要还是以家庭为主的个体经营模式，田间基础设施建设投入不足，排灌设施差，不仅导致棉花生产的防灾抗灾抗风险能力差，而且不利于棉花机械化技术的实施。又如，柑橘生产主要在丘陵山区，道路等基础设施差，运输困难。甘蔗产业 60%以上是丘陵山区，因丘陵山区的农业生产基础设施落后，不利于甘蔗生产机械化的发展，成为我国甘蔗机械化水平一直上不去的重要原因。

（8）政府扶持不够，购机补贴范围小，生产补贴政策不完善；缺少相应的机械技术推广培训和示范

一是补贴标准低。现行油菜良种补贴标准为 10 元/亩，近年来劳动力、种子、农药、化肥、机械作业等生产成本涨幅较大，而油菜增产有限，油价涨幅不大，因此对农民种油菜的激励效应不明显。二是补贴欠公平。一些地方的农机补贴在实际操作中变相地成为了由上到下分配的份额，并不是农民只要买中标农机就可以获得补贴。三是补贴办法缺乏一贯性。目前的补贴措施是出台一个补贴项目，就随后颁布一个补贴办法，即便是性质相同的补贴项目之间也是如此，如油菜良种补贴、小麦良种补贴等。

2. 机械化和信息化水平低对产业发展的影响

（1）机械化和信息化水平低，造成园艺和经济作物产业作业模式粗放、生产成本高，产业整体效益低，影响产业发展

近年来，受劳动力成本、生产资料成本不断攀升和土地、流通成本增加的影响，我国蔬菜生产成本逐年上升，蔬菜生产效益连年下降。根据全国蔬菜成本收益调查，我国大中城市蔬菜成本从2000年的19 118.7元/hm^{2}上涨到2011年的44 692.2元/hm^2，增长了133.8%，年均上涨8.025%。其中，人工成本和土地成本上涨较快，人工成本从2000年的7203.3元/hm^{2}上涨到2011年的22 456.8元/hm^2，增长了211.8%，年均上涨10.89%；土地成本从2000年的685.1元/hm^{2}上涨到2011年的3766.1元/hm^2，增长了449.7%，年均上涨16.76%（图2.9）；在人工成本中，雇工成本上涨较快，2011年雇工成本为3564元/hm^2，比2000年增长9倍多。据农业部材料，大中城市蔬菜生产平均净利润与稻谷、小麦、玉米三大粮食平均利润相比，由2001年的35∶1下降到2011年的10∶1，降幅达71%以上。设施蔬菜的比较效益下降幅度更大。

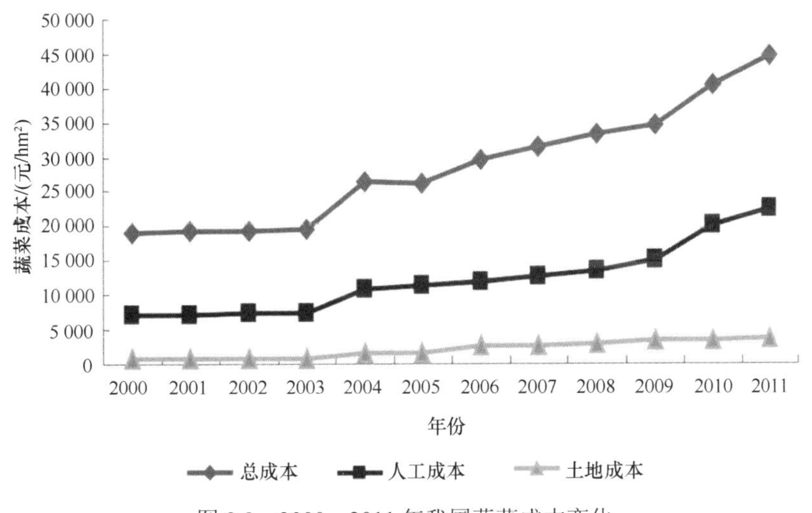

图2.9　2000～2011年我国蔬菜成本变化

资料来源：《全国农产品成本收益资料汇编》整理

油菜生产成本高、比较效益低。现阶段我国油菜生产规模仍以小型化、分散化为主。生产成本居高不下导致油菜生产比较效益低下。据《全国农产品成本收益资料汇编2012》，2012年我国主要作物水稻、小麦、玉米、大豆、棉花和油菜的平均利润率分别为41.39%、16.56%、34.43%、24.95%、12.84%和3.62%，其中油菜的平均利润率远远低于其他作物。

棉花生产的效益问题：我国棉花产值逐年增加，但由于生产成本增加，棉花收益呈下降趋势。

从2007～2011年的5年间，棉花生产成本增加了1.6倍。随着成本迅速增加，利润

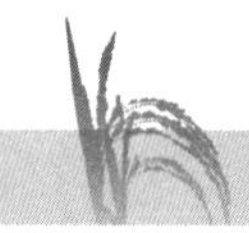

空间被大幅压缩，效益逐年下降，如表 2.9 所示。

表 2.9 2007～2011 年我国棉花生产收益情况 （单位：元/ hm^2）

年份	产值	总成本	成本		利润
			物质费用	用工作价	
2011	26 699.10	23 661.75	7 831.95	12 873.15	3 037.35
2010	47 070.00	20 960.25	8 548.05	10 923.75	26 109.75
2009	21 600.45	16 971.60	5 904.60	8 522.70	4 628.85
2008	15 948.90	16 199.55	6 050.85	7 906.20	–250.65
2007	20 302.20	14 483.40	5 192.85	7 360.50	5 818.80

2011 年三大流域的棉花种植收益，长江流域为 4209 元/hm^2，与上一年度相比，减少 13 357.5 元/hm^2，降幅 76.0%；黄河流域为 5930 元/hm^2，减少 10727 元/hm^2，降幅 64.4%；西北地区为 12687 元/hm^2，减少 4542 元/hm^2，降幅 26.4%。因种植效益低，效益逐年下降致使农户植棉热情锐减，劳动力短缺与棉花生产用工量大、劳动强度高的矛盾日益突显，棉花种植面积日趋减少，2007 年之后多个棉花产区生产呈负增长。以人工为主的低效率、低效益生产方式已经严重制约我国棉花产业的发展。

（2）产业防灾能力弱

因生产作业手段落后，缺乏先进适用的技术和方法，以及宏观调控机制不完善等，我国蔬菜生产防灾能力非常薄弱，自然灾害与病虫害等非可控因素对我国蔬菜生产危害严重。例如，2008 年南方冰雪灾害损毁大棚 4 万多公顷，损失蔬菜 904 万 t（图 2.10）。2009 年北方雨雪灾害损毁温室大棚 88 万亩，损失蔬菜 213 万 t。2012 年 10 月 27 日强台风“山神”从海南南部近海掠过，造成塑料大棚大面积损毁（图 2.10）。

图 2.10 2008 年南方冰雪灾害损毁大片蔬菜生产塑料大棚

水果、甘蔗、油菜等产业也存在同样的问题。

（3）机械化和信息化水平低，产品质量问题难保证

蔬菜与水果生产标准体系虽已建立，但标准化生产推进力度不大，生产采标率低

[注：采标率=（相关联领域中采用国际标准的国家标准数+相关联领域中采用国外先进标准的国家标准数）/相关联领域国家标准总数]，农药使用不够科学，容易引起农残超标；产前、产中及产后的监管手段弱、监测与追溯体系不健全，产地环境、农药、化肥、地膜等投入品和产品质量等关键环节监管不足，我国水果和蔬菜生产质量安全问题严重，产品质量安全问题时有发生，出现了 2010 年豇豆、韭菜农残超标引发消费恐慌的严重质量安全问题，给当地蔬菜生产造成重大损失。

四、我国园艺与经济作物产业发展趋势

（一）我国园艺与经济作物发展趋势概述

综合分析我国上述六类园艺与经济作物的生产现状与存在问题，结合国外相关作物的发展历史与经验，我国上述六类园艺与经济作物的产业发展具有以下共同趋势特征。

1. 由传统的人畜力或半机械化为主向全程机械化和信息化转变

各类作物的生产已基本脱离全程人畜力作业模式，部分关键作业环节已经实现机械化作业或开始向机械化作业模式转变。例如，油菜机械化播种与机械化收获水平分别由 2008 年的 9.74%和 6.79%上升到 2013 年的 16.20%和 20.29%；油菜机械化移栽、水果山地机械化运输、甘蔗机械化收获、蔬菜设施机械化控制等技术研发均取得一定成果。

从上述六类园艺与经济作物机械化生产技术发展中可以看出，突破各作物机械化生产中的关键环节的机械化薄弱环节为当务之急，如甘蔗、棉花、麻类和油菜的机械化收获，林果园生态环境与作物生产信息信息化监测与控制等。

2. 各作物的种植面积与规模可望逐步提高

我国是耕地紧缺的大国，粮食自给是首要的任务。园艺和经济作物不与粮食作物争地是首要原则，因此丘陵山区及滩涂等不宜种粮的地方，是发展园艺和经济作物的机会。近年来，一方面国家和各级政府采取政府扶持，如种植补贴、良种补贴、农机购置补贴等促使种植户的积极性，扩大了种植面积；另一方面随着机械化生产技术的实施，生产效率与效益的提高也将促进种植规模的扩大；此外，随着国家土地流转政策的逐步实施，种植规模扩大导致的规模效益也进一步促进了种植面积的扩大。随着种植面积的扩大，将大幅提高园艺与经济作物的自给率。

3. 产品结构将调整并优化

为避免现有单一的产品结构影响产业的持续发展，产品结构的调整优化成为必然。

例如，目前中国出口的水果中苹果、柑橘、梨始终是出口量最大的 3 种水果，2012 年三者及其果汁和罐头占出口总额的 70%，而其他水果只占 30%。调整优化水果产品的结构种类，是提高国际市场占有率和竞争力的必然选择，而目前逐步发展的新品种培育技术为此提供了技术支撑。

4. 现代化农业技术将逐步得到应用

精准农业技术、智能化控制技术、物联网技术等现代农业机械化技术和信息化技术将广泛用于园艺与经济作物的生产和流通环节，促进生产效率、产品品质、生产效益等进一步提高。机械化施药能使农药利用率提高 10%以上；机械化化肥深施技术能使化肥利用率提高 15%；蔬菜、油菜的精量播种技术将大大节约良种；物联网技术将提高水果、蔬菜等产品的流通效率，供需实现无缝连接，且便于实现质量控制；蔬菜设施的信息化技术能实现对环境的及时检测与控制，改善作物生产环境，提高产品品质；果园信息化技术能实时了解果园的病虫害等发生状况，以便及时进行相关处理，减少损失并提高产品品质。

5. 经营模式逐步创新、服务体系逐步完善

2013 年中央一号文件明确指出，“坚持依法自愿有偿原则，引导农村土地承包经营权有序流转，鼓励和支持承包土地向专业大户、家庭农场、农民合作社流转，发展多种形式的适度规模经营”。这种政策有利于实现土地规模化种植，农业机械集约化经营。与此同时，各地政府分别组织了一系列的适度规模种植经营试验并达成了共识，从总的趋势来看，发展农业适度规模机械化种植经营模式将是我国现代化农业也是园艺与经济作物的发展方向。

2013 年中央一号文件同时还明确指出，“必须完善农业服务体系，帮助农民降成本、控风险。抓好农业生产全程社会化服务机制创新试点，重点支持为农户提供代耕代收、统防统治、烘干储藏等服务”“支持邮政系统更好服务‘三农’，创新农业服务机制，推动融入农业社会化服务体系”等。在国家宏观政策的推动下，园艺与经济作物的服务体系必将逐步建立并进一步完善。

（二）我国园艺与各类经济作物发展趋势分述

纵观我国水果、蔬菜、甘蔗、油菜、棉花和麻类等六大类园艺与经济作物发展趋势，在存在上述共性问题的同时，因各类作物自身的产业特点，在实际生产发展中必然存在较大的差异，表 2.10 分述了各个作物 2020 年和 2030 年的需求和机械化信息化发展趋势。

表 2.10　各个作物 2020 年和 2030 年的需求和机械化信息化发展趋势

作物	年份	需求预测	机械化和信息化发展趋势
水果	2020	需求量持续增加，按人口达到 14.3 亿，人均水果占有量在 2012 年 177kg 基础上增加 20kg 计，总需求量约为 27 060 万 t，比 2012 年增加约 3 000 万 t	果园动力机械、多功能管理机械、苗木培育专用机械、节约型高效喷雾机等果园机械的研制开发逐步趋于成熟，并在地势平缓的水果园地广泛应用。各级政府将水果生产机械列入农机具购置补贴目录，建立较为完善的水果生产机械管理、服务体系及果园机械销售、维护和培训网络。同时，在水果流通环节，水果采后处理、包装、储运技术的研发也将有较大发展，将建立较为健全的水果采后处理技术体系和从产地到销售市场的储运技术体系
	2030	人均水果占有量将达到人均约 217kg，与此同时，随着人们生活品质的提高，对品质和安全的要求将会达到新的高度	形成以中大型规模为主的果园种植模式。适用于丘陵山地果园的轻简、高效、安全和多功能的果园生产机械的研发应用将取得较大进步。果园多功能联合作业平台、果园环境监控系统及辅助设施、果园精细管理技术等机械和信息技术将在果园种植中广泛采用，在平原地区初步实现果园机械与设施的自动化、智能化与网络化
蔬菜	2020	人口将达到 13.74 亿。人均蔬菜占有量在现在 370kg 基础上增加 30kg，蔬菜加工品增加 1 000 万 t，蔬菜总需求量达 58 950 万 t，比 2010 年增加 8 950 万 t	1）露地蔬菜生产：整地作业基本实现机械化；茄果类品种实现机械化移植作业 2）集约化种苗生产企业提供蔬菜生产种苗量达到 50%以上，实现全程轻简化作业，并在基质搅拌、基质填充、精量播种等劳动强度大和关键生产环节实现机械化作业 3）对于以日光温室和大棚为主的设施蔬菜生产，规模化蔬菜生产户基本实现全程轻简化作业 4）在部分国家现代园艺生产示范基地连栋温室和部分蔬菜品种采用专家系统进行栽培生产，通过计算机进行环境控制、长势监测、灌溉、营养液配制、病害报警防治等作业，单位面积产量接近世界先进水平 5）完成蔬菜主产区生产信息平台和全国主要批发市场蔬菜流通信息平台建设，实现大中城市蔬菜市场信息监测、预警和发布 6）完成国家级“菜篮子”产品质量安全追溯信息平台建设，建立覆盖蔬菜生产和流通环节的全程质量追溯体系，针对主要商品化蔬菜实现生产档案可查询、流向可追踪 7）蔬菜优势主产区内，大型蔬菜生产示范基地具备完善的现代化收获后处理装备，可实现自动化分级、包装作业，配备完善的预冷设施，有效提高蔬菜生产预冷商品化处理能力。以大型企业为依托的蔬菜跨区域配送能力的现代化蔬菜配送中心初具规模，具备专业化蔬菜冷链物流服务能力
	2030	按照《全国蔬菜产业发展规划（2011—2020 年）》10 年人均蔬菜占有量增长 30kg 的预测，2030 年人均蔬菜占有量将达到人均 430kg，但人口预测结果显示 2030 年我国人口已开始下降，因此 2030 年蔬菜总需求量与 2020 年相差不多，但对蔬菜品质和安全的要求将会达到新的高度	1）露地蔬菜生产中，整地、移栽作业和田间管理作业基本实现机械化，部分露地蔬菜种类实现机械化收获 2）除特殊品种和小规模以外，集约化种苗生产企业实现全程机械化作业，提供蔬菜生产种苗量达到 70%以上，大型种苗生产企业全面实行订单式生产 3）针对设施园艺蔬菜生产，根据估算日光温室蔬菜栽培的纯收益是大中棚的 1.6～2 倍、露地的 2.6～6 倍，设施园艺瓜菜产量的比例将达到 50%。基本实现规模化生产与经营，在完全实现轻简化作业的基础上，喷灌、生产物料搬运等耗工耗时环节实现机械化作业 4）大规模蔬菜生产企业连栋温室均采用专家系统进行栽培生产，采用计算机进行环境控制、长势监测、灌溉、营养液配制、病害报警防治等，单位面积产量处于世界先进水平 5）全国范围内建成完整的蔬菜生产信息平台和国内、国外主要批发市场与期货市场蔬菜流通信息平台，全国范围内的蔬菜种植户可通过互联网，获取国内、国际蔬菜市场监测、预警信息和栽培技术、气象预测、病害监测预警等信息 6）完成全国范围内的国家级产品质量安全追溯信息平台建立，建立覆盖蔬菜生产和流通环节的全程质量追溯体系，商品化蔬菜均实现生产档案可查询、流向可追踪、产品可召回、责任可界定 7）大型蔬菜生产企业具备完善的现代化先进收获后处理手段，实现自动化分级、包装作业，配备完善的预冷设施，有效提高蔬菜生产预冷商品化处理能力。大型专业蔬菜物流企业承担 70%以上蔬菜运输量，完成蔬菜跨区域配送和出口外运。蔬菜物流实现全程专业化蔬菜冷链运输，保证蔬菜加工运输环节中的损耗率低于 10%

续表

作物	年份	需求预测	机械化和信息化发展趋势
甘蔗	2020	食糖消费需求量可能达到1 800万～1 900万t，供需缺口为370万～630万t，自给率为66%～80%	基本解决甘蔗机械化生产各环节，包括机种和机收机械化中的关键技术难题，大幅度提高机械化种植和收获率；GPS全球卫星定位系统等信息技术辅助蔗园规划、种植和收割机路径规划等将开始应用，信息和自动控制技术将应用于种植机播种精度、中耕施肥时的施肥量控制及喷药机的药量控制，甘蔗生产机械化和信息化水平将大大提高
	2030	食糖消费需求量可能达到2 200万～2 300万t，供需缺口为770万～1 000万t，自给率为53%～60%	在有条件的平地和低缓坡地基本实现甘蔗生产全程机械化，丘陵山区机械化实现关键环节机械化，区域间的发展差距逐渐缩小。信息化技术得到较广泛应用并进一步提升我国甘蔗生产机械化发展水平；包括带智能系统的拖拉机和收割机的应用；用GPS系统对甘蔗生产系统的作业引导得到较广泛的应用，实现固定道作业，减少对土壤的压实和对宿根蔗的生长影响；实现信息系统管理甘蔗生产系统的调度、对作业的管理等
油菜	2020	食用植物油（含菜籽油）需求量前期将会增长，在达到一定数量后，增长速度降低，预计2020年食用植物油消费量为3 340万t，供给量为1 355万t，自给率40%	随着技术和装备的成熟，油菜生产关键环节的机械化生产水平得到大幅度提高，油菜生产全程机械化基本实现，收获机械化以分段收获和联合收获并存
	2030	油菜示范区面积达到$500\times10^3hm^2$	综合机械化水平大幅提高。收获机械化将以分段收获和联合收获并存；同时，遥感技术、地理信息系统、北斗导航系统将应用于油菜栽培、收获及田间管理；油菜生产机械化更注重发展的质量，装备水平、服务水平得到进一步提升，各区域将进一步明确适合当地特点的油菜生产机械化技术路线和技术模式，信息化技术广泛应用，基本实现丘陵山区机械化，区域间的发展差距逐渐缩小
棉花	2020		棉花田间机械化水平大幅度提高，棉花收获机械化水平进一步提高；新疆棉花收获基本实现机械化，全国棉花机收水平由目前的8%提高到20%以上。西北棉区和黄河流域棉区棉花生产机械化技术发展迅速推进，长江流域棉区有一定的技术突破
	2030		棉花生产机械化科技创新能力和技术应用水平明显提升，农机与农艺、机械化与信息化高度融合，土地产出率、劳动生产率、资源利用率大幅度提高，农业机械化在农业稳定发展和农业现代化进程中的支撑引领作用得到进一步发挥；全国棉花生产机收水平将达到40%～50%
麻类	2020		麻类种植部分实现成片集中、农场化、标准化种植，改变以家庭小规模种植为主的现状；麻类生产从整地、播种、施肥、灌溉和收获、打捆等过程逐步采用机械化作业。需解决的麻类生产各个环节中的关键技术难题包括苎麻剥麻机（包括小型轻便实用和大型的苎麻剥麻机），适宜盐碱地和荒化土地红麻规模剥制加工的大型红麻剥制机械，适应大麻剥制加工需要的高效大麻剥制机械，苎麻、红麻和大麻规模化收割需求的收割机械
	2030		研究出高效、轻简、安全、性能可靠，且满足不同种植区域的麻类生产收剥机械，形成整套麻类收获加工技术和设备体系，基本实现麻类作物生产全程机械化。麻产业将具有以下发展趋势：麻类作物生产上将向规模化和生物质利用等方向发展；麻类初加工采用较为完善的生物脱胶技术，使清洁化生产规模进一步扩大，最大限度地实现环保节能的目标；种植区域逐渐集中，由资源产区向纺织集聚地区发展并形成优势产业带

五、典型国家与地区园艺与经济作物产业发展经验分析与借鉴

（一）典型国家和地区园艺与经济作物发展经验综述

1. 大力扶持农民组织，提高生产的组织化程度

韩国果农组织化程度高。为促进果农收益增加，政府于 1981 年修改了《农业协同组合法》，将三级组织改为只有单位组合和中央会的两级组织，形成了一个自主性高、相对完整的组织体系。为在激烈的市场竞争中保护果农的经济利益，各级水果生产协会提供农业教育、技术培训、生产资料供应、农业信贷发放及产品收购销售等整个水果产业链条中诸多环节的全方位服务，保护果农利益。

法国在鼓励发展农机合作社方面也是卓有成效的。为了提高农业机械的使用效率，让农户购买集成度高、性能好的高价格农业机械，法国政府鼓励农户建立集体购买和使用农业机械的专门合作社，这是一种世界著名的农业机械社会化服务组织，被称为“居马”，在法国农业机械化发展进程中发挥了重要作用，合作社的主要费用主要来源于社员交纳的会费、农业机械作业服务费和政府给予的资金支持，如通过“居马”购买新农业机械设备，可获得 20%～40%的支持。

我国台湾地区：农会是台湾最普遍、体系最完整的农有、农治、农享组织，由省、县、乡三级组成。据了解，目前台湾共有 300 多个农会组织，涉及个人会员近 200 万人，占台湾农业人口的 60%。农会为果农提供从种苗培育、生产技术培训、优良品种推广、生产保险到对外营销等环节的帮助与指导，水果生产组织化程度较高。在营销一体化方面，台湾具有专业化、一体化的水果营销体系，形成了以农会自办超市、批发市场拍卖和产销班直接上市为主的“三位一体”的销售体系。

2. 政府扶持，高效健全的机械化生产管理机制和体制

发达国家均拥有完善的农业法规和配套体系，如大力实施购置农机补贴政策；注重科技创新、鼓励发展农机合作社和强化服务体系建设，培育和发展多元化的农业科技创新与推广服务组织；同时注重农业管理、生产、销售等各部门的密切配合，逐步建立层次分明、布局合理、分工明确、结构优化的农业科技创新和推广服务体系，增强农业科技的基础实力、创新能力和转化效率。

例如，韩国政府为梨业发展提供有力的科技支撑。韩国中央政府对农业科技发展非常重视，国家农业研究所的科研人员均为政府官员，科研经费全部由政府提供，每年人均科研经费 1 亿韩元（100 韩元约合 0.56 元人民币，2013）。韩国梨树的科研工作主要由农村振兴厅下设的园艺研究所及其所属的梨研究所来完成；科研选题主要来自生产实

际中出现的问题，生产与科研紧密结合，并且科研先行于生产，新技术、新成果能够及时得到推广普及。

韩国政府注重改善农业机械流通条件，实行农机购销自由化，同时向农民发放购买农机贷款，促使果园机械化程度提高。从生产环节来看，除果实套袋和采收外，果园的灌溉、施肥、喷药等全部实行了机械化作业，生产效率高，节省劳动力成本。

法国政府对农户实施购置农机补贴政策。在农业机械新技术、新机具推广初期，国家对农户给予补贴、优惠贷款等扶持政策，以鼓励高效低耗、高技术含量的专业化配套机具的推广，从20世纪50年代开始，法国政府一直对农用燃料实行减税15%的优惠政策，20世纪60年代开始，给予购买农机的用户20%～30%的购机补贴。

作为全球第二人口大国，印度对农产品的需求情况与中国十分相似。1986年，印度出台了关于油料作物生产的科技计划，以满足不断增长的油料需求。为了大力发展农业机械，刺激农民种田的积极性，从20世纪90年代就开始实施农户购机补贴政策。印度农业机械一是将购机补贴纳入农业宏观管理计划，以利于统筹规划，提高补贴效率；二是补贴对象侧重于小农和边际农，补贴机具侧重于中小型机具；三是补贴政策与金融支持相配合，印度在直接补贴以外，还采取了有效的贷款政策，90%以上的农民是通过银行贷款购买农机具。

3. 基于产业链的全程机械化生产技术、装备与各部门的协调进取

发达国家形成了一套包括种植、田间管理、收获、运输、加工、储藏、销售的完整技术产业链，优化整合产业链结构，构建产加销一条龙的经营方式和产业组织形式，提高产业链整体实力和附加值水平。产业链各（主要）环节采用机械化技术，效率高、效益好；真正实现了机械化生产的节本增效、高质高效。

例如，韩国注重水果的采后商品化处理，提高产品附加值。韩国梨采后商品化处理包括从梨果清理、分级和包装，到货物装卸、中转、出库全部实行了机械化。

澳大利亚：甘蔗是澳大利亚的主要农作物，约有 $540\times10^3\text{hm}^2$ 种植面积，大部分是家庭农场，平均规模约 100hm^2，且单个农场的规模在不断地扩大，有的达1000多公顷。澳大利亚早在20世纪80年代就实现了甘蔗生产全程机械化，从农田建设、耕整地、种植、田间管理、收获运输、装卸等各环节都采用机械作业，每个农业劳力年均生产甘蔗4000t。其甘蔗收获机械化已有100年的历史，主要采用切段式收获机，并用大型拖车、重型汽车或火车（远距离）运往糖厂，以保证收割的甘蔗能快速地运到糖厂，澳大利亚糖厂拥有并经营着4000多千米长运输甘蔗的专用铁路网络。同时，甘蔗生产机械作业服务公司（或专业户）提供机械作业有偿服务，其中很多机械作业服务队是由糖厂组织的，农机服务半径达150km，在2h内即到达任何服务现场。

澳大利亚甘蔗生产的组织管理也是值得借鉴与学习的。其甘蔗生产由糖业协会组织协调糖业生产，负责协调协会、糖厂与农户的关系，保障签订合同、支付定金、安排收获等工作。州级政府对甘蔗和食糖价格进行调控，立法规定各方的利益分配。

泰国是发展中国家，农业整体上比我国差，它的甘蔗生产以数万个甘蔗小种植户为主，也有一些大型甘蔗农场。但泰国的甘蔗机械化收获比我国好得多，收获环节机械化

程度约为 10%，而我国至今还达不到 1%。他们的成果得益于他们的农场管理。机械化收获以农场为主体，糖厂、农户统一由农场管理，就能做到目标一致、协调生产。早期的甘蔗收割机主要是采用澳大利亚进口的凯斯 7000 二手机，现在一些农场已使用泰国自己制造的约 200 马力的切段式甘蔗收割机，效果很好。泰国政府为了应对人力短缺及保护环境（禁止焚烧蔗叶）的需要，近几年大力推进机械化收割，并给予了相应的补贴，也起到了很好的推进作用。

4. 注重现代化技术的应用

广泛应用机械化、智能化和信息化技术，通过先进适用技术的应用，提高生产效率、降低成本，并提升产品品质，提高商品化率，发展高附加值产品，提升投入产出经济效益。例如，运用现代信息技术，完善种植面积和产量统计调查，改进成本和价格监测办法；利用分子育种等生物技术培育高品质品种；采用以农业物联网和精准装备为重点的农业全程信息化和机械化技术实现信息采集、精准作业、农村远程数字化和可视化、气象预测预报、灾害预警等。

国外主要棉花收获机械的技术更新是采用高新技术发展生产的典型。

约翰迪尔系列自走式采棉机目前占全世界摘棉机保有量的 80%左右，占北美市场的 90%以上，占我国新疆摘棉机保有量的 50%以上。2012 年推出 6 行 JD7760 棉箱式摘棉机。新研发出的 JD7260 型牵引式采棉机和 JD7760 型打包采棉机，JD7760 型打包采棉机具有更高的作业效率，2012 年首次引入我国新疆生产建设兵团。JD7760 型棉花收获机是一种全新设计的创新产品，该机在持续不停顿采摘作业中，能够打出形状一致的，并能被卸载到适当位置或被携带到地头卸载的圆形棉包。在不停顿采摘作业情况下卸载棉花，不需要带着棉花打垛机转移地块，不需要在采摘作业时等待拉运籽棉的拖车和不需要返回地头，节约了时间。圆形棉包被包裹三层（一层非黏性膜，两层黏性膜），棉包直径可调范围为 0.91～2.29m，宽度 2.43m，每包籽棉重量为 2039～2265kg。线性低密度聚乙烯薄膜不会产生碎片从而对环境造成污染。圆形棉包具有更好的防雨水、防风性能，运输过程中不易破损等特点。高强度打包膜很好地保护了棉花纤维和棉花种子。对存放场地没有特殊要求，不需要专门的运输车辆。

圆形棉包具有形状大小一致、内部湿度恒定和密度均匀、运输和存放灵活方便的特点，有利于轧花厂的加工。圆形棉花包被全部包裹，从田间到轧花厂包中的籽棉几乎不损失。在加工圆形棉花包时，由于圆形棉花包不会在场地上散落棉花，轧花厂也不需要专门派人清理。

目前采棉机在生产中应用比较成熟的是美国约翰•迪尔公司、凯斯公司生产的水平摘锭自走式采棉机覆盖了美国、澳大利亚及巴西等世界主要产棉国，与其他国家还在采用的垂直摘锭式采棉机比，在技术水平上有优势，水平摘锭式采棉机以自动化程度高、适应性强和作业性能好，处于技术领先地位。

凯斯纽荷兰公司最近几年新增的采棉技术有如下几种。

双侧采摘：从植株的两侧进行采摘，在采摘过程中增加了摘锭的穿透力，提高了工

作效率，增加了采净率。

电子测量卸棉系统：与传统的利用重心力倾倒方式不同，电子测量卸棉系统可以快速启动或停止输送带的工作，提升卸棉速度；棉箱设计成垂直升降，可以保持机械的重心稳定，减少了对车架和轮胎的压力。

改进设计摘锭：摘锭上最后 11 个倒钩呈 45°排列，摘锭表面 90μm 铬合金处理，延长了使用寿命；摘锭的螺帽及护罩涂重铬酸锌，提升了防腐效果；推出集采摘打垛功能于一体的采棉机；配备 AFS 棉田监测器，实时监测棉花收获过程中棉流量信息。

充分利用先进的机械化和信息化技术开展生产是法国油菜生产的特点。

法国油菜作业机械装备技术已逐步融合现代微电子技术、仪器与控制技术和信息技术，向智能化、机电一体化方向发展。田间自动导航系统、机器视觉系统等研究成果已开始装备到拖拉机与自走式农业机械上，实现了油菜机械化作业的高效率、高质量、低成本和改善操作者的舒适性与安全性；农机生产企业十分注重技术创新，法国拥有库恩等世界著名的跨国农机企业，十分注重油菜作业机械的技术创新，可根据市场、用户需要，不断开发高技术含量且适应油菜生产的机械装备。

技术现代化：我国台湾地区热带水果产业属于“小而精”的生产模式，热带水果生产的每个环节均采用现代先进实用技术，如番木瓜网室、荔枝矮化、番石榴屈枝等栽培技术，生物防治技术，营养诊断施肥技术，热带水果采后保鲜加工技术等。台湾热带水果产业已经成为科技农业、精准农业和现代农业的典范。

5. 根据自身条件，推进适合自身条件的发展模式

美国的水果和蔬菜产业发展着力推进规模化、产业化和区域化经营模式，是高技术密集型。

美国人少地多、劳动力短缺，以大量使用农业机械来提高农业生产率和农产品总产量为主要特色，最大限度地提高土地种植面积，发挥规模化效益。2010 年美国鲜菜收获面积为 $721\times10^3hm^2$，产值 111.5 亿美元。2010 年美国有约 $20\times10^3hm^2$ 蔬菜温室，占蔬菜种植面积的 2.8%。又如，美国的甘蔗生产，美国已实现了甘蔗生产全程机械化，如得克萨斯州管理模式是由糖厂拥有所有甘蔗收获机具，蔗区集中在糖厂周围、沿公路两侧。糖厂与农户签订收获合同、安排生产。收割时采用约翰迪尔公司的大型切段式收割机，一次完成全部作业，由大型运载车从田间直接运抵糖厂，这种模式最大特色是以最大效益为目标，收获时机具一天工作 24h，一个榨糖季节需要更换二次轮胎，机具的使用被发挥到最大的程度，3～4 年设备即需更新。

以自然条件和市场为导向，实行区域化布局，专注区域特色，针对特色开展特色专业化生产，提高市场竞争力。美国的加利福尼亚州气候温暖、雨量充沛，成为美国著名的水果和蔬菜产地；东南部的南卡罗来纳、乔治亚和佛罗里达州也盛产水果和蔬菜。

美国的棉花大规模全程机械化生产也是很典型的。世界上棉花生产中有 30%是采用机械收获。全部采用机械收获的国家有美国、澳大利亚和巴西。美国棉花生产主要分布在东南部的亚拉巴马州等 6 个州，占美国陆地棉总产量的 22%；中南部的阿肯色等 4 个

州，总产量约占全国的32%；西南部的堪萨斯州等3个州，占美国陆地棉总产量的33%；西部的亚利桑那3个州，总产量约占全国的10%。美国棉花生产机械化率为100%。2007年使用的自走式摘棉机约18 162台，平均每台采棉机收获面积为226.67hm^2。籽棉收获后，2%由拖车运回轧花厂，98%采取棉垛方式运回轧花厂。美国2006年共有835家轧花厂（2002年921家轧花厂），共加工皮棉2157万包。每包重量217kg（480磅）。近年来，美国在实现全程机械化的基础上，继续对现有采棉机进行优化和创新。采棉机生产企业开始注重向自动化、智能化发展，着力提升驾驶人员操作舒适度、机械采收效率和人均管理面积。

加拿大也是以大规模、产业化和区域化经营模式生产实现经济作物高效益的典型。据统计，2009年，加拿大共有220万个农场，平均每个农场土地面积为170hm^2，平均每个农场只有1.07人进行生产和经营，每个农业经济活动人口平均耕地面积高达181.4hm^2，劳动生产率很高。油菜约占加拿大农作物种植面积的65%，占油料作物种植面积的73.5%，是加拿大第二大农作物。2012～2013年种植面积为8585.1×10^3hm^2，总产量为1330.95万t，是世界最重要的油菜出口国之一，承担了世界75%的“双低”油菜的供应量。加拿大是当今世界油菜生产现代化、规模化程度最高的国家之一。

20世纪60年代，在政府一系列政策的指导下，加拿大油菜生产就开始步入现代化进程，在油菜管理方面，采用精准农业管理模式，将遥感技术、地理信息系统、全球定位系统，实现对农作物、土地、土壤从宏观到微观的实时监测，实现对油菜生长、发育状况、病虫害、水肥状况，以及相应的环境状况进行定期信息获取和动态分析，通过诊断和决策，制订实施计划，并在GPS和GIS集成系统支持下进行田间管理。

加拿大政府重视对农业的保护，在立法、制度、政策等多个层面扶持农业发展，1933年出台了《农业调整法》，确立了农业的基础地位，20世纪80年代后，加拿大农业法成为一个独立的法律部门，2007年，加拿大出台了新农业法案，形成了以农业法为基础、100多部重要法律为配套的完善的农业法律体系，同时，针对农业发展中存在的矛盾和问题，适时出台一系列农业保护政策，包括价格支持、财政补贴、信贷税收、对外贸易等，形成了完善的政策体系。

荷兰耕地资源短缺，它的蔬菜生产采用资源节约和资本技术密集型模式，以提高土地单位面积产量和发展高附加值的温室园艺作物生产为主要特色，实现集约化、环境优化控制和周年生产。荷兰温室面积为11×10^3hm^2，其中蔬菜栽培面积4.2×10^3hm^2、切花栽培面积5.6×10^3hm^2，盆栽植物栽培面积1.2×10^3hm^2。玻璃温室面积占温室总面积的99%，只有1%为PC板和农膜温室。荷兰现代化温室蔬菜生产配套设施包括：计算机管理系统，温室加温系统，营养液循环系统，CO_2补给系统，灌溉水收集和储存与水处理系统，蔬菜产品采收大多配套温室内部物流输送系统，包括采摘车、地面链条动力输送线、产品自动分级生产线、采后包装装备等，生产企业还设有产品短期储存预冷系统、保温防寒设备和温室补光设备等。

日本也是地少人多的国家，园艺和经济作物生产的主要经验在于集约化、产业化和土地节约型。

日本为了在耕地不足的情况下提高蔬菜自给率，大力开发设施蔬菜生产。开发小型蔬菜生产机械，如蔬菜播种生产线、棚室用小型旋耕机、小型蔬菜移栽机和多种类型的蔬菜收获机；引入工业技术，研究生物栽培技术；国家政府支持大力推广发展植物工厂栽培技术。

6. 注重标准化生产，提高产品质量

水果等作物的标准化生产在很多发达国家已贯穿于生产的全过程，许多新兴的标准化生产技术在果园生产中都能得到体现，如梨架式栽培、果园生草、果园滴灌等，整个果园的质量管理类似良好农业操作规范（GAP），每个环节都遵循农协提供的生产标准，并进行详细登记记录。

7. 注重轻简化、省力化、低成本化的技术和装备开发

日本农业人口趋于老龄化，政府进行了以轻简化、省力化、低成本化为重点的技术研发，在栽培制度和整形模式上进行了大胆革新，先后引进了美国、荷兰、日本、澳大利亚等国的棚架式、篱架式和 Y 形等栽培模式，自主创制了 V 形、T 形及单臂篱架形等不同树形。同时在果园灌溉、施肥、土壤管理及精细花果管理的关键技术环节进行创新，集成、熟化了一批新技术。

巴西的甘蔗生产同样是轻简化，但他们是以降低成本为目标的轻简。据 2012 年对巴西甘蔗机械化生产的考察发现，其经营理念认为甘蔗是一种粗放的作物，不需要投入太多的工夫，所以他们的作业流程非常轻简，投入成本很低。这得益于巴西地多人少和良好的生态环境、优良品种及应用糖厂副产品进行土壤的持续改良，以及农业机械的高效利用。高产、低投入、高收益的农业生产与原料加工实现了良性循环，使巴西的蔗糖产业竞争力优势难以比拟。

（二）学习借鉴典型国家和地区的生产先进经验，改进我国的园艺和经济作物生产

1. 增加科技及产业投入，转变科技投入方式

借鉴国外先进经验，完善科技投入的机制和模式，调整投入重点，由注重农业产中科技向注重产前、产中、产后科技整体布局合理配置转变，由注重科技研发向注重研发与中试示范及产业化并重转变，加强对公益性农业科研机构和农业院校的支持。

2. 加快简约、节能化栽培模式建设

世界园艺和经济作物栽培正朝着省力、低成本的方向发展。美国、法国、意大利

等国家在果树上均实行简化修剪方式，全面实行果园肥水一体化管理和机械化操作。随着我国经济社会的快速发展，人口老化加速，劳动力逐步紧缺，人工成本逐年增加，果农的观念转变很快，为水果产业更新换代改变操作模式提供了契机。在我国的果园管理中，要逐步推行生态化果园建设，实行果园土壤免耕，肥水一体化管理，日常管理机械化。

3. 加快生产标准制定，实现果品等作物绿色生产

采用生态化生产，实现农业的可持续发展已成为各国农业政策的优先选择。目前发达国家广泛开展有机农业生产制度、IPM 制度（病虫害综合防治制度）、IFP 水果生产制度（果实综合管理技术）等。我国要学习其他国家和地区的先进经验，加快生产标准制定，实现果品绿色生产。

4. 加快产业化生产步伐

发达国家和地区已经实现产、供、销一条龙产业化生产。机械化和信息化生产可减少大量人工投入，对我国水果产业可持续发展具有借鉴意义。由于我国的国情决定了一家一户的生产模式在近 10 年很难彻底改变，因此应学习日本、中国台湾等国家和地区的先进生产模式，走水果生产专业合作社（或农会）的道路。

5. 更新观念，加强现代生产管理理念的灌输

承包和统一目标的管理，是落后的小农生产与先进的大生产之间的根本区别。家庭承包曾经给我国农业生产带来活力，但它各自为政的管理模式在今天是与需要有统一协调的目标的大生产格格不入的。这种各自为政的承包理念还在我国农业生产中起着很大的作用，使我们的现代化农业生产举步维艰，例如，使得我们的甘蔗收获机械化就连农业生产水平整体上比我们差的泰国都不如，这是值得我们深思的。

六、我国园艺与经济作物可持续发展战略构想

（一）战略思路

1. 大力推进机械化与信息化

以机械化和信息化生产为手段，通过技术融合、集成和组装，研发和筛选先进、适用、成套的高效低耗的农机技术与装备，研发一批通用和专用的农机装备，突破园艺与经济作物全程机械化关键薄弱环节的技术与装备；实现园艺与经济作物部分

环节的机械化和信息化，如流通环节实现电子商务的网络营销，农机装备的智能化和操作的自动化等；提质增效，重点提升园艺与经济作物的商品化率，大幅度提高其附加值。

例如，推广应用卫星导航、地理信息系统等技术，提高农业生产经营信息化水平，提升棉花生产经营管理信息化水平；基于我国水果产业发展现状，坚持园艺和机械相结合的基本原则，从苗木培育、果树栽植、果园管理（施肥、灌溉、控草、修剪、病虫害防治等）到枝叶修剪和果实采摘等全程机械化作业出发，系统全面地发展配套机械化技术；以工厂化集约育苗作为蔬菜产业的基础环节，在全国蔬菜主产区重点建设和完善抗灾能力强、生产效率高和生产规模大的蔬菜种苗工厂化集约生产体系，等等。

2. 有效推进农机与农艺的融合

有效集成品种、栽培与农机装备的有机结合；实现良田、良种、良法三结合；建设高标准基本农田与农田基础设施；采用农业机械实现深耕深松、精量播种、均衡施肥等先进的农业生产技术，实现现代意义上的精耕细作；制定科学合理、相互适应的机械作业规范和农艺标准，实现农业“资源节约、环境友好和可持续发展”。例如，应用分子技术等培育具有抗倒伏等性能的适宜机播机收的油菜新品种，采用先进的播种和收获机械，结合先进的栽培技术和手段，实现油菜生产的农机农艺结合，提高其生产效率和效果。

3. 积极探索新的发展途径

充分借鉴发达国家在园艺与经济作物发展的经验，对我国不同园艺与经济作物实施分类指导；加大政府扶持和政策支持，创新园艺与经济作物农业生产经营组织模式，鼓励有条件的农户流转承包土地的经营权，扶持农业合作社、家庭农场和专业大户，发展多种形式的适度规模经营，加快构建新型农业经营体系；建立园艺与经济作物生产机械化和信息化的长效机制，构建适宜中国园艺与经济作物产业可持续发展的新途径。

（二）战略目标

围绕基本实现上述六类园艺与经济作物生产全程机械化的目标，重点突破薄弱环节，大力推广成熟的机械化技术；加强农机农艺相融合；加快土地流转和基础设施建设，努力推进适度规模经营；积极推广精准农业的经营理念和基于信息技术的装备，部分生产机械装备实现控制智能化和操作自动化；综合机械化水平大幅提高，信息化水平覆盖园艺与经济作物的主要环节。不同作物的机械化和信息化水平战略目标如表 2.11 所示。

表 2.11 主要园艺与经济作物作物机械化和信息化水平战略目标

作物	时间节点	机械化和信息化水平目标
水果	2020 年	综合机械化水平达到 50%；其中果园管理与采运机械化水平达 30%以上，水果分级、清洗等机械化水平达到 50%以上，实现电子商务流通达 50%以上
	2030 年	综合机械化水平达到 70%以上；其中果园管理与采运机械化水平达 50%上；水果分级、清洗等机械化水平达到 70%以上，实现电子商务流通达 70%以上
蔬菜	2020 年	综合机械化水平达到 50%；其中露地蔬菜生产的耕整地和田间管理作业机械化水平 70%；种苗和设施蔬菜生产实现轻简化作业；营销网络与电子商务应用率达到 30%以上；环境控制和智能化监测技术应用于设施中
	2030 年	综合机械化水平达到 70%以上；其中露地蔬菜机械化收获水平达到 50%；种苗和设施蔬菜生产实现全程机械化作业；营销网络与电子商务应用率达到 50%以上；环境控制和智能化监测技术广泛应用于设施生产中
甘蔗	2020 年	综合机械化水平 50%以上，其中耕整地机械化水平 60%以上；种植机械化水平 40%以上、机械化收获水平达到 30%以上
	2030 年	综合机械化水平 70%，其中耕整地机械化水平为 90%，种植机械化为 70%，收获机械化达到 50%，卫星导航技术应用于甘蔗生产中
油菜	2020 年	综合机械化水平 70%，土地耕整机械化水平 85%，播种、移栽机械化水平 60%，收获机械化水平 65%；遥感技术与地理信息系统将应用于油菜栽培；营销网络与电子商务应用率达到 30%以上
	2030 年	综合机械化水平 85%，土地耕整机械化水平 95%，播种、移栽机械化水平 80%，收获机械化水平 85%（以分段收获和联合收获并存）；卫星导航系统将应用于收获及田间管理；营销网络与电子商务应用率达到 50%以上
棉花	2020 年	综合机械化水平 70%，其中耕整地机械化水平达 90%以上，机械化播种水平达到 70%以上，机械化收获水平达到 20%以上，精准农业技术应用于生产中
	2030 年	综合机械化水平 80%，其中耕整地机械化水平达 95%以上，机械化播种水平达 90%以上，机械化收获水平达 40%～50%，精准农业技术广泛应用于棉花生产中
麻类	2020 年	综合机械化水平达到 45%，其中耕整地机械化水平达到 70%以上，种植机械化水平达到 30%，机械化收获水平达到 20%
	2030 年	综合机械化水平达到 65%以上，其中耕整地机械化水平达到 90%以上，种植机械化水平达到 50%，机械化收获水平达到 40%

（三）战略路线图

图 2.11 所示为园艺与经济作物可持续发展战略路线图。

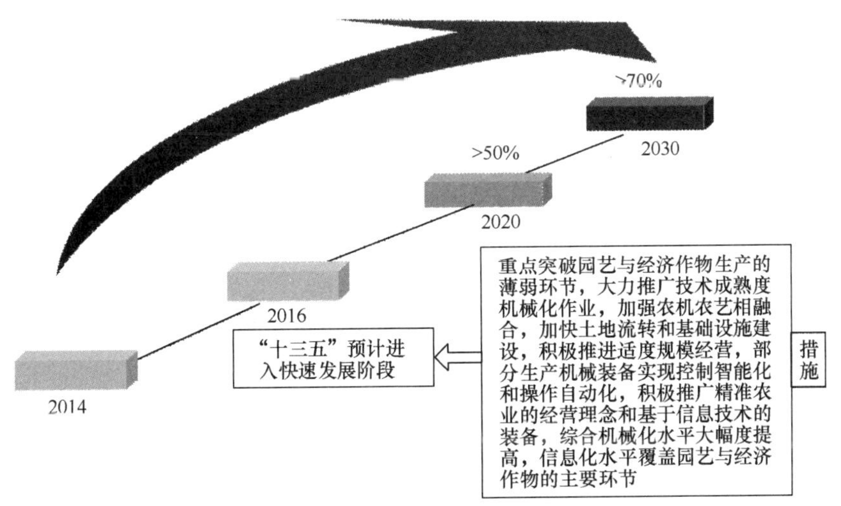

图 2.11 战略路线图

七、推进园艺与经济作物生产方式转变的重大措施和政策建议

（一）建立和健全产业链，提高产业化水平

借鉴发达国家包括种植、田间管理、收获、运输、加工、储藏、销售在内的完整技术产业链的成功经验，突破目前园艺与经济作物产业链部分环节薄弱甚至缺失现象突出的问题，调整园艺与经济作物的产前、产中、产后、流通与消费环节产业链结构，延伸园艺与经济作物资源利用的深度和广度，提高其产品附加值，以市场为导向形成良种良机良法的从产地生产到优质高效产品销售的无缝对接，实现园艺与经济作物规模化种植、标准化生产管理、商品化处理、品牌化销售、产业化经营。

（二）加快土地流转，促进规模化经营，创新生产经营制度

针对园艺与经济作物生产规模小、规模化经营程度低、农业基础设施薄弱，以及农村人口和纯农户数量不断减少、土地闲置现象日益突出等现实问题，加快土地流转，促进规模化发展；鼓励发展多种形式规模经营，引导和鼓励家庭农场、合作经营，创新生产经营模式，如“龙头企业＋基地＋农户”“龙头企业＋合作社＋农户”及“协会＋龙头企业＋专业合作社＋专业大户”等，促进园艺与经济作物周年生产的规模化、标准化进程以实现园艺作物的产品优质化、生态有机化、轻简化、集约化、商品化与产业化；实现经济作物的规模化、标准化、特色化、工厂化与产业化。

（三）攻关关键环节机械化技术和装备，提高农业机械化水平

对各种作物的产业链进行深入分析，找出其中机械化水平低下的关键和瓶颈环节，以关键技术为突破，提高产业链核心环节机械化水平；通过技术融合、集成和组装，研发和筛选先进、适用、成套的农机装备，研发一批通用和专用的农机装备，加快推进园艺与经济作物生产机械装备研发、集成配套示范与推广，积极创新农机社会化服务体系；制定园艺与经济作物生产机械装备的购机补贴政策，促进产业链整体机械化水平提高。

（四）加大投入进行农机农艺融合的创新，提高复种指数

加大园艺与经济作物品种培育、高效生态种植、先进适用生产加工装备的科技创新，

加大种植、植保、收获、产后加工等方面的农机与农艺融合创新。充分挖掘、利用潜力资源（如南方 300 多万公顷冬闲田及滩头地、坡地等，扩大油料作物播种面积）和改进种植模式，提高复种指数。

农艺农机融合包括两个层面，一方面是农艺要适应农机。要培育适合机械化生产的作物品种，建立适合机械化生产的农业生产技术体系。制定科学合理、相互适应的农艺标准和机械作业规范，推进园艺和经济作物标准化、规模化种植，在一定区域范围内统一品种和种植模式。另一方面农机要适应农艺。根据不同地区、不同种植制度、不同茬口、不同生产环节的特点，研发先进适用的装备，优化机械化技术路线。做到工程技术与生物技术相结合，农机与农艺相结合，技术与经济相适应，社会与自然相结合，将科技转化为生产力，实现各种作物机械化又好又快地发展。

（五）提高产业链信息化水平，提升市场竞争力

国家提出相关扶持政策应对国际市场冲击，提高产业的国际竞争力，实现园艺与经济作物生产、采摘、分类、包装、加工、储藏、运输、销售、配送等环节整合，提高产业链信息化水平与社会化服务体系水平，提高电子商务流通能力，提高农产品的市场竞争力和影响力。

（六）整合财政、金融等各项政策，构建综合的政策扶持体系

我国现行的农业直接补贴政策属于分项式补贴，有粮食直补、农资综合补贴、良种补贴和农机补贴等。上述 6 种园艺与经济作物等补贴存在问题包括：一是一些作物尚未获得补贴；二是已有的补贴还需进一步完善，包括补贴标准低（如现行油菜良种补贴每亩 10 元，但因近年劳力、种药肥、机械作业等生产成本涨幅大，导致激励效应不明显）、补贴方式欠合理（如农机购置补贴中出现的权力寻租、补贴机具倒卖等问题）、补贴办法缺乏一贯性等问题。

针对上述现实问题，一方面要以现有的《农业机械化促进法》《农业技术推广法》《农业机械管理条例》等法律、法规为依托，制定、健全、完善政府投资、财政补贴、财政补偿、燃料优惠、低息贷款、减免税收、农业基础设施建设、建立基金等方面相关的法律、法规；另一方面要采取切实可行的手段，使惠农法规得到切实落实。

专题三

畜牧与水产生产方式向机械化和信息化转变战略研究

一、我国畜牧与水产生产现状与发展趋势

（一）生猪养殖现状

《中国猪品种志》介绍我国的生猪养殖史可以追溯到距今约7000年前，几千年来，我国人民不断总结经验，使我国养猪技术不断发展，历史上一些时期相对其他国家比较发达。早期猪的饲养以放牧为主，商、周时代由放牧饲养逐步发展到放牧和舍饲结合，圈舍修建与人居结合。到了汉代，老百姓已深谙养猪和种植的生态关系，将养猪、积肥和种粮、种菜结合起来，最早实现了庭院生态农业。魏晋南北朝时期，养猪技术有了更大发展，一方面尽量放牧，如北魏贾思勰的《齐民要术》养猪篇说，“春夏草生，随时放牧”，另一方面，尽量利用人不能利用的农副产品，特别是残羹剩菜。隋、唐时养猪已有较大规模，成为农民致富增收的重要途径之一。

随着我国经济的发展和养猪科学技术的进步，如今中国已成为世界养猪大国。改革开放30多年来养猪业更是发展迅速。国家统计局数据表明，2014年我国生猪出栏7.35亿头，猪肉总产量5671万t，占我国肉类消费总量的62%和全球猪肉总产的一半。粗略估算，中国生猪产业每年的产值已达一万多亿，其产业链各环节及相关产业解决了许多人的就业问题，猪价的波动成为物价变动的风向标，这些都反映出我国养猪业在经济和社会生活中占有十分重要的地位（图3.1～图3.3）。

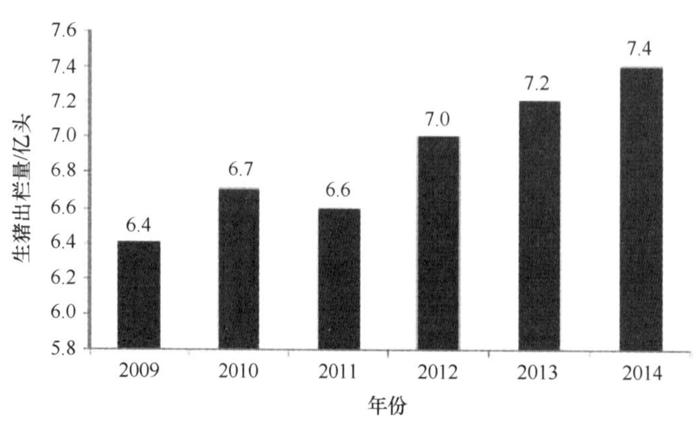

图3.1　我国生猪出栏增长情况

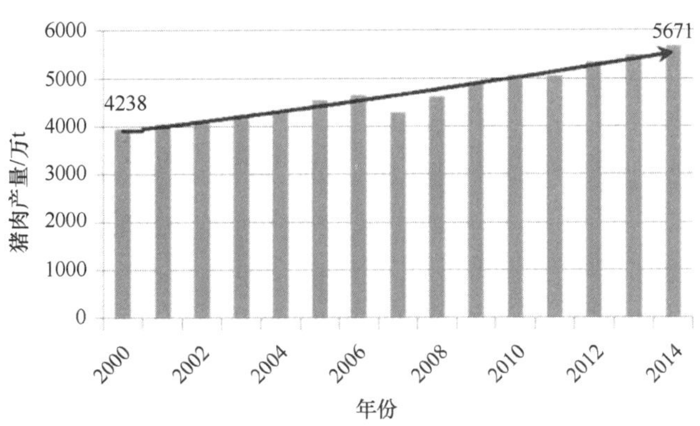

图 3.2　我国猪肉生产增长情况

我国生猪养殖呈现区域性特点。生猪出栏、存栏、猪肉产量分布图如图 3.3 所示。

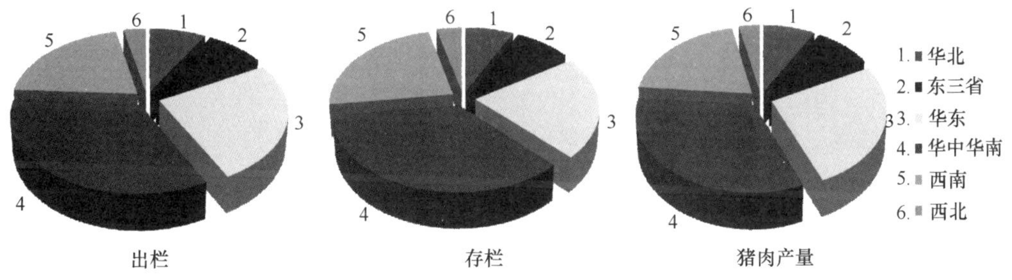

图 3.3　2012 年生猪数据

纵观近现代我国养猪业的发展历程，其生产方式经历了两个主要阶段的转变。第一阶段是以低投入、低产出、低效益为主要特点的家庭副业型生产方式，其目的为了积肥与肉食品自给，是一种以千家万户为主体的传统分散型养猪形式。饲养方式以传统的青粗饲料和农副产品（如糠麸、糟渣等）为主，品种多为脂肪型和兼用型，如地方猪种、中约克夏等，瘦肉型猪种极少。第二阶段是我国养猪业的快速发展时期，养猪生产已开始由传统分散型向现代集约型转变，规模化养猪已成为发展趋势，但传统养猪仍占较大比例，育种方向则逐步由脂肪型、兼用型向瘦肉型猪新品种（系）转变。随着社会经济的发展，未来我国生猪生产必将发生新的变化。

（二）鸡养殖现状

中国的肉/蛋鸡产业起步于 20 世纪 80 年代，90 年代形成规模养殖，至 2000 年已发展成为世界第二大鸡肉生产国，这主要归功于规模化养殖。

规模养殖是现代畜牧业发展的基本特征和重要载体。规模化养殖能充分利用土地资源，节省劳力资源，降低生产成本，而且饲养的鸡整齐度好，防疫到位，疾病发生少，大大提高了经济效益。过去家庭饲养方式每人最多养 500 只，而现在在规模化鸡场中，一人可饲养 1 万只。2013 年，我国家禽存栏量超过 60 亿只，占世界家禽存栏总量的 30% 左右。2013 年，中国肉鸡生产保持平稳增长，产量达 1412 万 t，比 2012 年增长 2.32%，

近 32 万 t。与发达国家相比，我国的肉鸡生产组成呈现多样性，主要有不同品种的优质黄羽肉鸡、白羽快大型肉鸡、肉杂鸡、淘汰蛋鸡等，其中白羽肉鸡的产量大约占 59%。2007 年我国禽蛋总产量为 2528.98 万 t，其中鸡蛋产量 2150 万 t，占世界鸡蛋总量的 40%，2013 年鸡蛋产量已达 2479 万 t，约为美国的 4.4 倍，印度的 6.5 倍。目前良种蛋鸡祖代存栏量达到 38 万套，父母代存栏量 2400 万套，商品代蛋鸡年饲养量 15 亿只左右。虽然我国的肉鸡总产量在世界肉鸡总产量中占据很大的份额，但是人均消费量不足 10kg，远低于美国 37.9kg。

2013 年受年前“速生鸡”和 H7N9 的影响，肉鸡产量有所降低，养殖利润大幅下降。根据畜牧业协会监测数据，2013 年祖代白羽肉鸡引种量为 149.99 万套，比 2012 年引种量降低了 14.32 万套。白羽祖代种鸡存栏 188.68 万套，比 2012 年下降约 5%，父母代种鸡存栏 4185 万套，同比下降超 10%。黄羽祖代种鸡存栏量为 149.87 万套，比 2012 增加了 14.63%，产能明显过剩，而父母代存量为 3864.84 万套，比 2012 年降低了 8.83%。白羽肉鸡商品鸡苗销量 48.12 亿只，比 2012 年下降 2.42%，黄羽肉鸡商品鸡苗产销量 41.61 亿只，同比下降 8.83%，肉鸡出栏量 84.41 亿只，同比减少 4.99%，鸡肉产量较 2012 年减少 2.61%。肉鸡的养殖利润受事件的影响大幅下降，其中白羽肉鸡平均养殖利润为 0.68 元/只，同比下降 53.4%；黄羽肉鸡平均养殖利润为 1.35 元/只，同比下降 47.3%。

我国鸡产业的各种相关数据见图 3.4～图 3.7。

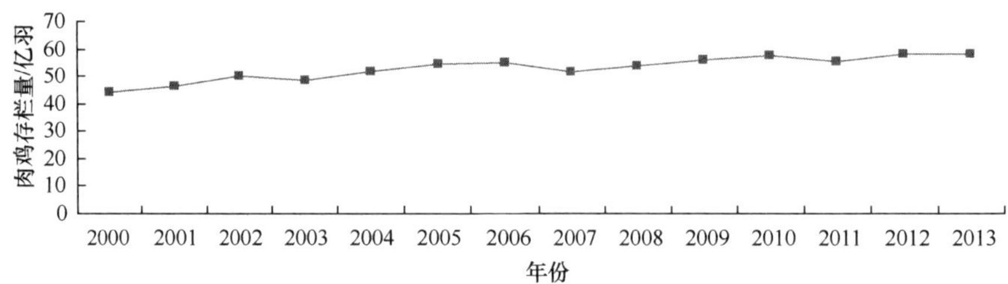

图 3.4　2000～2013 年全国肉鸡存栏量

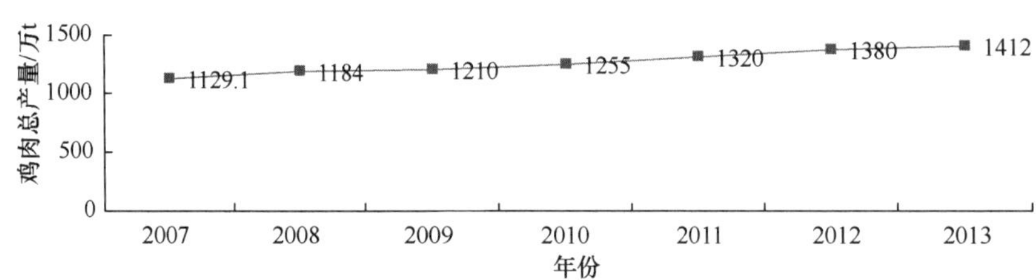

图 3.5　2007～2013 年全国鸡肉总产量

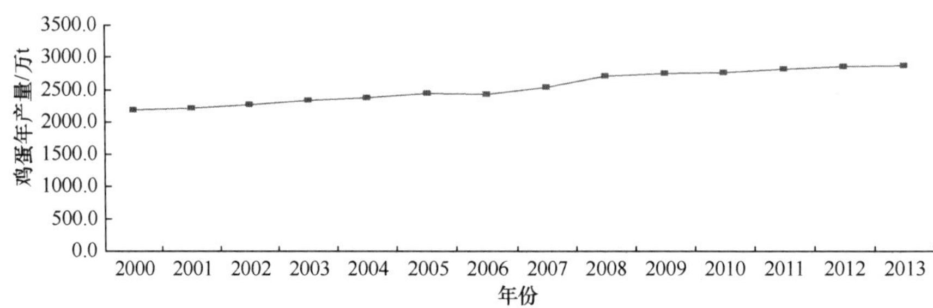

图 3.6　2000～2013 年全国鸡蛋年产量

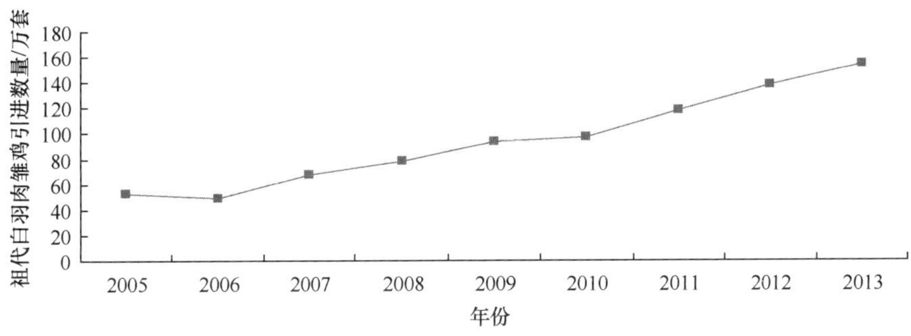

图 3.7　祖代白羽肉雏鸡引进数量

（三）牛养殖现状

牛是节粮型动物，大力发展牛产业对构建节粮型畜牧业至关重要，并对改善人们膳食水平、提高身体素质、促进农业产业结构调整具有重要意义。

1. 奶牛养殖现状

我国奶牛存栏和牛奶生产量随年份的变化见图 3.8 和图 3.9。新中国成立初期，我国奶牛存栏量仅有 12 万头，原奶总产量仅有 22 万 t。改革开放以来，我国奶业迅速发展，到 1999 年年末，奶牛存栏量为 450 万头，牛奶产量 720 万 t。21 世纪的前 10 年，我国奶牛业迎来大发展时期。2010 年后，基本进入平稳期，至 2014 年年底，存栏量为 1400 万头，牛奶产量为 3530 万 t（图 3.8 和图 3.9），奶牛单产水平也逐年提高，如图 3.10 所示。

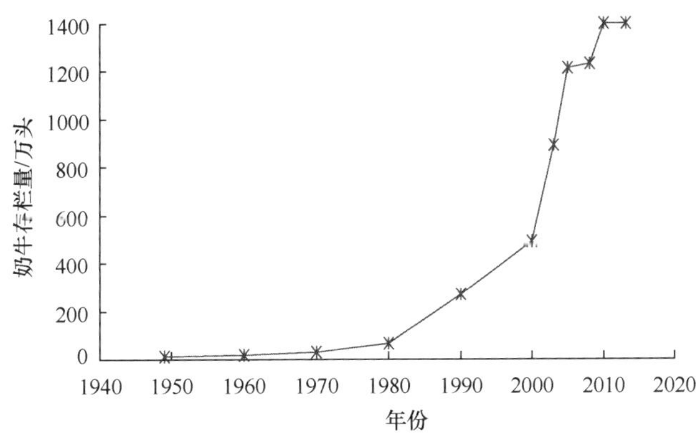

图 3.8　奶牛存栏随年份的变化

我国牛奶产量呈现区域性特点，牛奶产量分布见图 3.11。华北和东北是我们牛奶的主要产区，分别占全国总产量的 43%和 19%，总和占全国的 62%。

新中国成立以来，我国奶牛养殖业发展大体经历了 3 个阶段，分别为散户饲养、小区饲养和规模化饲养。第一阶段从新中国成立到 1996 年，这时期我国奶牛养殖模式为家庭式养殖，全国 90%以上的奶牛由农牧民饲养，饲养手段以手工操作为主，农户将奶牛饲养当作一种副业收入。第二阶段从 1997～2000 年，这时期主要为“公司＋农户”

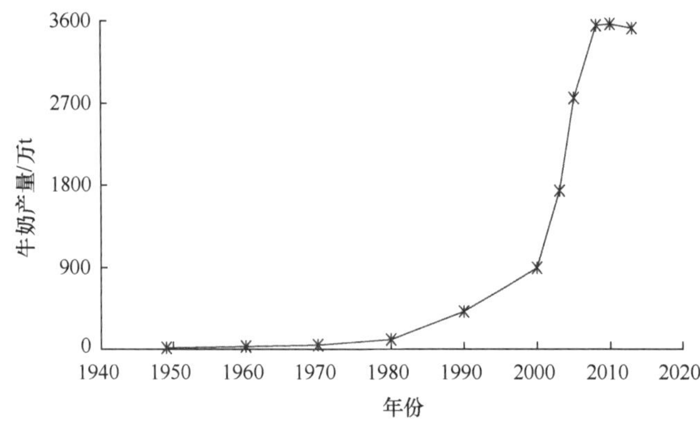

图 3.9　牛奶产量随年份的变化

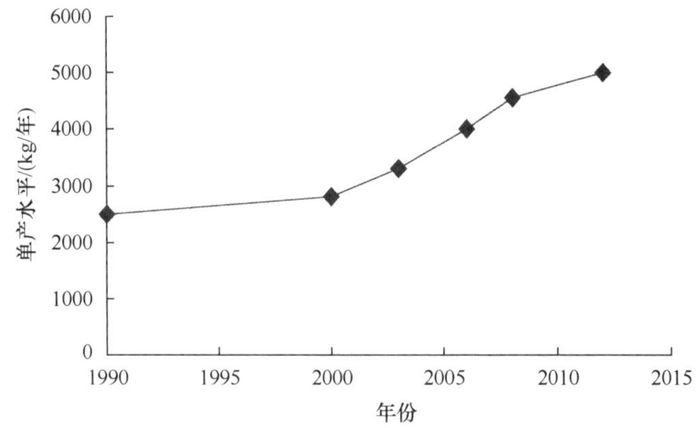

图 3.10　奶牛单产水平的变化

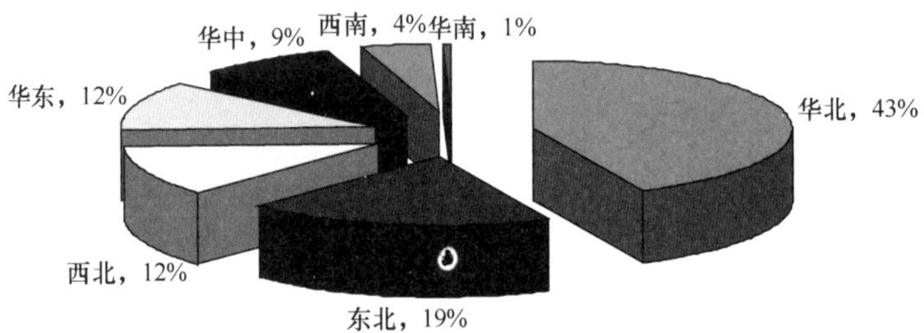

图 3.11　牛奶产量的区域分布

的分散饲养、集中挤奶的小区饲养管理模式，较散户传统饲养模式有了明显进步。第三阶段是从 2001 年开始至今，此阶段以规模化牧场饲养管理模式为主，将以往一家一户分散饲养、集中挤奶的模式逐步转变为“现代化大型牧场”的新模式。

2. 肉牛养殖现状

我国牛肉产量随年份的变化见图 3.12，从图中可以看出牛肉产量呈逐年递增趋势。牛肉产量分布呈现区域性特点，产量分布图见图 3.13，我国牛肉产区比较均衡。

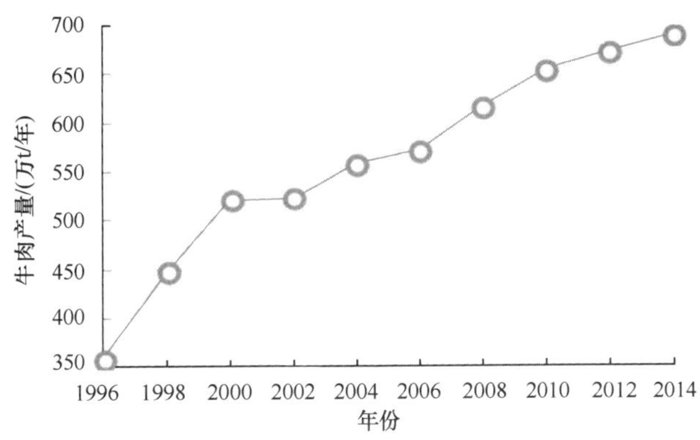

图 3.12　牛肉产量随年份的变化图

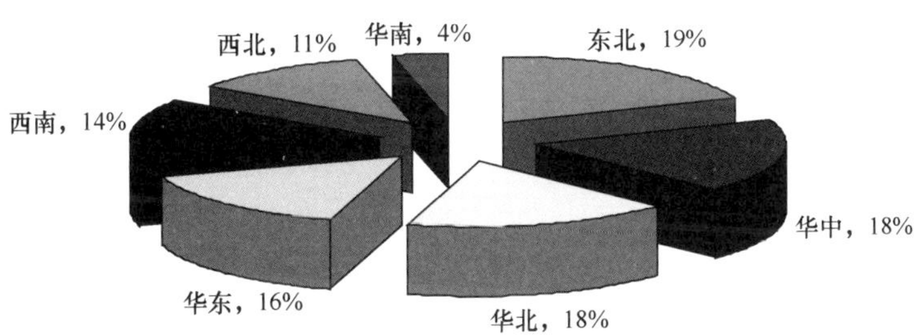

图 3.13　牛肉产量的区域分布图

（四）羊养殖现状

中国是世界第一养羊大国。中国绵羊、山羊的饲养量、出栏量、羊肉产量、生绵、山羊皮产量、山羊绒产量均居世界第一位。截至 2013 年，我国存栏肉羊 2.9 亿只，比 1980 年的 1.87 亿只增长 55%（图 3.14）。同年羊肉产量达 408.1 万 t，较 1980 年的 44.5 万 t 增长近 9 倍。羊肉占肉类总产量的比例由 1980 年的 3.7%上升为 2013 年的 4.8%。

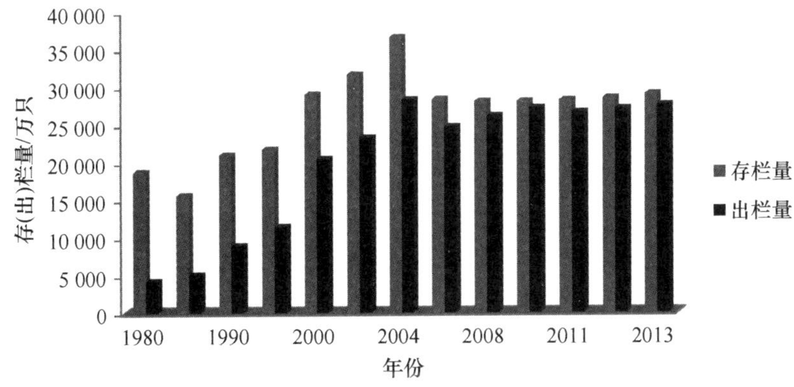

图 3.14　1980～2013 年我国羊存（出）栏量

近年来，随着人民生活水平的逐年提高，对包括羊肉在内的肉类产品的需求量日益增长，致使羊肉价格攀升，并一直在高位运行，从而带动了肉羊养殖业的快速发展。养羊业已经成为农牧民脱贫致富及地方经济建设的重要产业。

随着生产方式由草原放牧向集约化舍饲育肥方式的转变，以及草畜平衡等生态保护政策的实施，传统的存栏多、出栏少的现象发生了根本性的转变。目前，我国羊的存栏量与出栏量保持了基本平衡。未来羊肉产量的增加将主要通过改善羊的遗传品质，提高单产及生产效率来实现。

我国肉羊生产主要集中在新疆、内蒙古、青海、西藏、甘肃、四川、宁夏及云南 8 省（自治区、直辖市），以及冀鲁豫 3 省和东北 3 省，如表 3.1 及图 3.15 所示。

表 3.1　2012 年年底我国肉羊存栏数　　（单位：万只）

省（自治区、直辖市）	数量	省（自治区、直辖市）	数量	省（自治区、直辖市）	数量	省（自治区、直辖市）	数量
内蒙古	5 276.0	河北	1 457.2	宁夏	479.5	福建	107.6
新疆	3 016.4	黑龙江	915.7	湖北	422.0	海南	70.1
山东	2 150.9	云南	900.9	江苏	415.6	北京	57.8
河南	1 865.0	山西	778.7	吉林	391.6	江西	53.9
甘肃	1 757.1	辽宁	725.6	贵州	256.5	广东	40.6
四川	1 661.7	陕西	643.0	广西	198.2	天津	36.1
西藏	1 646.1	安徽	591.6	重庆	176.7	上海	24.4
青海	1 497.5	湖南	512.6	浙江	109.5		
合计：28 236.1							

数据来源：国家肉羊产业体系数据

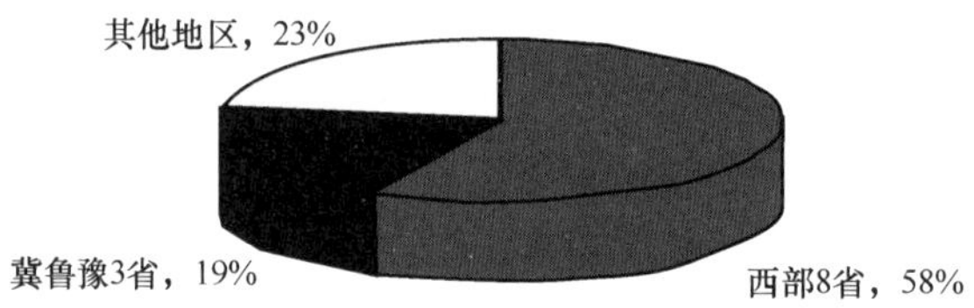

图 3.15　2011 年我国肉羊存栏分布情况

新中国建立以来，我国养羊业生产方式主要经历了 3 个不同的阶段：20 世纪五六十年代以“毛”为主的发展阶段；七八十年代“毛肉”“肉毛”兼用发展阶段；90 年代后进入以“肉”为主的发展阶段。在肉羊品种方面，小尾寒羊以其生长速度快、繁殖率高、耐粗饲及遗传性能稳定而受到越来越多养殖户的青睐，其他优良肉用品种包括杜泊羊及波尔山羊等。随着新型纺织材料的不断出现及市场对羊肉需求的日益增多，肉羊养殖业在养羊业中的重要性将日益彰显。

（五）水产养殖现状

我国水产养殖历史悠久，是渔业的三大重要组成部分之一，在保障食物安全、改善国民食物结构、促进渔民增收、优化产业、出口创汇、生态环境保护等方面发挥了重要的作用。水产品是人类摄取动物蛋白的重要途径之一，自 20 世纪 80 年代以来，我国水产品产量快速增长，不但满足了国内消费需求，还对世界其他国家和地区作出了贡献。改革开放 30 年来，中国的水产养殖业受政策扶持、科技进步、市场拉动和国家综合实力增强等诸多因素的激励，获得高速发展，水产养殖产生了巨大的经济和社会效益。按当年价格计算，2013 年全社会渔业经济总产值 20 858.95 亿元，实现增加值 9718.45 亿元；其中渔业产值 10 861.39 亿元，实现增加值 6116.69 亿元；渔业工业和建筑业产值 4875.30 亿元，实现增加值 1779.39 亿元；渔业流通和服务业产值 5122.26 亿元，实现增加值 1822.38 亿元。3 个产业产值的比例为 52∶23∶25，增加值的比例为 63∶18∶19。

2014 年，全国水产养殖产量及分类情况见表 3.2。全国水产品总产量 6461.52 万 t，比上年增长 4.69%。其中，养殖产量 4748.41 万 t，同比增长 4.55%，捕捞产量 1713.11 万 t，同比增长 5.08%，养殖产品与捕捞产品的产量比例为 73∶27；海水产品产量 3296.22 万 t，同比增长 5.01%，淡水产品产量 3165.30 万 t，同比增长 4.36%，海水产品与淡水产品的产量比例为 51∶49。据海关统计，2014 年我国水产品进出口总量 844.43 万 t、进出口总额 308.84 亿美元，同比分别增长 3.87%和 6.86%。其中，出口量 416.33 万 t、出口额 216.98 亿美元，同比分别增长 5.16%和 7.08%；进口量 428.1 万 t、进口额 91.86 亿美元，同比分别增长 2.65%和 6.34%。

表 3.2　2014 年全国水产养殖产量　（单位：万 t）

指标	养殖产量	海水养殖		淡水养殖	
		产量	同比/%	产量	同比/%
全国总计	4748.41	1812.65	4.22	2935.76	4.76
鱼类	2721.93	118.97	5.88	2602.97	4.89
甲壳类	399.35	143.38	6.98	255.97	5.36
贝类	1341.67	1316.55	3.44	25.12	–1.78
藻类	201.31	200.46	7.96	0.86	4.44
其他	84.15	33.3	–3.16	50.85	–1.01

（六）我国畜牧与水产发展趋势与需求

根据“中国粮食和食物安全发展战略 2006～2020”预测，畜产品数量的增长幅度将呈稳中有降的态势。考虑到未来国民经济增长速度、畜产品市场消费量增幅出现波动的可能和其他不可预见因素，在肉类产量近 10 年年增长 3.94%的基础上，预计 2020 年增速为 1.5%。肉类结构比例将进一步优化，预计猪肉、牛羊肉与禽肉占肉类总产量的比例在 2015 年牛羊肉比例增加，猪肉比例下降，分别为 60%、18%、22%；2020 年进一步调整为 58%、19%、23%。蛋类人均占有量目前已达到发达国家水平，今后增长速度将会有较大幅度下降，2015 年和 2020 年分别以 1.5%、1%的增长率计算。奶类是我国需重点支持发展的产业，随着人民收入水平的提高，奶类消费量将呈大幅增加的趋势，前期保持高速增长，后期有所减慢，在近 10 年年增长 16%的基础上预计 2015 年、2020 的增长率分别为 8%、5%。

我国渔业生产方式已经成功实现从“捕捞为主”向“养殖为主”的第一次历史性转变，但渔业和渔区经济发展正处于渔民增收与水产品有效供给、渔业经济发展与资源环境保护、水生生物资源萎缩与水产品市场波动等矛盾冲突之中。如何实现我国水产养殖业的健康、可持续发展是一个急需解决的问题，面对当今信息化的时代对农业信息化的要求，生产工业化的趋势，实现水产养殖的信息化和机械化是水产业生产方式第二次历史性转变的必然发展方向。

二、我国畜牧与水产生产方式向集约化、规模化和信息化发展现状

（一）生猪养殖

进入 21 世纪以来，随着社会经济的发展，生猪产业的市场需求和生产要素等均不同程度发生改变，因而直接导致了我国生猪生产方式的变化，主要体现在以下两个方面。

1. 养殖模式由散养向规模化养殖转变，但小型散户养殖仍占较大比例

21 世纪以来，我国养猪行业逐渐由农户散养型主导向养猪专业户、大型集约化养猪企业现代养猪业转变，改变了长期以来全民养猪的局面。2014 年，农业部办公厅公布了 2014 年畜禽标准化示范场名单，此次共有 347 家企业确定为 2014 年农业部畜禽标准化示范场，其中生猪为 174 家。通过创建活动的示范带动，力争到 2015 年，全国主要畜禽规模养殖比例在 2010 年基础上提高 10～15 个百分点。那么 2010 年生猪年出栏 500 头以上规模化程度为 35%，根据示范场建设目标预计 2015 年生猪规模化程度将提高至 50%左右（图 3.16）。同时，2014 年猪价的低迷及畜禽污染条例的实施都将加速生猪规模化进口的脚步。

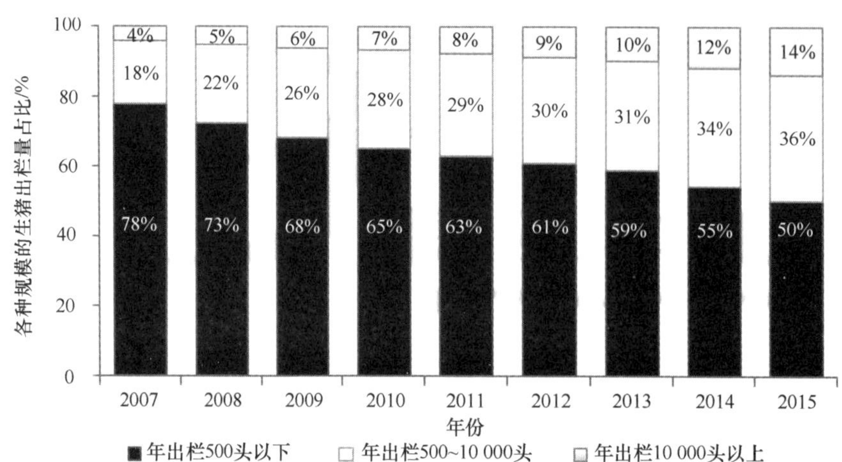

图 3.16　2007 年以来生猪规模化养殖进程

数据来源：《畜牧统计年鉴》

随着饲料原料成本不断上升，劳动力资源紧缺、成本节节攀升，部分集约化程度高的猪场从传统开放、半开放猪舍逐步转向全环境控制猪舍，从人工操作发展到机械清粪或液泡粪和自动喂料设备应用。配种分娩率由传统开放、半开放猪舍的80%左右提高到全环境控制猪舍的90%，育肥猪料比例由2.9下降到2.75，每人饲养量由600头提高到4000头，极大提高了生产水平及劳动生产率。

目前我国生猪标准化示范场从图3.17可以看出，广东暂时领先，河南等其他主产区次之，广东生猪示范场之所以排名第一，一是广东既是养猪大省又是猪肉主销区，城镇化程度较高，对养猪规模要求也较高；二是我国多年来对广东多地施行禁养制、加上畜禽污染条例出台后不合格猪场被拆除，这些都决定了广东现存猪场规模化高水平的现状。四川也将是近年来生猪规模化提速较快的省，从而推动全国整个生猪规模化进程发展。

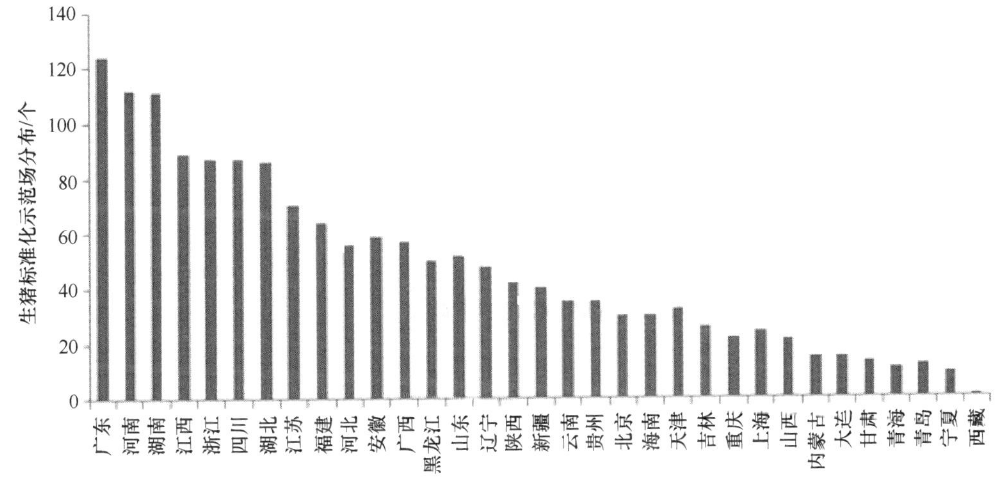

图3.17　2010～2014年生猪标准化示范场分布

2. 经营模式由自繁自养向合同生产转变

我国传统养猪绝大多数采取自繁自养模式，即从猪舍建造、种猪、商品猪、饲料加工、生猪销售形成一条相对完整产业，这种经营模式管理高度集中，优良品种和新技术易于推广应用。随着养猪规模化、集约化程度的提高，养猪业面临资金、选址、疾病控制及环保等方方面面压力，20世纪90年代后出现了新型经营模式——“公司＋合同育肥”模式，这种模式充分利用大型养猪或饲料企业资金、技术优势与农户的土地、劳动力有效组合，采取多点式、以场为单位全进全出管理，降低了养猪的资金投入，加快了资金周转、管理成本低、生产更专业化和简单，减少了双方风险，近几年来“公司＋合同育肥”经营模式发展越来越快，将是未来养猪的主要经营模式。

（二）鸡养殖

鸡养殖主要有以下两个特点。

1. 养殖向规模化发展

肉（蛋）鸡的养殖规模不断地扩大（图 3.18，图 3.19），根据调查数据统计，2010～

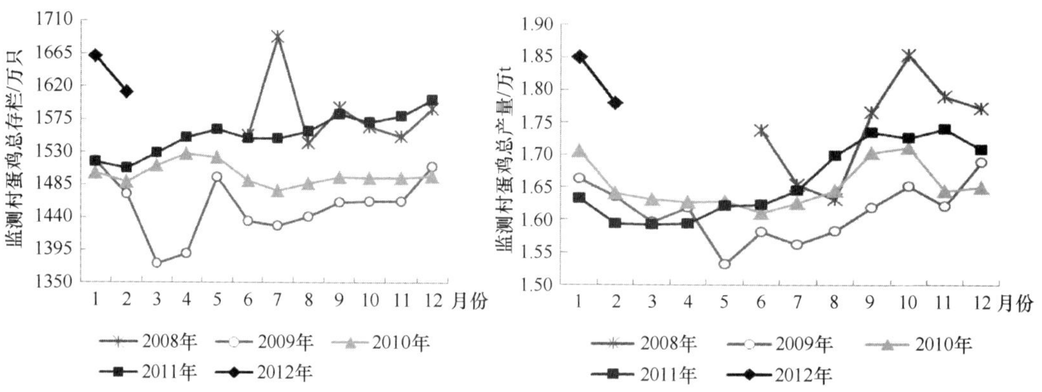

图 3.18　2008～2012 年监测村的产蛋情况

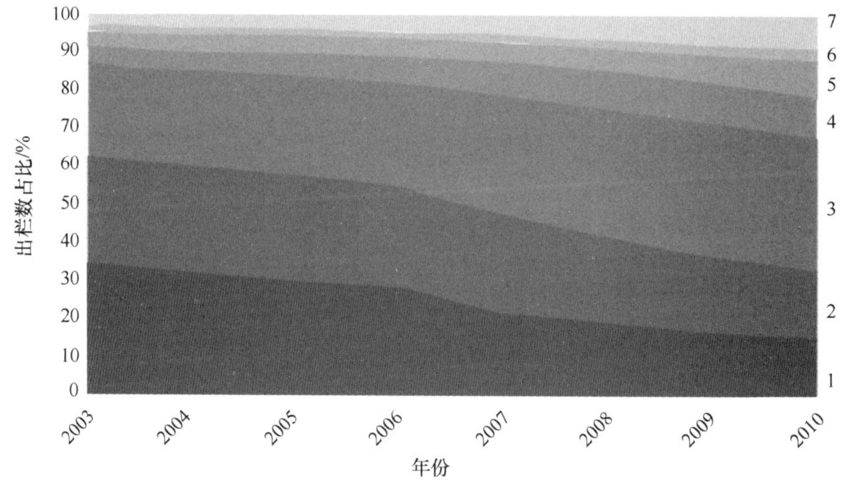

年出栏	1~1 999	>2 000	>10 000	>50 000	>100 000	>500 000	>100万
2011	13.9	86.1	69.3	36.6	24.5	14.1	9.6
2012	14.6	85.4	70.5	40.2	27.9	16.3	10.8
2013	14.4	85.6	71.9	42.3	29.7	17.6	12.0

图 3.19　2003～2013 年我国肉鸡出栏规模和比例
（彩图请扫文后末页二维码）

2012 年年末存栏和年出栏都有着不同程度的增长，增长幅度有些甚至达到 50%。从图 3.19 可以看出，2003～2013 年肉鸡年出栏在 1～1999 只和 2000～9999 只的规模逐年减少，而年出栏 10 万以上规模的比例呈现不断增长的趋势。养殖集中度不断提高，大型养殖企业不断壮大，而散养及小型企业逐渐萎缩。2010 年前十大肉鸡公司产量占全国总产量的 12%，其中广东温氏食品集团股份有限公司（简称温氏食品集团）年出栏优质鸡 8 亿只，占全国优质鸡上市量前十位生产企业的 61.59%。2013 年受 H7N9 影响，大量中小型企业和个体养户退出养禽业，现在肉鸡的生产主要来源于大企业和合同户养殖，故规模化、机械化及标准化的比例进一步得到提高。肉/蛋鸡的养殖受地域品种与社会经济的影响较大（图 3.20），主要集中在东部，其次是中部，西部较弱；产品结构也随地域呈现多元化，北方以饲养白羽肉鸡为主，南方以饲养黄羽肉鸡为主，长江流域等北方市场以青脚鸡为主，而珠江流域南方主要是黄脚鸡，华中地区又偏好黑羽黑脚鸡。

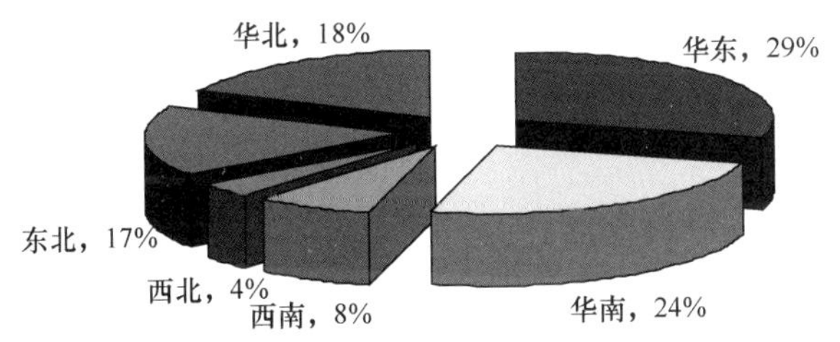

图 3.20　2011 年全国蛋产量分布

产业化包括了肉鸡的养殖管理、饲料配制、良种培育、疾病防治、产品销售和加工等环节。产业化经营提高了肉鸡与蛋鸡产业的效率，有利于实现生产、加工与流通的良性循环。虽然产业化迅速发展，但与发达国家相比差距还很大。尤其是鸡肉的加工程度和产品附加值比较低，目前国内主要集中在宰杀加工、肉类分割、卫生检疫和冷冻储藏方面，而深加工的鸡肉产品占肉禽消费量的比例还很小。

2. 合作化养殖模式不断发展

目前我国产业化经营模式以“公司＋农户”与公司集约化模式为主，“公司＋合作社＋农户”“公司＋担保公司＋农户”“公司＋经纪人＋农户”为辅。根据国家肉鸡产业技术体系关于 2010 年肉鸡出栏结构及周转规律的调研数据，占全国肉鸡出栏总量 90% 以上的 19 个省（自治区、直辖市）的 1153 户有效样本中，加入产业化链条的养殖户数量达到 85%，其中“公司＋农户”模式占到 90%。公司与农户合作的模式有利于资金链的流通，节省租赁土地的费用，有利于扩大养殖规模。但是也有一弊端，不便于统一管理，如“速生鸡”事件，就是由于“公司＋农户”模式下部分养户违规用药而导致药残问题，因此，在以后管理工作中需加强对养户的管理工作，提高养户的养殖知识与素养。

目前不少养殖公司与科研院校保持良好的合作关系，依托科研院校的科研能力培育新品种、研发新型的疫苗或饲料，从而提高企业的市场竞争力。据不完全调查，有 45% 左右的企业与科研院所有合作关系。广东的一些育种企业与广东农业科学院畜牧研究所、华南农业大学等科研院校开展了“产学研”合作，利用石岐杂鸡、惠阳胡须鸡、清

远麻鸡等品种资料，育成了一大批驰名全国的黄羽肉鸡新品种（配套系）。截至 2011 年年底，有 19 个由广东省企业或科研机构培育成的黄羽肉鸡新品种（配套系）通过国家畜禽遗传资源委员会审定，占全国一半以上。

（三）牛养殖

近几年，我国奶牛生产方式发生了很大的变化，主要是养殖模式上的变化。

1. 集约化牧场逐渐增加

养殖规模 100 头以上的存栏量从 2008 年的 4 213 708 头增长到 2011 年的 5 721 944 头，存栏量占比达到 32.88%，增幅达 35.79%，年均增长率 10.74%，均高于存栏量的整体增幅。其中，在 100 头以上存量的养殖场中，增长最快的是 1000 头以上的养殖规模，其存栏量占比从 2008 年的 8.31%上升到 2011 年的 12.07%。2008 年以来，我国奶牛规模化养殖发展非常快，截至 2014 年我国规模化养殖的奶牛存栏量 100 头以上的牧场比例已经超过 41%。目前万头牧场只有美国和中国有，截至 2014 年年底中国有 52 个万头牧场，在建和准备建的万头牧场有 24 家左右。

2. 奶牛牧业集团不断涌现

近几年来，饲养奶牛的牧业集团不断涌现。牧业集团饲养奶牛规模多至 20 万头，少至 1 万头，单个牧场规模大至数万头，小至几百头。牧业集团的出现，更有利于集中管理、集中运营，有利于生产水平的进一步提高和牛奶品质的进一步提升。

（四）羊养殖

目前，我国羊养殖生产方式主要有以下 3 种。

1. 粗放的草原放牧型

在冬春季及夏秋季草场游牧或一年四季在责任承包草场进行放牧。所使用的机械主要为打草机及简单的粉草机，部分地区制作一定数量的青贮饲料，没有信息技术的应用。

2. 以家庭为单位的围栏放牧兼舍饲型

应用了较多的小型机具与设备，如打草、青贮及饲喂机械等设备，具有一定的信息化应用水平，特别是在一些牧业专业合作社。但从整个行业来看，这一类型的养殖场（户）还较少。

3. 全舍饲型

主要在农区或半农半牧区，进行肉羊短期育肥，育肥羊一般为3个月出栏上市。近年来，由于羊肉价格上涨，加之草场禁牧，我国肉羊养殖业发展迅速，出现了一批规模化、集约化程度较高的养羊场。在这些养羊场中，不同程度地应用了较多的机械设备，如全混合日粮（TMR）搅拌机、机械投料车、精饲料加工车间、肉羊屠宰分割生产线等。同时也开始引入了少量的信息技术，如羊的电子耳标及羊肉质量追溯系统等。在资源环境的约束方面，从某种程度上讲，我国养羊业较多的地区也是生态环境相对脆弱的地区。转变生产方式，由数量型畜牧业转变为质量效益型畜牧业是遏制草原生态环境退化、实现可持续发展的必由之路。在良种繁育方面，我国先后引入了杜泊、萨福克、多赛特、德国美利奴及波尔山羊等产肉性能优良的品种，同时也不断改良小尾寒羊等我国地方优良品种。利用优良品种，不断改良地方土种，增加单产是发展效益型畜牧业的根本途径，机械化、信息化技术在整个畜牧业产业链中的应用，将进一步推动行业转型升级，实现养羊业现代化。

（五）水产养殖

我国早期使用的水产养殖机械主要包括增氧机、清淤机和投饲机，20世纪70年代初增氧机开始投入应用，主要产品有叶轮式、水车式和喷水式几种。叶轮式增氧机目前已广泛应用于池塘养鱼；而水车式增氧机则广泛应用在养鳗、养虾生产中。用于池塘清淤的水力挖塘机组于70年代末研制成功，并迅速得到推广应用。水下清淤机则是我国80年代中后期开发的产品，推广也很迅速。投饲机的研制始于80年代初，主要有电动、鱼动和太阳能等几种形式。机械化投饲可以增产10%、节约饲料15%左右，近年来已为越来越多的渔民所认识，产销量逐年上升。20世纪90年代以后，我国的水产养殖机械化获得了较快的发展，在部分大城市郊区和商品鱼基地的池塘养殖生产中，主要的作业环节基本实现了机械化，包括池塘建造清淤、排灌、池塘管理，以及水质净化、增氧、饲料采集加工、投饲，鱼苗、鱼种及成鱼的活体储运，鱼虾收获、孵化、育苗等。在江湖、水库养鱼中，主要使用拦引鱼设施及网箱设备，部分实现了捕捞机械化等。四川长寿湖水库、浙江新安江水库和甘肃刘家峡水库等拦养鱼机械化程度较高。工业化养鱼方面，近年来在东北地区、中原地区、西北地区及黄渤海的山东半岛与辽东半岛发展较快，以水处理为关键技术，广泛采用水质净化与增氧装置、吸污排污设备、饲料加工与投饲设备及温室等。

目前集约化水产养殖主要有工厂化养殖、池塘养殖和网箱养殖3种方式。

1. 工厂化养殖

工厂化养殖是利用现代技术装备建设起来的自动或半自动化的养殖系统在小水体中进行高密度集约化的商业性生产方式，是高投入、高产出的集约化养殖方式。我国的工厂化养殖热潮始于20世纪70年代，当时由上海市水产局投资40万元建成国内第一

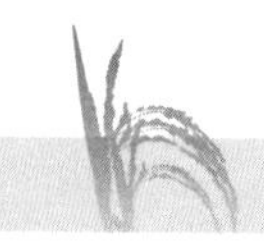

个养鱼车间。近年来，东北、中原、西北地区及黄渤海的环山东半岛和辽东半岛的工业化或工厂化养鱼发展较快，并扩展到鱼类、虾类、海参、鲍鱼、藻类等多种水生动物类群的养殖。目前海水工厂化养殖主要集中在山东、辽宁、河北、天津、江苏、浙江、福建、广东等沿海地区，主要养殖种类有鲆鲽鱼类、鲍鱼、海参、对虾及各种海水水生动植物。2012 年全国约有养殖企业 4000 多家，养殖面积 1200 多万平方米、974 万多立方米，平均单产 8.54kg/m^3 水体，总产 8.3 万多吨，产值和效益是常规养殖种类或方式的 100 倍以上；仅大菱鲆（多宝鱼）年产量 6 万 t 左右，产值近 40 亿元。内陆工厂化养殖在全国各地均有不同规模的企业，2012 年全国有 7000 多家养殖企业，1930 多万立方米养殖水体，平均 6.93kg/m^3，总产 13.4 万 t；主要养殖鳗鱼、龟鳖类和名贵鱼类等高附加值的种类和河蟹育苗（不包括观赏鱼的养殖部分），仅鳗鱼年产量在 15 万 t 左右，年出口创汇 5 亿～7 亿美元。

2. 网箱养殖

网箱养殖可分为海水和淡水两部分。海水网箱又可分为传统网箱和浅海深水抗风浪大网箱两大类，淡水网箱又可分为传统网箱、小体积网箱和船厂体网箱三大类。我国的海水传统网箱养殖始于 1980 年前后的广东惠阳和珠海一带，到 2012 年全国约有传统网箱 100 多万个，1899 万 m^3，单产 14.21kg/m^3，总产 27.0 万 t。2008 年我国浙江、福建、山东、广东、海南等沿海地区建设了 10 多个抗风浪网箱养殖基地，拥有深水抗风浪大网箱 4000 多个，294 万多立方米，总产 3.6 万 t；主要产品为大黄鱼、石斑鱼、军曹鱼、鲆鲽鱼类等名贵和出口创汇种类，网箱养殖鱼类占海水养殖鱼类总产量超过 40%。2012 年全国有传统淡水网箱 400 万个左右，2.2 亿 m^3，单产 3.97kg/m^3，总产量 88.3 万 t；另有 1～6m^3/个的小体积网箱 30 多万立方米，单产在 60～150kg/m^3。淡水网箱养鱼与围网养鱼是开发利用湖泊、水库、河道等大中型水域发展渔业生产的主要方式，扩大了渔业生产空间，提高了国土资源的利用率和利用效率，有利于安置湖库区渔民的生产就业和维持生计，促进了渔区社会的稳定。

3. 池塘养殖

池塘养殖以池塘为养殖单位对水产特种经济动植物进行养殖。池塘可以是人工挖掘的或者是天然的池塘。内陆的淡水养殖大多是土池塘，用以养殖传统四大家鱼或者其他的淡水经济种类；海水养殖采取水泥池加盖大棚的养殖模式，用以养殖海参、大菱鲆等多种海水经济种类，也可养殖海带、裙带菜等大型经济藻类，或者小球藻等微藻类。

鲈鱼的养殖主要有淡水池塘养殖、海水网箱养殖和海水池塘养殖 3 种方式。据调查，2012 年全国鲈鱼养殖模式中，淡水池塘养殖产量占 67%，海水网箱养殖产量占 20%，海水池塘养殖产量占 12%，其他养殖方式占 1%，如图 3.21 所示。

鲆鱼养殖模式主要有海水工厂化养殖、海水网箱养殖、海水池塘养殖及淡水池塘养殖 4 种模式。其中海水工厂化养殖产量占 90%，海水网箱养殖产量占 4%，海水池塘养殖产量占 4%，淡水池塘养殖占 2%。具体的比例如图 3.22 所示。

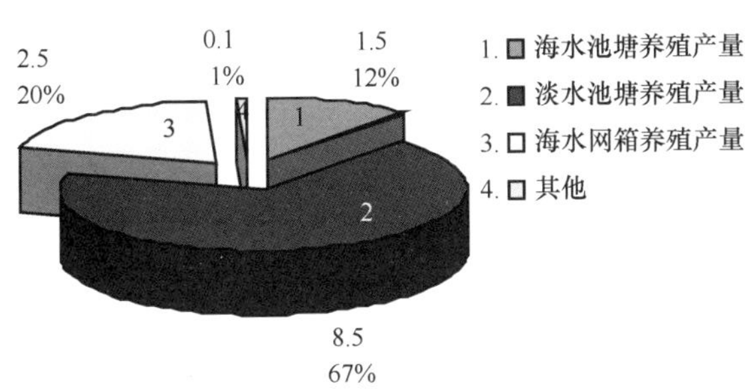

图 3.21　2012 年鲈鱼不同养殖模式及规模（万 t）

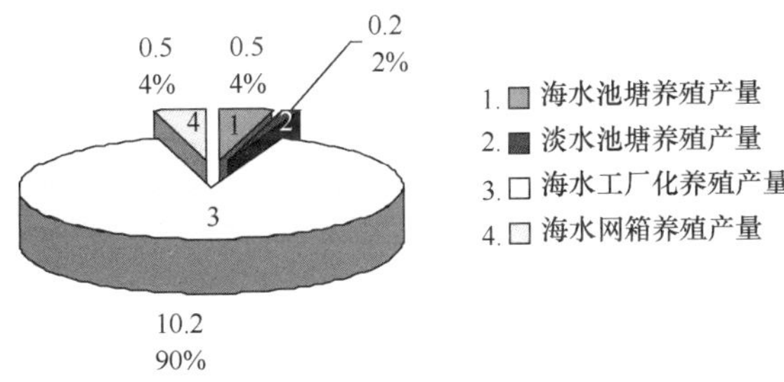

图 3.22　2012 年鲆鱼不同养殖模式及规模

大黄鱼主要以海水网箱养殖为主，达 99%以上。

在草鱼和鲤鱼的养殖中，主要有淡水网箱养殖和淡水池塘养殖两种。其中以淡水池塘养殖产值产量为主，占 90%以上。具体的比例如图 3.23 和图 3.24 所示。

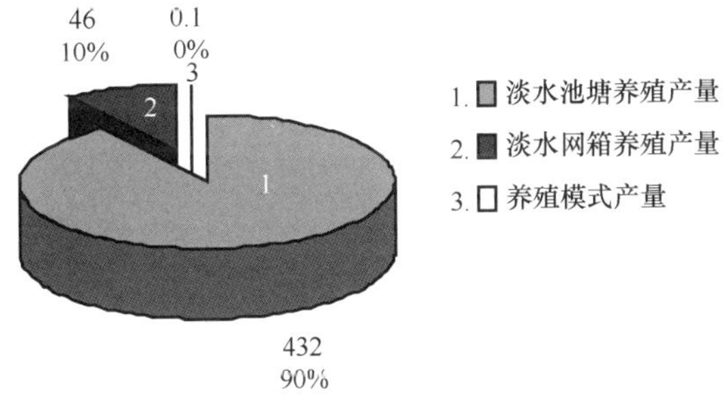

图 3.23　2012 年草鱼养殖模式及产量（万 t）

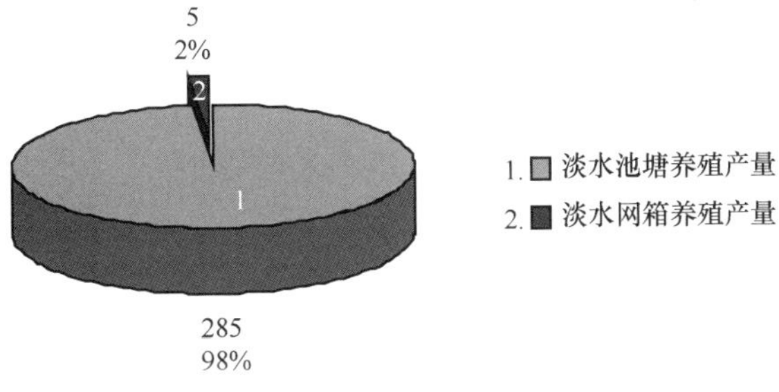

图 3.24　2012 年鲤鱼养殖模式与产量

三、我国畜牧与水产生产方式向机械化和信息化转变调查情况

（一）养猪机械化和信息化情况

本次调研获得有效问卷136份。调查区域覆盖我国主要养猪省份，抽样分布基本符合全国猪肉产量分布，具有很强的代表性，如图3.25所示。

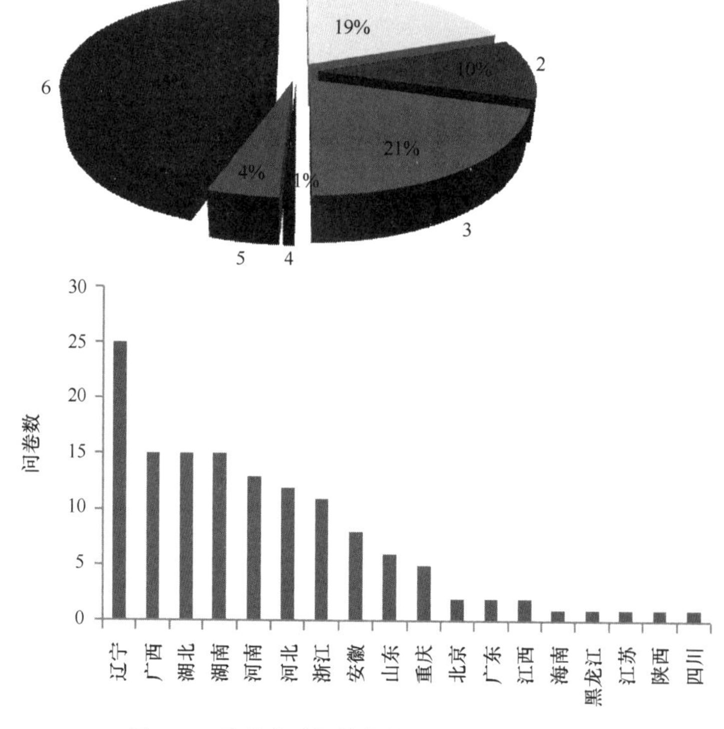

图3.25 生猪养殖机械化情况调查区域

所调查企业的生产规模如表3.3所示。

经过调查分析，机械使用的情况如表3.4所示。结果表明，我国养猪业机械化程度较低，在拥有机械设备的企业中，机械送料和机械饮水平均使用率较高，但机械清粪和机械饲料搬运平均使用率较低。

在调查的猪场中，采用信息化程度如表3.5所示。数据显示，我国规模化养猪场大多数能按照生产规程和标准进行生产，但是信息化水平仍然较低，信息类专业人才拥有量很少，平均不到2人。

表 3.3　生猪养殖机械化调查企业情况

生产规模/头	问卷数/份	比例/%
0～999	1	0.74
1 000～4 999	22	16.18
5 000～9 999	21	15.44
10 000～49 999	67	49.26
50 000～99 999	11	8.09
100 000 以上	11	8.09
其他	3	2.20
总计	136	100

表 3.4　猪场机械化分析（%）

机械送料		机械饮水		机械清粪		机械饲料搬运	
拥有率	平均使用率	拥有率	平均使用率	拥有率	平均使用率	拥有率	平均使用率
36.8	93.63	39	97.72	14.7	50.21	27.9	74.33

表 3.5　猪场信息化程度分析

指标	IT 部门	局域网	服务器	网络设备	生产规程	客户关系管理	供应链管理	网上采购	自己的网站
拥有率/%	22.8	58.8	26.5	41.9	75.7	63.2	52.2	21.3	40.4
指标	计算机	生产标准化	生产管理系统	人力资源管理	自动化办公	网上销售	售后服务		
拥有率/%	98.5	73.5	67.6	60.3	49.3	26.5	72.8		
人才	硕士以上	本科	大专以下	信息类专业人才					
平均拥有量	0.87	5	15.88	1.34					

温氏食品集团年出栏生猪 1000 万头以上，是国内最大的养猪企业，机械化程度较高，养殖设施设备的使用情况较好，如表 3.6 所示。

表 3.6　温氏食品集团生猪养殖设施设备使用情况

序号	设备类型	公猪舍	配种怀孕舍	分娩舍	保育舍	育成舍	隔离舍
	一、猪舍结构						
1	钢结构猪舍	•	•	•	•	•	•
2	砖木结构猪舍	•	•	•	•	•	•
	二、围栏设备						
1	定位栏	•	•				
2	母猪大栏		•				
3	分娩栏			•			
4	保育栏				•		
5	隔离栏						•
6	育成栏					•	
7	公猪大栏	•					
8	人工授精栏		•				
9	漏缝地板	•				•	•

续表

序号	设备类型	公猪舍	配种怀孕舍	分娩舍	保育舍	育成舍	隔离舍
	三、饲喂设备						
1	干湿料槽					●	●
2	母猪食槽		●	●			
3	仔猪食槽		●	●			
4	保育单面食槽				●		
5	保育双面食槽				●		
6	圆形料槽				●	●	
7	方形料槽				●		
8	铸铁食槽	●					
9	螺旋式送料设备	●	●	●	●	●	●
10	链盘式送料设备	●	●	●	●	●	●
11	气动送料设备	●	●	●	●	●	●
12	料塔	●	●	●	●	●	●
	四、粪污处理设备						
1	水冲粪	●	●	●	●	●	●
2	水泡粪	●	●	●	●	●	●
3	刮板清粪设备	●	●	●	●	●	●
4	固液分离机	●	●	●	●	●	●
	五、环境控制设备						
1	风扇	●	●	●	●	●	●
2	风机	●	●	●	●	●	●
3	水泵	●	●	●	●	●	●
4	湿帘	●	●	●	●	●	●
5	卷帘	●	●	●	●	●	●
6	喷雾机	●	●	●	●	●	●
7	侧风窗		●	●			
8	百叶窗	●	●	●	●	●	●
9	保温地板			●	●		
10	保温灯			●	●		
11	热风炉			●	●		
12	电脑控制系统	●	●	●	●	●	●
	六、猪只管理设备						
1	智能母猪群养管理系统		●				
2	种猪生产性能测定系统					●	
3	肉猪育成生长管理系统					●	

另外，温氏食品集团还采用了物联网等物流管理技术，但使用程度还不高，尚处于示范阶段。

（二）养鸡机械化和信息化情况

通过走访、电话、电子邮件等方式调查了广东、广西、南京、海南、湖南和杭州等几个地区，主要以黄羽肉鸡和蛋鸡为主，共取得了有效调查问卷160份。受调查企业规模状况如表3.7所示。

表3.7 受调查企业的规模状况（%）

年度指标		2010	2011	2012
年出栏/万只	2～5	34.37	32.5	29.37
	5～10	37.5	36.25	35.62
	10～50	11.25	12.5	13.75
	50～100	8.13	9.37	10.63
	100～1000	5.00	5.00	5.63
	1000以上	3.75	4.38	5.00

在调查过程中，80%以上企业反映当地的环境受到不同程度的破坏，如水资源破坏、水体富营养化、空气污染和土壤板结、腐殖质减少等现象。对于粪便的处理方式，70%以干净处理，20%采取发酵床处理，其他处理方式占10%。粪便的处理主要以条垛堆肥、氧化塘、固体储存池为主，厌氧沼池与机械堆肥的应用相对比较少。

调查发现，鸡场的机械化、自动化程度比较低，饲料机械搬运拥有率最低，其次是机械饮水和机械送料，如表3.8所示。这几年企业对鸡舍的环境比较重视，因此机械清粪的拥有率较其他的稍高，其使用率也比较高。虽然机械拥有率比较低，但平均使用率还是比较高的。

表3.8 鸡场机械化的使用情况表（%）

机械送料		机械饮水		机械清粪		机械饲料搬运	
拥有率	平均使用率	拥有率	平均使用率	拥有率	平均使用率	拥有率	平均使用率
18.75	80	14.38	91	41.88	95	5.63	75

从表3.9可发现，大部分企业能按生产标准化和生产规程管理养殖厂，计算机与网络设备的普及度比较高，但是信息化管理比较薄弱，只有少部分有IT部门和自动化办公。总体而言，信息化的应用还有更大的发展空间。

表3.9 鸡场信息化的普及率（%）

指标	拥有率	指标	拥有率
IT部门	20.0	局域网	35.62
服务器	21.87	网络设备	85.62
生产规程	78.12	客户关系管理	65.0

续表

指标	拥有率	指标	拥有率
供应链管理	30.0	网上采购	15.0
自己的网站	20.0	计算机	90.0
生产标准化	75.0	生产管理系统	70.0
人力资源管理	65.0	自动化办公	30.0
网上销售	1.25	售后服务	90.0

这几年养鸡机械化发展较快，以前大部分鸡场都是采用 20 世纪 80 年代末的机械设备或改造的机械设备，采用人工铲粪，用风机使鸡舍空气流通，部分比较大型的鸡场有水帘用于夏天降温，机械设备落后。2000 年后新建的蛋鸡养殖厂大部分引进了全自动 4 层层叠式蛋鸡饲养成套设备，鸡舍利用率提高了 40%～60%，节约了人工成本。新建的肉鸡场基本上都配备了皮带刮粪装置，采用风机通风，采用水帘和全自动控温系统使鸡舍保持恒温，提高了肉鸡的生长速度、降低了死亡率，增加了养殖效益。一些大型养殖企业建设了全自动化鸡舍，即鸡舍的发电、供水、供料、光照控制、温度、湿度、通风量、喂料、饮水、清粪等设备全部采用自动化控制。以广东某家禽育种公司为例，该育种公司有全自化鸡舍和普通的鸡舍。全自动化鸡舍的养殖模式采用平面养殖，一栋鸡舍造价 85 万元，一批可饲养 1.5 万只鸡，一人管理 2～3 栋这种鸡舍。普通饲养鸡舍养殖模式采用笼养，一栋鸡舍可饲养 4000 只，一人可管理养 2～3 栋。以 65 日龄出栏为例，一年可饲养 5 批，全自动化鸡舍一年可饲养 7.5 万只，一人全年可饲养 15 万～22.5 万只，普通鸡舍一年可饲养 2 万只，一人可饲养 4 万～6 万只，全自动鸡舍比普通鸡舍生产效率提高了 3.75 倍，节约了 1/4 的劳动成本，这种鸡舍使用 6～7 年即可回本。在劳动力成本日趋增长的情况下，全自动鸡舍将是未来发展的趋势。

2010 年温氏食品集团启动了物联网的建设，现已经完成了家禽养殖监控系统、养殖农户一卡通系统、食品安全追溯系统、畜禽体征与行为监测传感网系统、畜牧养殖生产监控中心、环境监测传感网系统的开发（表 3.10）。

表 3.10　温氏食品集团肉鸡机械化、信息化情况

序号	设备类型	机械化	自动化	智能化	备注
	一、饲养设备				
1	笼具	•			笼养模式适用
2	喂料设备	•	•		
3	清粪设备	•	•		
4	集蛋设备	•	•		种鸡适用
5	供水设备	•	•		
	二、环境控制设备				
1	环境控制系统	•	•	•	
2	通风设备	•	•		
3	降温设备	•	•		
4	保温设备	•	•		
5	光照设备	•	•		种鸡、肉鸡适用
6	喷雾消毒设备	•	•		
7	污水处理设备	•	•		

续表

序号	设备类型	机械化	自动化	智能化	备注
	三、其他饲养辅助设备				
1	免疫设备	●			
2	人工授精器具	●			笼养种鸡适用
	四、孵化厂设备				
1	孵化机、出雏机	●	●	●	
2	照蛋、转盘设备	●	●	●	
3	雏鸡分拣系统	●	●		
4	免疫设备	●	●		
5	码蛋设备	●	●		
6	自动断喙设备	●	●		
	五、销售部设备				
	地磅	●	●		

（三）养牛机械化和信息化的情况

1. 奶牛

本次调查主要采用走访牧场、电话调查和电子问卷调查等形式。调查地点和规模如下。

内蒙古：62 933 头（7 牧场和 1 小区）

黑龙江：33 700 头（3 牧场和 2 小区）

上海：120 00 头（2 牧场）

京津：6900 头（4 牧场）

甘肃：6100 头（3 牧场）

宁夏：6000 头（6 牧场）

河北：2640 头（1 牧场和 2 小区）

陕西：2330 头（2 牧场和 1 小区）

辽宁：1700 头（2 牧场和 2 小区）

河南：1700 头（2 牧场）

共直接调查了约 13.6 万头奶牛，加上间接奶牛头数（含相同牧业集团内的牧场奶牛），可代表我国 50 万头奶牛的情况，占全国牧场奶牛的近 10%。

通过调查分析，除环境控制特别是机械环控外，其他指标如饲料收获、饲料加工、饲喂、清粪、挤奶等机械化程度均已经接近或达到 100%。说明目前奶牛养殖业中，机械程度很高，如表 3.11 所示。

奶牛养殖的机械化程度与养殖模式有关，随着养殖规模的增加，机械化程度不断增加，如表 3.12 所示。

表 3.11　奶牛养殖机械化情况

项目	单位	数量	百分比/%
收获的饲草总量	t	889 400	100
机械收获饲草量	t	873 400	98
饲草料加工总量	t	1 561 450	100
机械化饲草料加工量	t	15 61 450	100
家畜总数（折算为羊单位）	个	678 495	100
机械饲喂的家畜数量（折算为羊单位）	个	610 615	90
机械清粪的家畜数量（折算为羊单位）	个	607 610	90
机械环控的家畜数量（折算为羊单位）	个	121 250	18
环控家畜数量（折算为羊单位）	个	375 250	55
产奶家畜数量（折算为羊单位）	个	389 995	57
机械挤奶的家畜数量（折算为羊单位）	个	389 895	100

表 3.12　奶牛养殖规模与机械化程度

规模和类型	单位	散户和小区	≤1 000 头	1 000～5 000 头	≥5 000 头
收获的饲草总量	t/头	4.8	7.5	6.4	6.7
机械收获饲草量	%	92.5	91.9	98.1	100.0
饲草料加工总量	t/头	6.8	15.7	10.8	12.8
机械化饲草料加工量	%	100.0	100.0	100.0	100.0
家畜总数（调查总量）	个	5 570	6 581	80 548	43 000
家畜总数（每场平均）	个/场	696	658	4 239	10 750
机械饲喂的家畜数量	%	0.0	87.2	93.6	95.3
机械清粪的家畜数量	%	0.0	73.5	95.2	93.0
机械环控的家畜数量	%	0.0	0.0	15.8	26.7
环控家畜数量	%	0.0	19.8	60.9	57.4
产奶家畜数量	%	52.4	58.8	60.8	51.6
机械挤奶的家畜数量	%产奶	100.0	99.9	100.0	100.0

奶牛养殖信息化管理的情况如表 3.13 所示。除育种繁育及奶牛场管理系统应用相对较高外（80%以上），环境监控、饲料给喂、疾病诊断与防控、质量追溯系统等均有不同程度的使用，环境监控系统应用最少，质量追溯系统还有待进一步提高。

表 3.13　奶牛养殖信息化管理情况

项目	单位	数量	百分比/%
奶牛存栏量	万头	13.57	100
环境监控系统应用头数	万头	2.29	17
饲料给喂系统应用头数	万头	10.3047	76
育种繁育系统应用头数	万头	10.9877	81
疫病诊断与防控系统应用头数	万头	4.9512	36
奶牛场管理系统应用头数	万头	10.9958	81
产奶家畜数量	万头	7.7999	100
自动挤奶系统应用头数	万头	7.0909	91
质量追溯系统应用头数	万头	4.8595	62

奶牛养殖信息化管理程度与养殖规模有关，养殖规模越大，信息化程度越高，如表 3.14 所示。在散户和小区养殖中，几乎没有信息化管理。

表 3.14　奶牛养殖信息化管理与养殖规模

规模和类型		散户和小区	≤1 000 头	1 000～5 000 头	≥5 000 头
奶牛存栏量	头	5 570.0	6 581.0	80 548.0	43 000.0
环境监控系统应用头数	%	0.0	0.0	9.8	34.9
饲料给喂系统应用头数	%	0.0	43.7	79.4	84.2
育种繁育系统应用头数	%	0.0	47.6	86.3	86.5
疫病诊断与防控系统应用头数	%	0.0	7.6	27.1	63.3
奶牛场管理系统应用头数	%	0.0	49.6	93.9	72.3
自动挤奶系统应用头数	%	0.0	88.4	92.4	100.0
质量追溯系统应用头数	%	0.0	0.0	75.1	53.2

2. 肉牛

本次调查主要采用走访牧场、电话调查和电子问卷调查的形式。调查地点和规模如下。

陕西：35 934 头（4 牧场或农户）

内蒙古：29 100 头（5 牧场或农户）

甘肃：23 830 头（6 牧场或农户）

辽宁：12 145 头（3 牧场或农户）

山东：10 150 头（10 牧场或农户）

宁夏：9280 头（4 牧场或农户）

河南：68 头（1 牧场或农户）

直接调查了约 12 万头肉牛。

通过分析可知，饲料采集、加工、饲喂的机械化程度很高，几乎达 100%。机械清粪相对较低，只有 53%，而环控及机械环控都为空白，如表 3.15 所示。

表 3.15　肉牛养殖机械化情况

项目	单位	数量	百分比/%
收获的饲草总量	t	495 940	100
机械收获饲草量	t	495 420	100
饲草料加工总量	t	2 295 830	100
机械化饲草料加工量	t	2 285 280	99
家畜总数（折算为羊单位）	个	602 535	100
机械饲喂的家畜数量（折算为羊单位）	个	600 400	99
机械清粪的家畜数量（折算为羊单位）	个	319 500	53
机械环控的家畜数量（折算为羊单位）	个	0	0
环控家畜数量（折算为羊单位）	个	0	0

肉牛养殖的信息化管理情况如表 3.16 所示。除质量追溯系统有一定的应用外（49%）其他的信息化管理几乎没有应用或应用很少。说明在信息化管理方面，肉牛与奶牛有很大的差距。

表 3.16　肉牛养殖信息管理情况

项目	单位	数量	百分比/%
肉牛存栏量	万头	12.25	100
环境监控系统应用头数	万头	0	0
饲料给喂系统应用头数	万头	1.207	10
育种繁育系统应用头数	万头	0.12	1
疫病诊断与防控系统应用头数	万头	0	0
牛场管理系统应用头数	万头	3.58	29
质量追溯系统应用头数	万头	5.98	49
肉牛场年度产值	万元	309 610	2.53

（四）养羊机械化和信息化情况

作为传统放牧畜种，羊的机械化、信息化养殖水平历来是猪、牛、鸡等常见畜禽品种中最低的。本次调查主要在新疆拜城、焉耆等 5 县和内蒙古等地进行，调查情况如表 3.17 所示。调查结果显示养羊机械化程度很低，机械的应用还基本上停留在简单的打草及饲草料粉碎，其他作业均以手工操作完成，信息化还只是个概念，对大多数养殖户来说，还闻所未闻。以新疆拜城及焉耆为例，存栏少于或等于 30 只羊的小农户占整个养殖户的 80%～87%。每 100 只羊拥有的打草机及粉草机为 0.25 台，其他作业由手工完成。内蒙古、山东等地的单户生产规模略大。就全国来看，牧区采用传统粗放型放牧的羊约占 65%；农区、半农半牧区饲养规模小而分散，30 只及以下羊的饲养户约占全部养羊户的 70%。

表 3.17　新疆拜城养羊业生产方式转变调查表

年度指标	2008	2009	2010	2011	2012
年末羊存栏数/万只	87.86	86.81	85.45	87.71	92.52
肉羊存栏数/万只					1.67
毛用羊存栏数/万只	49.06	51.77	50.89	51.64	52.43
存栏 30 只以下养殖户（场）/个	25 456	25 456	23 865	24 865	25 673
存栏 30～50 只养殖户（场）/个	2 051	1 988	1 964	1 909	2 010
存栏 50～100 只养殖户（场）/个	694	757	900	955	860
存栏 100～300 养殖户（场）/个	1 210	1 265	803	801	853
存栏 300～1 000 只养殖户（场）/个	2	2	19	24	17
存栏 1 000 只以上养殖户（场）/个	8	6	7	8	2
当年出栏羊/万只	37.82	39.78	38.79	42.94	45.49
拥有的畜牧（或农牧业）机械数（台、个）	1 413（收割机与铡草机）	1 785（收割机与铡草机）	2 765（收割机与铡草机）	2 471（收割机与铡草机）	2 705（收割机与铡草机）

近年来在我国北方地区，一些机械化程度较高的肉羊养殖企业开始出现，如内蒙古蒙羊牧业股份有限公司、内蒙古小肥羊肉业有限公司及内蒙古富川养殖股份有限公司等。这些企业采用规模化、连锁化、集团化经营，机械化程度均在 80%以上，并不同程度地应用了信息化技术。这些企业的发展为我国肉羊养殖业的发展发挥了示范与引领作用。

（五）水产机械化和信息化情况

水产养殖的调查主要集中在青岛、烟台等地区。调查显示，在大型企业中，机械化和信息化程度较高，而在中小型养殖场中，除机械增氧设备外，其他的还基本以人力操作为主。以大菱鲆养殖为例，工厂化养殖占 39.7%，池塘养殖占 60.3%，如图 3.26 所示。

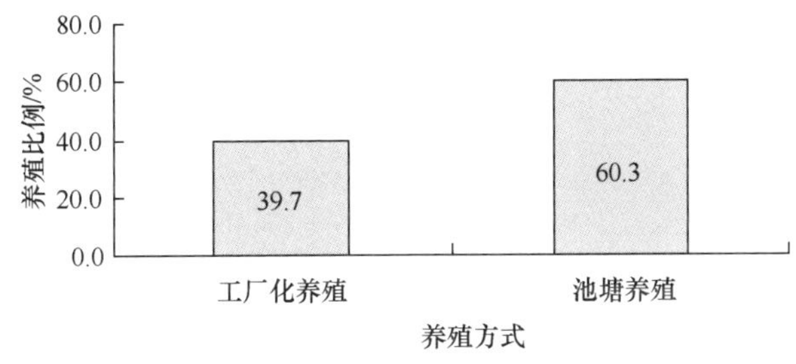

图 3.26　大菱鲆养殖的方式

部分中国水产养殖企业开始尝试应用现代信息技术。江苏、北京、山东、广东、上海、浙江和天津等省（直辖市）的一些水产养殖场利用最新的农业物联网技术，配置了水产养殖实时远程监测系统，对水产养殖环境进行实时在线监测，实现了远程数据采集和信息发布，异常水质实时监测、预警与报警，以及对增氧机、微孔曝气装置实施远程控制；安装了养殖管理平台，对鱼、虾、蟹、鳖、参、贝等不同养殖品种的池塘管理、饲料投喂、饵料配方、疾病预防等进行计算机化的日常管理。天津、山东等地利用呼叫中心技术、远程在线诊断、移动通信技术和视频传送技术，建立水产养殖病害防治、测报及咨询系统，加强了对养殖病害的有效监管和控制。

对广东省粤东地区、珠三角地区两县两区进行了调查，调查数据如表 3.18 所示。该地区水产养殖业比较发达，水产业机械化在一定程度上得到了应用和普及，如养殖池塘都配备了增氧机设备等，但是水产业信息化程度不高，甚至在一些地方还是空白，有待于发展和提高。从四县区的水产业机械化统计来看，澄海区渔船总数 215 艘，装有船舶自动识别（AIS）的渔船数量为 191 艘，装有船舶自动导航系统的渔船数量为 210 艘，渔业捕捞年度产值 24 599 万元。顺德区渔船 336 艘，机动总共 510 吨位，渔船功率 3578kW。淡水捕捞产量 720t，其中鱼类 252t、虾类 249t、蟹类 1t、贝类 238t。饶平县全县渔船总数 654 艘，渔业捕捞年度产值 4000 万元，水质环境监控系统应用面积 35 000hm^2。

对广东省水产业大型企业广东海大集团股份有限公司（简称海大集团）和韶关市力冉农业科技有限公司进行了调研，结果表明两家企业在水产机械化和信息化具有一定规模和应用。

表 3.18　2012 年广东省四县区水产养殖情况表

养殖面积/hm²	饶平县	潮安县	澄海区	顺德区
淡水养殖	1 811	2128	997	11 412
海水养殖	1 593	0	1 812	0
海水网箱养殖	2 283 180（m^2）	60（m^2）	0	0
浅海筏式养殖	394（m^2）	0	320	0
滩涂养殖	2 702	0	166	0
其他	2 058	104	87	0

海大集团是一家集研发、生产和销售水产饲料、畜禽饲料和水产饲料预混料，以及健康养殖为主营业务的高科技型上市公司。海大集团重视网络技术和信息化建设，初步完成各种硬件、软件体系建设，以确保信息的准确到位。

韶关市力冉农业科技有限公司是一家以循环水工厂化绿色养殖技术为依托，综合发展为目的的中外合作企业。公司通过引进和使用国外先进的工厂化循环水养殖设备和技术，对进口设备进行了研究、消化、吸收再创新，开发出具有自主知识产权的无公害工厂化循环水养殖系统，攻克了工厂化循环水养殖的五大关键技术难题，2009 年通过了 HACCP 和 ISO9001 质量安全管理体系认证。

四、畜牧与水产生产方式向机械化和信息化转变国际发展现状

（一）生猪养殖

机械化及设施设备方面，国外公猪栏舍基本配套了较完善的自动喂料、自动清粪和自动环控设备。国外配种怀孕舍、分娩舍已基本实现成套饲喂设备的自动化应用。使用自动化送料设备既可以节省劳动力、降低劳动强度，又可以节约饲料，而且可以对下料量进行设置，控制母猪的采食量。

国外配种怀孕舍在环境控制方面普遍的做法是用环境控制器将全封闭型猪舍内的整套环境设备统一进行控制。环境控制器可根据舍内外的环境变化和猪的生长特性自动改变相关设备的工作状态，为母猪营造舒适的环境，例如，自动启动风机和湿帘进行通风降温等。

保育舍、育成舍基本都配套了完善的自动饲喂、自动清粪和自动环境控制等自动化养殖设备。

国外规模化肉猪场的自动化程度较高，基本上都配套了完善的自动饲喂、自动清粪和自动环境控制等自动化养殖设备。

信息化管理方面，在母猪管理方面，国外配种怀孕舍的机械化自动化程度较高，例

如，荷兰30%的猪场都使用了VELOS的智能母猪群养系统来管理怀孕母猪。

国外猪只管理方面的设备也比较先进。美国奥饲本公司的生长育成管理系统可以根据育肥猪的体重适时更换饲料，也可以自动筛选达到出栏体重的育肥猪。每套生长育成系统可以管理约500头生长育肥猪。

国外机械化养猪中猪舍环境控制自动化、饲料自动饲喂线、脂肪测定仪、妊娠测定仪和种猪个体饲喂技术得到了推广应用。猪舍清粪机械化趋向于采用缝隙地板下深粪沟或缝隙地板下水冲除粪等设施，还有典型的经过多次的沉淀分离后，清液经氯化消毒后排入水体或循环作畜舍清粪的水冲液。

（二）鸡养殖

国外以饲养白羽鸡为主，白羽种鸡的平养与国内的装备相差不大，采用全封闭式钢构鸡舍，安装散装料塔、水线、盘式料线、风机、环控等设备，并装有自动捡蛋箱，单栋鸡舍饲养种鸡量9000～13 000只，由于捡蛋环节实现了自动化，1人即可管理一栋鸡舍。为了提高土地的利用率，本交笼养模式在国外得到推广应用，解决了制约养殖效率的人工授精问题，人均养殖量达40 000只产蛋鸡，是平养模式的4倍多。

国外孵化厂配套设备比较齐全，孵化过程配套设备自动化程度较高，包括码蛋、照蛋、转盘和胚内注射等，鸡苗前期处理工作从出雏盘捡苗，一直到计数包装发货均实现了自动化流水作业，流水线可以完成禽雏的短途传送、公母鉴别、中间免疫、健雏挑选、数量统计、分拣包装等工作，可实现出雏筐自动倾倒，禽雏与蛋壳自动分离，出雏筐自动码放，蛋壳自动输送和粉碎，出雏筐自动输送、清洗、消毒等功能，以实现出雏过程及出雏后处理的完全自动化。国外孵化厂年人均产量较高，达265万苗。

国外白羽肉鸡养殖设备性能较好，虽然配套设备设施跟国内差不多，均配置水线、料线、散装料系统、环境控制系统、自动清粪等自动化设备设施，在平养模式中，捉鸡环节中多了自动捉鸡设备，但单栋鸡舍的养殖量、人均饲养量、建设投资都比国内高出很多。国外平养模式单栋养殖量大概在40 000只鸡，配置1名饲养人员，笼养模式单栋养殖量在50 000只鸡左右，配置1名饲养人员。马来西亚有一个养殖场，采用笼养模式，单栋养殖量80 000只鸡，1人管理2栋鸡舍，即单人饲养量达160 000只鸡。

蛋鸡饲养趋向于高密度大型化。采用6～8层叠层笼养，喂料、饮水、灭菌、光照、清粪和拣蛋自动化，全封闭鸡舍和饲养环境自动监测调节，并且配备蛋品自动化收集、分级、计数、装箱设备。肉鸡饲养机械化以环境调控、高速定量精确饲喂设备和消除应激反应为主。

（三）牛养殖

发达国家奶牛饲养的机械化程度很高，饲草收割、加工、饲喂、清粪、挤奶机械化程度几乎达100%，环境控制机械化和我国类似，为50%左右。

发达国家奶牛饲养过程中，信息化程度总体比我国高，饲料给喂系统、育种繁育系统、疫病诊断与防控系统、奶牛场管理系统、自动挤奶系统、质量追溯系统应用率接近100%，环境监控系统应用率较低，为10%～20%。

发达国家肉牛饲养多以自繁自育为主，与我国架子牛集中育肥不同。发达国家机械化程度很高，饲草收割、加工、饲喂、清粪机械化程度几乎达100%，但环境控制机械化程度很低。

发达国家肉牛饲养过程中，信息化程度总体比我国高，饲料给喂系统、育种繁育系统、疫病诊断与防控系统、肉牛场管理系统、质量追溯系统应用率接近100%，环境监控系统应用率很低。

（四）羊养殖

澳大利亚和新西兰是世界主要羊肉生产及出口国，2012年澳大利亚生产约65万t羊肉，新西兰生产约46万t羊肉，两国80%的羊肉都用于出口。由于发展中国家羊存栏数量的增加，以及全球养羊业生产效率的普遍提高，羊肉产量从1965年的500万t提高到了2011年的820万t。但供需（主要为发展中国家市场）矛盾仍然突出，羊肉价格近年来增长迅速。以我国为例，目前羊肉价格约为60元/kg，为历史最高水平，基本与美国、加拿大羊肉价格相当。

在北美、大洋洲及欧盟的发达国家，养羊业基本实现了机械化，从粗饲料收获、青贮制备到全混合日粮（TMR）的投送都全程使用了机械，手工操作很少。奶用山羊及奶用绵羊使用了与奶牛相似的挤奶设备。主要使用的机械及信息管理方法如下。

1）干草收获设备：干草为反刍家畜生产所必备的饲料，养羊业先进国家都制作高质量的禾本科及豆科干草。

2）各种青贮制作设备：青贮饲料（通常为整株玉米青贮或牧草青贮）为反刍家畜生产所必备的饲料，在发达国家普遍使用。

3）饲料加工与饲喂设备。

4）清洁能源及设备在养羊业中的应用：主要设备有太阳能电网围栏、太阳能家畜饮水及灌溉装置、太阳能提水灌溉系统、太阳能畜舍照明。清洁、便利、更适用于偏远无电地区。

5）机械技术、信息技术在畜牧场管理中的系统应用：整合计算机技术、电子技术、无线传感技术及机械硬件设备对养殖场进行全方位管理与控制已经成为近十几年来发达国家畜牧业发展的新特点。

6）通过信息化管理，实现远距离信息传输：广泛应用于遗传育种过程中各种家畜数据采集、产品质量追述等。

7）畜舍要装监视系统：无需与家畜接触，就可以了解舍内动态，避免人畜接触形成交叉感染。

8）建立有担保的网上家畜交易平台：体现了信息技术在当今畜牧业生产中的应用。

9）国家级、省级或地区级畜牧业信息平台建设：通过网络及视频传输与监控进行各种数据采集、疫情监控与行政管理。

10）畜舍清粪及粪便利用设施：在畜牧业发达国家，畜牧场废物特别是粪尿已经成为重要的环境污染源之一。最明显的后果是土壤、河流与湖泊的富营养化。合理处理与利用粪便是可持续畜牧业发展的重要环节之一。

随着机械化、信息化水平的不断提高，加之优良肉羊品种的推广与普及，养羊业将逐渐步入可持续、高效率与可追溯的时代。

（五）水产养殖

世界发达国家在水产养殖方面机械化和信息化管理水平较高，如挪威三文鱼养殖机械化和信息化达到 100%；美国主要水产养殖品种虹鳟、斑点叉尾鮰，机械化和信息化接近 100%。

五、我国畜牧与水产生产方式向机械化和信息化转变存在的问题

（一）人力资源短缺、成本上升

目前，我国畜牧与水产养殖企业用工主体主要是面向农村。近年来，用工难的问题十分突出，主要是由于农村外出打工效益相对较高，农村中具备较高素质的劳动力往往选择到城市中来务工，而滞留于农村中的大部分是受教育程度相对较低、年纪偏大或者偏小的成员，且无专长或者技术，由此而造成了我国畜牧与水产生产主体科技素质不够高，领会与掌握先进技术的能力不足，最终导致生产力水平低下。预计到 2020 年和 2030 年，劳动力短缺的情况会更加严重。

（二）畜牧与水产生产效率较低

在美国排名前 20 位的企业的生猪养殖量占总供应量的 70%以上。我国的肉猪饲养以散养为主，70%的生猪供应量来自散养户，在散户的养殖中，机械化和信息化程度很低，造成生产效率很低。

对于鸡的养殖来说，国内孵化厂人均年产苗量在 110 万～160 万苗。种鸡单舍养殖量大概在 8000 只，每栋鸡舍配置 2 人，人均养殖量 4000 只左右。肉鸡人均 2 万～3 万只，平养、笼养有差异。

奶牛的养殖机械化和信息化程度相对较高，特别是在规模较大的养殖场。肉牛和羊的养殖中，机械化程度较低。对人力的依存度仍较大。

（三）土地资源紧张、环境压力大

我国土地资源处于严重缺乏状况。我国畜牧业发展在面临环境约束的同时，基于饲料粮和饲草供应紧张的资源约束也日趋明显。一方面，以“猪-粮”结构为主的“耗粮型”畜禽生产规模远大于“节粮型”的草食畜生产规模，导致了饲料粮的快速增长。2010年饲料粮比2005年增加700多亿斤，增长20%以上，约占国内粮食消费增加量的2/3以上。另一方面，由于草原退化严重、饲草供求缺口不断加大，2010年全国90%的可利用天然草原出现不同程度退化，中度和重度退化草原面积近1.53亿hm^2。与此同时，为满足国内牧草需求，我国进口苜蓿达90万t以上。水环境超载成为中国及各地区畜牧业发展面临的首要环境约束，土壤环境超载次之；饲草自给不足成为制约中国及各地区畜牧业发展的首要资源约束；饲料粮虽能自给，但从全国范围看已接近上限，农区省份尤为明显。

（四）机械化设备缺乏、机械化水平低、发展不平衡

我国在畜牧机械化设备方面存在以下主要问题：一是饲料加工机械品种不全，结构单一，技术含量低，可靠性差，寿命短；二是畜牧机械多为单一机型，各作业工序间机具与动力配套性差，机具使用效益不高；三是畜禽饲养及畜产品采集加工自动化程度较低，规模化、集约化、产业化程度还不高，计算机精细管理还相当缺乏；四是小型生产农机企业数量太多，大型的却非常缺少；五是对畜牧机械化投入不足，没有建立畜牧业发展机械化投入机制，在发展畜牧业项目中，畜牧机械化占有份额很少。

另外，地区间、不同养殖品种间发展很不平衡，总体水平比较低，与国际还有较大差距。

（五）信息化水平处于起步阶段

畜牧与水产信息化建设水平不高。与发达国家相比，我国信息化起步晚，技术比较落后。我国畜牧与水产基础数据库数量多但规模小，覆盖面广但深度不够，更新速度慢、数据库流通和共享性差是我国渔业数据库的共性。网站数量不少，且内容繁多，但是长远规划不足、系统开发水平偏低、可扩展性差、服务能力弱、分析能力偏弱、准确性偏差、实用性能不佳、研究与应用脱节等现象较突出，满足不了现代畜牧与水产业的发展进程。不同地区信息化程度差异大，参差不齐，影响了整体信息化的发展。我国畜牧与水产业还处于信息化建设的发展阶段，信息化水平偏低。参与者缺少可以方便获取、分

析、发布信息的平台。大量的信息处于各部门所有、相对封闭的分散状态，信息采集、发布和查阅渠道不畅，产业链的上、中、下游很难进行有效的信息沟通，导致生产交易成本过大、资源浪费、市场不均衡、对外竞争能力差等现象。另外，服务人员不能准确掌握养殖从业人员的信息需求，信息服务能力不到位，在生产经营活动中遇到困难得不到及时有效的解决和帮助。从业人员文化素质和信息意识淡薄，制约信息化发展。一方面影响了我国畜牧与水产业信息化的发展。另一方面，由于环境、生产和生活条件的局限性，从业人员接受信息、甄选信息、组织信息和分析信息的能力弱，缺乏对信息的敏感和应用能力，致使信息服务难以取得应有的效果。专业人才缺乏，我国传统的畜牧与水产业生产模式比较落后，生产规模小且零散，市场化程度低，生产效益不高，难以形成正常的信息需求，限制了信息的建设进程。信息人员整体素质较低，政府对其重视也不够，缺乏政策扶植和资金投入。加上工作条件比较落后，培训机制不完善等，导致了信息人才缺乏，队伍建设滞后，也难以满足推进畜牧与水产业信息化的要求。

六、我国畜牧与水产生产方式向机械化和信息化转变的战略建议

（一）提高对畜牧产业生产模式向机械化和信息化转变重要性的认识

畜牧机械是实施畜牧业饲养技术措施的工具和手段，是促进畜牧业科技发展，提高饲养科技水平的载体。机械化是发展现代畜牧业的重要前提和基础。只有通过机械化，才能将畜牧业迅速做大做强；只有通过机械化，才能降低饲养成本；只有通过机械化，才能提高劳动生产率，实现牧业增殖。因此，机械化对发展畜牧业有着重要的地位和作用，务必引起各级领导、畜牧机械行业及社会各界的高度重视，加强对发展畜牧业机械化的领导和认识。现阶段，要加快发展我国畜牧业，除了政策支持、资金投入、改善内部结构、繁育优良品种、改善生态环境条件之外，更重要的是依靠科技进步，依靠畜牧业机械化水平的提高，以机械化促进产业化，以机械化为载体大量引进、吸收和应用国内外先进技术，降低成本，提高产业化水平，提高产量、提高品质、提高档次，使畜牧业成为具有较高科技含量和组织管理水平的产业。

（二）加大畜牧与水产机械化支持力度

畜牧业机械化是指用机械装备畜牧业，并以机械动力代替人力操作的过程，是农业机械化的重要组成部分。我国从 20 世纪 50 年代开始进入综合机械化阶段，不仅在饲料生产和加工的全过程中使用成套的机械设备，而且在畜禽饲养场内，从喂饲到除粪和畜禽产品采集加工的全过程中，都开始用机械代替人力操作。20 世纪 60 年代以后，由于

配合饲料工业的兴起，畜禽防疫治疗措施的进一步完善，先进的饲养工艺及相应的机械化、自动化装备的发展，畜牧业生产进入工厂化阶段。在工厂化的畜禽舍内，形成了适合畜禽生长的人工控制环境，配以具有较高产品率的畜禽新品种和全价配合饲料的定量喂饲，使畜禽进一步摆脱了对自然环境条件的依赖，饲养密度显著提高，人对畜禽直接接触管理的时间大大减少，对畜禽产品的数量和质量开始得到有效的控制。20 世纪 60 年代以后，一些规模较大的畜牧机械制造厂商，纷纷组成跨行业、跨系统和跨国家的联营公司。它们不仅制造设备，还开展技术咨询，承担草原牧场和各种禽畜饲养场的开发、设计和施工任务，并提供种畜、种禽和饲料，负责指导机械化生产和技术培训，既方便了用户，又扩大了经营范围。提高畜牧机械的工程化水平要根据不同产业的需要，大力发展规模饲养，按照产业化的要求，搞好养殖场的规划、设计、施工与设备安装，使畜牧机械为无公害畜产品的生产与开发创造先决条件。加大牧业机械装备的研究与开发，为畜牧业提供先进适用的畜牧机械工程技术，尤其是要加大畜牧业环保机械的研制，开发畜禽粪便等高湿物料的烘干、净化、处理和加工机械，控制大型畜禽养殖场对周边环境的污染，化害为利，走畜牧业可持续发展的道路。推广数字化精细养殖技术以畜禽养殖生产流程中各个环节为研究或控制为对象，针对畜禽品种、繁育、饲料、饲养、防疫、设备、环境、工艺等环节，大范围地应用计算机技术、自动控制技术、网络技术和相关的生物技术，研究数字化畜禽精细养殖技术装备，逐步实现畜禽饲养全程的数字化、科学化、精细化和优质高产化。

畜牧业信息化是指通过对信息和知识及时、准确、有效地获取、处理，准确地传递到农民手中，实现畜牧业生产、管理、畜产品营销信息化，大幅度提高畜牧业生产效率、管理和经营决策水平的过程。它不仅包括计算机技术，还应包括微电子技术、通信技术、光电技术、遥感技术等多项信息技术在畜牧业上普遍而系统应用的过程。畜牧业信息化又是传统畜牧业发展到现代畜牧业演进的过程，表现为劳动工具以手工操作或半机械化操作为基础到以知识技术和信息控制装备为基础的转变过程。从另一层意义上讲，畜牧信息化是指培养和发展以智能化工具为代表的新的生产力并使之促进畜牧业发展，造福于社会的历史过程。

（三）加大畜牧与水产信息化平台建设

畜牧业信息化是指通过对信息和知识及时、准确、有效地获取、处理，准确地传递到农民手中，实现畜牧业生产、管理、畜产品营销信息化，大幅度提高畜牧业生产效率、管理和经营决策水平的过程。它不仅包括计算机技术，还应包括微电子技术、通信技术、光电技术、遥感技术等多项信息技术在畜牧业上普遍而系统应用的过程。畜牧业信息化又是传统畜牧业发展到现代畜牧业演进的过程，表现为劳动工具以手工操作或半机械化操作为基础到以知识技术和信息控制装备为基础的转变过程。从另外一层意义上讲，畜牧信息化是指培养和发展以智能化工具为代表的新的生产力并使之促进畜牧业发展，造福于社会的历史过程。

加快畜牧与水产科技信息库和联网建设。国家相关部门在建立畜牧与渔业信息化过程中，不仅要考虑每个业务系统的整合，而且要考虑信息的整合，通过数据库技术，将各个系统的信息进行汇总，集中反映畜牧与渔业经济的现状。同时，通过对信息进行分析，准确预测市场需求，为企业的正确决策提供科学基础，避免决策的盲目性。增强畜牧与渔业生产的技术含量，加强科学技术在产业中的开发与应用。

利用电子商务促进畜牧与水产业产品产销速度。以互联网为基础的电子商务平台是未来营销发展的趋势。组建产品交易系统，加快产品报价更新速度，以实现即时报价和在线交易，利用网络技术提高生产与销售的管理效率，优化企业内部资源。2010 年大连市对本市水产品电子商务方式的调查发现大连市目前电子商务发展主要集中在“企业对消费者”和“企业对企业”两种模式上。2013 年广东省以珠海市斗门区白蕉水产专业镇为应用示范点，探索通过“政府-企业-养殖户”共同参与的创新模式，把此电子商务平台首先在白蕉水产强镇进行应用示范，进而推广至整个广东省，解决了我国水产品电子商务平台长期面临的活跃度不够、参与度不高等运营瓶颈。可见电子商务模式还有很大的发展潜力。

（四）建设机械化、信息化示范基地

加快畜牧与水产机械化的全面应用和推广。一是加强培训和技术宣传。定期举行机械技术培训班，编写机械使用手册并派发给养殖户。二是建立高效养殖示范区。在各省范围内以大市或重点县为单位，选择有经济实力、技术力量比较强的养殖基地、专业户，由省农机技术推广站、省水产技术推广站联合进行技术指导，对示范区给予经济和政策倾斜，以点带面，辐射扩大范围。三是产学研结合，推动校企合作，一方面培养专业人才，为企业服务，另一方面研究与生产实践相结合使研究更贴近生产，相互促进。四是推广污水粪便处理机械的应用。目前，大型畜禽养殖厂的粪便主要是条垛堆肥或者建设沼气池，一些中小型的养殖企业则是经过粗略处理后卖出去作肥料；污水的处理大都是未经净化处理直接排出去，对环境造成的污染越来越严重。因此，要加大畜牧业环保机械的研发，开发畜禽粪便等高湿物料的烘干、净化、处理和加工，以及污水处理机械设备。与此同时，加大此类机械的补贴力度，以使环保净化机械在养殖企业或养户中广泛使用。

（五）提高从业人员的学历水平，加强培训

加快高校人才培养，为水产业提供足够的具有本科或更高学历的青年专业人才，提高行业相关人员的科学技术素质，提高管理人员、技术人员和其他相关人员的信息技术、专业技能等科技素质。依托高等教育和职业教育系统，设立不同层次的培训班，加强在职培训工作。

（六）加快建设农业大部制

加快推进农业、林业、水利、农机等职能相近的部门整合形成农业大部制，重构农业管理体制，各地方政府统一规章制度，减少机构重叠、职责交叉，利于对农业进行宏观管理，提高社会管理效率。

主要参考文献

白人朴. 2014. 我国农业机械化十年巨变凸显四大特点. 南方农机, (2): 9-11

曹曙明. 2012. 中国农业机械化年鉴 2012. 北京: 中国农业科学技术出版社

曹曙明. 2013. 中国农业机械化年鉴 2013. 北京: 中国农业科学技术出版社

常平, 等. 2006. 20 世纪最伟大的工程技术成就. 广州: 暨南大学出版社

陈春苗. 2012. 耕地细碎化对粮食产量的影响——以河南焦作市为例. 资源开发与市场, 28(01): 28-30

陈钰. 2008. 农业可持续发展与生态经济系统构建研究. 乌鲁木齐: 新疆大学博士学位论文

陈志. 2001. 我国农业可持续发展与农业机械化. 农业机械学报, 32(1): 1-4

仇焕广, 张世煌, 杨军, 等. 2013. 中国玉米产业的发展趋势、面临的挑战与政策建议. 中国农业科技导报, 15(1): 20-24

国家粮油信息中心. 2013. 2013 年中国油菜籽播种面积预计为 751 万公顷. http: //www.100ppi. com/news/detail-20130808-346809.html [2013-8-8]

国家统计局. 2013. 中国统计年鉴 2013. 北京: 中国统计出版社

国家统计局. 2017. http://data.stats.gov.cn/ [2017-2-10]

国家统计局农村社会经济调查司. 2010. 中国农村统计年鉴·2010. 北京: 中国统计出版社

国土资源部. 2013. 国土资源部: 2012 年全国耕地数 20.27 亿亩 比 18 亿红线多 2 亿. http: //www.guancha.cn/economy/2013_12_30_196338.shtml [2013-12-30]

国研视点. 2012. 我国食用植物油供需现状、前景与对策. http: //www.lnic. cn/xyjyc/wxk/gnjjztyjbg/ncjjyj/2012/10/15560.shtml[2012-10-8]

何保军. 2012. 国外农业机械化发展概况对我国启示. 商业经济, (2): 13-15

贺玢, 孙咏华, 苏晓宁, 等. 2012. 印度的农机购置补贴政策研究. 中国农机化, (6). 212-215

沪农. 2004. 美国农业概况. 山西经济日报, (07)

李军富. 2006. 我国谷物干燥机械的发展现状及对策. 农机化研究, (09): 44-46

刘恒新, 范伯仁, 陈立丹, 等. 2007. 日韩水稻生产机械化发展情况考察报告. 北方水稻, (02): 73-77

龙国项. 2009. 农民种稻缘何“双”改“单”——衡阳县水稻生产情况的调查与思考. 中国乡村建设, (4): 92-65

卢君. 2005. 农村剩余劳动力转移与农村劳动力素质关系分析. 华中农业大学学报, (4): 28-30

聂振邦. 2011. 2011 中国粮食发展报告. 北京: 经济管理出版社

沈国舫. 汪懋华. 2008. 中国农业机械化发展战略研究. 北京: 中国农业出版社

宋秉彝. 1989. 适度规模经营与种植制度的变革——论北京市粮食产量的突破. 北京农业科学, (1): 3-5

苏小姗. 2012. 国家农业产业技术体系建设与发展. 武汉: 华中农业大学博士学位论文

万忠. 2012. 广东水稻产业经济研究. 北京: 中国农业出版社

王东杰, 孔繁涛, 张玉梅. 2013. 中国蔬菜市场回顾与展望. 农业展望, (4): 17-22

吴谋成. 2009. 油菜籽加工与综合利用. 北京: 中国轻工业出版社

许高峰, 王运博. 2013. 城镇化进程中中国粮食安全问题研究. 中国青年政治学院学报, (5): 120-127

杨敏丽. 2015. 中国农业大学中国农业机械化发展研究中心根据世界银行 WD 数据库、FAOSTAT 数据库整理的“世界 20 个农业大国主要指标统计数据”

杨玉林. 2001. 农业可持续发展与农业机械化. 北京: 中国农业大学博士学位论文

佚名. 2007. 国外农业装备和机械化水平与发展趋势. 农机质量与监督, 13(9): 53-54

易中懿. 2010. 中国农业机械化年鉴 2009. 北京: 中国农业科学技术出版社

易中懿, 2010. 中国农业机械化年鉴 2010. 北京: 中国农业科学技术出版社

易中懿. 2011. 中国农业机械化年鉴 2011. 北京：中国农业科学技术出版社

张春雷，李俊，余利平，等. 2010. 油菜不同栽培方式的投入产出比较研究. 中国油料作物学报, 32(1): 57-64

赵春江. 2009. 精准农业研究与实践. 北京：科学出版社

赵春江. 2014. 2014 全国农交会——农业信息化高峰论坛报告. 青岛

中国粮油信息网. 2017. http://www. chinagrain. cn/caizi/2013/7/1/20137115471430314. html [2017-2-5]

中国饲料工业信息网. 2017. http://www.chinafeed.org.cn/cms/_code/business/za_bo/list. php?column_id=1256 [2017-2-5]

中华人民共和国农业部. 2009. 新中国农业 60 年统计资料. 北京：中国农业出版社: 32

中华人民共和国农业部. 2011. 中国农业统计资料 2010. 北京：中国农业出版社

中华人民共和国农业部. 2012. 中国农业统计资料 2011. 北京：中国农业出版社

朱丽娟. 2013. 农业机械化发展的国际经验及启示. 世界农业, (8): 23-25

朱启臻，杨汇泉. 2011. 谁在种地——对农业劳动力的调查与思考. 中国农业大学学报(社会科学版), 28(1): 162-169